之道译丛
·06·

Georges Lefebvre
[法] 乔治·勒费弗尔 著

周思成 译　高毅 审校

La grande peur de 1789
1789年大恐慌
法国大革命前夜的谣言、恐慌和反叛

山西出版传媒集团　山西人民出版社

图书在版编目（CIP）数据

1789年大恐慌 ／（法）乔治·勒费弗尔著；周思成译. -- 太原：山西人民出版社，2019.7
ISBN 978-7-203-10988-4

Ⅰ. ①1… Ⅱ. ①乔… ②周… Ⅲ. ①法国大革命－研究 Ⅳ. ①K565.41

中国版本图书馆CIP数据核字(2019)第140346号

1789年大恐慌

著　　者：	（法）乔治·勒费弗尔
译　　者：	周思成
责任编辑：	王新斐
复　　审：	贾　娟
终　　审：	李广洁
出 版 者：	山西出版传媒集团·山西人民出版社
地　　址：	太原市建设南路21号
邮　　编：	030012
发行营销：	0351-4922220　4955996　4956039　0351-4922127（传真）
天猫官网：	http://sxrmebs.tmall.com　电话：0351-4922159
E－mail：	sxskcb@163.com　发行部　sxskcb@163.com　总编室
网　　址：	www.sxskcb.com
经 销 者：	山西出版传媒集团·山西人民出版社
承 印 厂：	北京汇林印务有限公司
开　　本：	655mm×965mm　1/16
印　　张：	18.25
字　　数：	250千字
版　　次：	2019年7月　第1版
印　　次：	2020年5月　第2次印刷
书　　号：	ISBN 978-7-203-10988-4
定　　价：	78.00元

如有印装质量问题请与本社联系调换

译序

一本能告诉你法国大革命究竟是什么的小书

高毅

乔治·勒费弗尔的《1789年大恐慌》这本书，我20世纪80年代读博时看过，受益不浅。现在重读，又有了一些新的体会。

先前读它，是出于对当时西方正在兴起的法国革命"心态史"的兴趣：因为勒费弗尔这本书中有很多相关的内容。所谓"心态史"，是一种注重探索历史事件背后的集体心理或大众文化因素的史学，它本属于年鉴学派内在的学术传统，而它之所以能在法国革命史学界走红，则主要是因为它有助于打破这个学界只认"社会–经济分析"的传统研究模式，既能丰富历史阐释的手段，又能让大革命史学增加一些它本就应该有、但在过去一段时间里被不恰当地淡化了的人文色彩。这个路子看来是走对了，后来国际史学界经久不衰、至今风头仍健的法国革命政治文化研究热，就是在这个基础上发展起来的。这无疑是一次了不起的史学革新，而勒费弗尔在其中的先驱作用也早就为史界所公认，原因就是他在1932年推出的这部"大恐慌"综合研究，首次尝试了社会经济、时事政治和集体心理诸要素的有机结合，视角独到，分析精彩，几乎就是勃兴于20世纪末的心态史学新潮的一次预演。

不过勒氏这本《大恐慌》的意义恐怕还远不止于此——这是我最近在校阅这本书的中文译稿时产生的一个强烈的感觉,当然这种感觉的触发也和我多年来在法国大革命问题上的种种见闻和思考有关。

有心人会注意到,这些年来总能听到一些诋毁"革命"的声音,大体意思是说,像法国大革命这种靠发动群众进行的革命全然是错误的,根本就不应该发生,因为它只能带来无穷的灾难。伴随着这种诋毁的,还常常有对英美式精英改良路线的各种追捧,直至把它说成人类进步的不二法门。这当然是一种缺乏历史常识的偏激之论,传播它的也多是一些自媒体,而严肃的专业历史学家一般都不屑于去理会,实际上它也不值一驳。但问题是,在新保守主义思潮甚嚣尘上而那些低品质的自媒体又极其活跃的当下,如果专业历史学家完全不介入,听任谬种流传,后果恐怕也有些堪忧:因为"法国大革命"这件事从来就不是单纯的史学问题,它与当今世界的政治现实息息相关,尤其是那些诅咒大革命的人往往还打着"道德""自由""人权"等漂亮旗号。所以有良知的专业历史学家还是应该有所行动,主要是应该设法多向公众传达一些有关大革命史学的科学信息,包括通过出版社多推介一些好书,譬如我们面前的这本《1789年大恐慌》。

我感到《大恐慌》这本书似乎特别有助于今天的公众正确认识法国大革命。究其理由,大概有如下几点。首先,它能让读者深切感知法国大革命爆发的历史必然性,而一旦有了这种感知,那就不难明辨上述那种"革命否定论"的庸俗和虚妄了。这个道理其实很简单。没错,法国大革命确实是靠发动群众来进行的,那是一场出现了史无前例的"全民动员"的革命,所以它才能不同于英美革命而习惯地被人们称作"大革命"。而如果没有"大恐慌",法国革命能不能"大"起来呢?显然是不能的,因为"大恐慌"所体现的,其实就是革命时代法国占人口80%的农民的总动员,而且这种农民的总动员还几乎同时促发了许多城镇的国民卫队组建,实际上推动了法国市民的总动员,于是全民动员完成。可是,这些法国农民又是怎么被动员起来的呢?是某个政治领袖或党派刻意策划、主动实施的吗?当时的人们也确实有过这种怀疑,有的说是贵族在搞阴谋诡计,有的说是资产阶级在玩鬼蜮伎俩,显见是两大正激烈较量着的政治势力在相互甩锅,虽然全都不靠谱,不过倒也反映了一个事实,那就是革命派的精英层至此都还没有洞悉"大恐慌"的实质内涵。这些"城里人"虽然也渴望革命,有些甚至还有做领袖的野心,但此时终究谁都不曾动过一丝全民动员的念头,当然谁也不可能有这种能力。事实上他们还觉得农民的这种发动很碍事,甚至很危险,所以在"大恐慌"期间和随后的几个月里,全国各城镇的大资产阶级都曾不惜和特权等级联手,血腥镇压过起义农民——不过没想到搬起石头砸了自己的脚,这一暴行立刻普遍引起下层市民的强烈抗议,进一步促成了他们的政治觉醒。

那么,究竟是什么引发了"大恐慌"?迄今能在综合的层面上把这个问题说透的,看来还只有勒费弗尔的这本书。它告诉我们,这一事变的发生,其实缘于一系列错综复杂的历史和现实因素的偶然纠集,其中,有天灾、王朝战争、政府决策失误招致的国民生计危机的严重恶化,有众多疑似盗匪的饥民和失业者流浪团伙的四下流窜,有粮食骚动和抗税、反领主等种种反叛活动的此伏彼起,有首都三级会议政情的危象丛生,有国内军队的可疑调动和外国军队的陈兵边境,还有关于流匪、雇佣军和外国武装数百年侵扰的历史记忆,有农民对领主压迫的千年积怨,等等等等。总之一切都表明,中世纪以来一步步积聚起来的法国社会矛盾,这时已经抵近了总爆发的临界点。这种情况下,法国农村的气氛自然非常紧张,人人如惊弓之鸟,有关匪患爆发和"贵族雇人烧毁庄稼饿死平民"的各种恐怖流言开始不胫而走。广大小农本来就度日艰难,现在更是人心惶惶,而出于求生自保的人性本能,他们很快就以村庄或教区为单位匆匆组织了起来,并拿起了武器,而这种农民武装在一些地方很快也就发展成了一支支攻向领主城堡的革命军,实际上就此形成了一股将对大革命进程发生真正决定性影响的民众力量。据说一些地方的基层领导也曾呼吁和敦促过村民的这种自我武装,但这似乎仍改变不了这种大规模农民发动总体上的自发性质。于是,读者这时也就能大体明白了:原来法国大革命的"大",远非政治精英自主选择的结果,而是法国这种大陆国家阶级分化的历史比较悠久,因而强势阶级也就是反民主的特权贵族势力异常根深蒂固这一特定的社会历史条件使然;所以,在法国以及欧亚大陆其他历史悠久的国家发生的革命,也从来就没有什么应该不应该的问题,那是一种历史的必然。而这样一来,人们对英美的革命为什么会比较"小"(实际上相对于法国革命而言那可能只属于某种改良)也就能有所理解了,因为英国阶级分化的历史严格说来只是从1066年诺曼征服才开始的,而美国呢,则更无需多说。其实,应该说前现代历史短一些的国家的确拥有某种特殊的优势,起码它们的现代转型要少很多磨难,它们的"温和革命"也的确与政治精英的自主选择有较大的关系,但那能成为我们抱怨和责备其他国家的现代化没走英美路线的理由吗?历史学不认可这种偏狭。

勒氏这本书之所以值得特别推介的第二个理由,是它展示了"革命群众"的本来样貌。法国大革命中发生了史无前例的"全民动员",自然也就引出了一种史无前例的"群众现象",而这一现象也的确与法国大革命的那种常常显得非常过激的暴力色彩,与共和二年的"大恐怖"有显见的关联。正因如此,"革命群众"——这个由法国学者勒庞[1]

---

[1]《群体心理学》(*Psychologie des foules*,中文版书名《乌合之众》)的作者。

首次提出的命题,也就很自然地成了世人对法国大革命的不同看法的核心分歧点。承认法国大革命及一切类似革命的历史正当性的人,如勒费弗尔,都能对"革命群众"或热情赞美,或至少抱持某种"同情的理解",而诅咒革命的人则无不痛恨"革命群众",说他们是"凶狠的野蛮人、残暴的杀人犯"(伯克),是"走私犯、偷猎者、流浪汉、乞丐、惯犯"等"社会渣滓"(泰纳)。勒庞虽然并不认为"革命群众"的暴行是严格意义上的犯罪,但他仍把"革命群众"的出现归咎于非理性的雅各宾党人对传统社会结构的破坏,认为是这种破坏把人变成了狼。值得注意的是,所有那些敌视"革命群众"的人都是"盎格鲁-撒克逊民族的个人主义"的拥护者,也就是希望全世界都能走英美路线的人。所以对"革命群众"的这两种不同态度,实际反映的还是集体主义和个人主义、平等主义和自由主义乃至社会主义和资本主义等一对对不同意识形态之间的左右对峙,是法兰西政治文化与盎格鲁-撒克逊政治文化之间的传统对立。这些观念性的东西之间当然并没有绝对的对错之分,实际情况是各有各的存在理由,相互之间也应该互补共融,但讨论历史问题时,最首要的还是要注重史实。勒费弗尔对"大恐慌"时期"革命群众"的描绘和分析,就堪称注重史实的典范,从中我们可以看到:首先,这些"革命群众"的出现并非对传统社会结构的"人为破坏"所致,因为根本就没有谁策划或操纵过"大恐慌";其次,"大恐慌"事件的参与者看来并没有多少泰纳所说的那种"嗜血和兽性的恶棍"——武装起来的村民们,无论是警戒、巡逻和盘查行人,还是驰援附近城镇或攻打领主城堡,都表现得相当克制;尽管事件几乎席卷了全国,领主城堡和封建文契也烧了不少,但杀人案查来查去也只有区区三起。如此看来,非理性的残暴实非"革命群众"的天然属性。当然,我们也清楚地知道,勒费弗尔这里所介绍的"大恐慌"时期这种相当温和的"革命群众",远非大革命时代"革命群众"的全部。事实上，随着大革命的激进化，"革命群众"也变得越来越暴烈了，直至变成1792年"九月屠杀"中的那群令人发指的杀人狂魔。饶是如此，说"革命群众"天性残忍仍然是一种罔顾事实的偏见，因为大革命中所有那些极端形态的"革命群众"其实都是在极端危急的形势下出现的，或者说把"革命群众"中的人变成了狼的，根本上还是大革命所面临的那种极端强大而凶悍的国内外反动势力。大陆主要国家的现代化转型一般就是这么难，奈何？"大恐慌"时期的"革命群众"之所以比较温良，无非是因为大革命才刚刚起步，各种矛盾还没有充分激化的缘故。勒费弗尔没有论及后来的变化，只简单说了说1790－1793年间研究尚不充分的恐慌复发情况，并断言："只要革命处于危急之中，恐慌就会持续不断。"也许，有关大革命上升过程中民众恐慌现象演进的深入探讨，有可能在"大恐慌"和"大恐怖"之间建立某种关联，从而为"大恐怖"的成因这一重大课题的研究开出一条新路？我们拭目以待。

20世纪20年代末在法国斯特拉斯堡大学创立年鉴学派的马克·布洛赫和吕西安·费弗尔，同时也有过创立心态史学的努力，分别写出了《国王神迹》（1924）和《拉伯雷的宗教》（1942）这两部心态史名著。勒费弗尔写《大恐慌》时也在斯特拉斯堡大学任教，与他们过从甚密。虽然勒氏更接近马克思主义的观点，有自己不同的学术路数，但费弗尔和布洛赫仍极重视他的研究，都为《大恐慌》写过书评。其中布洛赫说的一些话，我觉得别有深意。他说："大恐慌"因其主要起因即"匪患"的虚幻性，从来不为史家所重视，大家一般只把它看作大革命时期一个搞笑的插曲，觉得研究它远不如研究发生在巴黎街头的事情来得实在；而勒费弗尔却慧眼独具，看到了"大恐慌"这个"集体幻象"对当时法国社会状态的"征象"意义，那就是广大农民通过这一番瞎折腾，却也增强了团结感，并意识到了自己力量的不简单,所以一旦"匪患"幻象烟消云散,他们就"自然而然地"敢于把抗争的矛头"转向自己身边的社会之敌:领主和他们的文契保管室,还有他们那些令人痛恨的权利"[1]应该说,布洛赫这些评说的关键意思,正如其文章的题目所示,是"大恐慌"被勒费弗尔正确地看作了当时法国"社会状态"的"征象"。而当时法国的"社会状态"又是什么?不就是一场革命风暴正在降临么?马克思主义史学一贯认为法国大革命是一场"反封建"的阶级斗争,而勒费弗尔对这个观点是完全赞同的,同时他对"大恐慌"的基本定性也是法国农民反封建的总动员,那么,如果说他把"大恐慌"当作当时法国"社会状态"的"征象"来研究,其实也无非是把"大恐慌"看作了"大革命"的一个极具代表性的"个案"。

正是在这里,我们看到了勒氏这本书值得特别推介的第三个理由,那就是它有助于人们认识法国大革命的历史本质。

勒氏此书既是有关法国大革命的典型个案研究,同时又是一部公认的经典,那么它所传递出的每一个理论信息,尽管有的看似并不很经意,却值得认真考量。就是本着这种态度,我注意到了一个很有意思的问题,那就是勒氏在高调肯定"大恐慌"的反封建意义的同时,也在时不时地强调另一个客观现象:"大恐慌"在有力地推动着"l'unité nationale"或"la solidarité nationale"——在法语里,这两个说法的意思大同小异,笼统地都可以被汉译为"民族团结""国民团结"或"国家统一",抑或是意思更详实的"民族国家的团结统一"。勒氏对这一概念的使用常常有些随意:有时指的是第三等级的"阶级团结"——如在解释一些局部"匪警"何以会迅速传向四方时,勒氏说那是因为相信贵族正在利用盗匪对付第三等级的民众,

---

[1] 参见 Marc Bloch, *L'erreur collective de la 'Grande Peur' comme symptôme d'un état social*, in *Annales d'histoire économique et sociale*, T. 5, No. 21 (May 31, 1933), pp. 301-304

"自然要呼吁加强全民族的团结,加强城市和郊区之间已经初具雏形的联盟"(见本书第 159 页),有时指的是三个等级之间的"等级联合"——如勒氏称在普遍发生的乡民武装驰援城镇的行动中,可以看出"民族统一有了很大进展,因为本堂神甫和领主常常走在队伍的前列"(见本书第 173 页),但他最强调的还是这一概念的"反贵族"内涵——如他在书的结尾处这样总结:"恐慌立即引起了激烈的反应,在其中,大革命的好战激情第一次展现出来,民族团结也获得了自我表现和巩固的良机。此外,这种反应——尤其在乡村地区——转而反对贵族。"(见本书第 234 页)。但尽管如此,从勒氏行文中对"民族的"(national)这个字眼的这种反复提及,我们还是能感到,他在强调"大恐慌"(实际上也是"大革命"本身)的"反封建"特性的同时,另一个问题总在他心头挥之不去,那就是那个时代对于"民族国家"问题有一种特殊浓烈的关怀。

其实,"nation"这个词(它有汉语的"民族""国家""国民""民族国家"等多重含义),从来就是法国大革命的第一关键词。不过我们要知道,这个词当时除了自己的本义之外,还带有强烈的"人民主权"或"民主"的时代意涵。"国王万岁(Vive le Roi)"和"民族万岁(Vive la Nation)"是革命之初反映政治态度对立的两个标志性口号。当西耶斯喊出"第三等级就是整个民族"的时候,他实际上就是在宣示,法国革命的核心任务是要以民权取代王权,要对法兰西民族国家实施民主化改造。但在 18 世纪人们的心目中,民主化这东西始终只是个手段,远非目的。那么什么是目的?按照卢梭和康德的意思,欧洲各民族国家之所以需要民主化,那是因为只有在欧洲各国都实现了民主化的基础上,才有可能建立"欧洲联邦",而只有在欧洲联邦稳固确立之后,欧洲才会享有"永久和平"——目的,就在这里。而且我们也知道,18 世纪法国和欧洲的启蒙哲人都有很强的世界主义情怀,所以他们对民主化的鼓吹,显然还有更宏伟的世界性目标,最终目的无非是实现永久的世界和平。

也许有人会讥之"乌托邦",但这个世界不能没有这种乌托邦,也注定会有无数为之舍身奋斗的仁人志士。法国革命者其实就是第一批这样的人。千里之行始于足下,于是法国大革命就被成就为了这种"乌托邦实践"的伟大开端。其实在法国革命之前发生的英美革命本质上也是无悖于这种"乌托邦理想"的,只是特定的地缘政治条件(或孤悬海外,或远隔大洋)和社会历史条件(没有足够的倒逼压力),没有让它们做成这个注定将演成世界性的现代民族国家建设运动的开端。当然法国大革命的路走得也极艰难,迟至19世纪末叶才勉强完成法国自身的政治民主化,而且这个好不容易才初步建成的现代法兰西以后还会跌跌撞撞地走许多弯路。战后欧洲一体化的发展,显然也是这种"乌托邦实践"的继续,或者说大革命事业的继续,它有过一些可喜的发展,但现在看来仍困难重重。不过无论如何,法国大革命终究是开创了一个符合人类根本利益的历史伟业,事实上它也留下了许多极其重要的相关遗产,其中,"自由、平等、博爱"这个已经深入全球人心的"三词箴言",还有那一套把爱国民主情感和国际主义胸怀融为一体的"政治民族主义"意识形态,不仅时时在调正法国人处理国内和国际政治事务的步态,而且似乎还能长期成为整个现代民族国家建设运动弥足珍贵的思想资源。

至此,我们大概就能有所感悟:原来法国大革命除了传统史学一贯强调的反封建意义之外,还有启动了现代民族国家建设的世界潮流这一层意义,而且这层意义似乎还更加深刻一些,更能代表大革命的历史本质。

写于大革命230周年之际

序一

谭旋（Timothy Tackett）*

1789 年 7 月和 8 月初，一股异乎寻常的恐慌蔓延整个法国，几乎无与伦比地展示了谣言的力量及其对整个社会造成的冲击。短短两星期内，在三分之二的法国领土上，一座座城镇和村庄相继沦陷，只因害怕"盗匪"来袭。据说，这群盗匪在乡间一路烧杀抢掠，无恶不作。在恐惧的胁迫下，大批村社居民纷纷逃离家园，藏身近旁的树丛和森林。或者，他们匆匆纠集起来，在城镇外围拦起路障，试图抵御歹徒的袭击。在恐慌期间，最令人惊讶的事实莫过于——那些令人战栗的"盗匪"实际上从不存在。

显然，在人类历史上，类似的恐慌事件并不鲜见。例如，15 和 16 世纪西欧发生的可怕的巫术恐慌，还有 1940 年 6 月，在第二次世界大战初期，德国军队合围巴黎之际发生的大逃亡。毫无疑问，中国历史上也有许多类似案例。18 世纪"叫魂妖术"引发的恐慌，以及 1900 年义和团运动造成的普遍恐慌只是其中两例。但是，1789 年的"大恐慌"尤为引人注目，原因首先在于恐慌传播的速度和范围；其

---

* 法国大革命政治文化史专家，美国加州大学尔湾分校荣休教授。著有《暴力与反暴力：法国大革命中的恐怖政治》一书。

次在于它对法国大革命产生了重大影响。事实上，国民议会竭力平息乡村的骚乱，这对它在1789年8月4日颁布的一系列法令产生了深刻影响，正是这些法令废除了封建特权，摧毁了旧制度的主要社会政治结构。

这部关于"大恐慌"的著作，作者是乔治·勒费弗尔，堪称20世纪研究法国大革命史独一无二的大家。他的父亲于1874年出生在法比边境的工业城市里尔，是一家贸易公司的会计员，他的祖父是一名朴实的纺织工。由于家世寒微，勒费弗尔只能通过助学金继续学业，没有能力去巴黎求学。这也导致后来过了很长一段时间，巴黎的知识精英圈子才勉强接受了他。勒费弗尔在里尔大学完成了学业，他最初的兴趣是英国中世纪史，似乎是在1899年获得学位并服完义务兵役之后，才转向法国大革命研究的。多年后，勒费弗尔回忆说，造成这一"转变"最重要的因素，是他邂逅了伟大的政治领袖和政治活动家让·饶勒斯（Jean Jaurès）撰写的多卷本《社会主义法国大革命史》（*Histoire socialiste de la Révolution française*）。尽管二人从未私下晤面，勒费弗尔也只远远望见过饶勒斯两次（在众多听众当中聆听他的演说），但勒费弗尔总是将饶勒斯当作自己最重要的"导师"。事实上，勒费弗尔自青年时代开始，就受到了茹尔·盖得（Jules Guesde）的马克思主义理论的熏陶，盖得是里尔在国民议会的议员。但是，饶勒斯的马克思主义不那么教条化，似乎特别吸引勒费弗尔。他还加入了饶勒斯1905年创建的法国社会党，终生保持党员身份。通过早年的阅读和政治活动，勒费弗尔对卡尔·马克思提出的阶级在历史发展中的重要作用深信不疑。然而，终其一生，这种信念与他在大学学到并服膺的实证主义、经验主义的历史方法之间，始终保持着奇特而复杂的张力。他是一位求知欲极强而心细如发的学者，一贯提倡绵密的考据，并且身体力行，近乎痴迷。他曾经写道："无考据则无史。"他在笛卡尔的《方法论》中寻找灵感，同时也钻研马克思的社会学理论，对某些苏联历史学家"混淆史学和宣传"，从来冷眼以对。

受到饶勒斯"自下而上的历史"的启发，勒费弗尔开始撰写长篇博士论文，以法国大革命前夕和大革命时期里尔附近地区（诺尔省）的农民为研究对象。第一次世界大战的爆发迫使他不得不推迟论文的写作。因为，在德军入侵和占领里尔期间，他不得不丢下自己的研究札记，又不得不在地方志愿军中服役一段时间（尽管他当时年过40）。不过，大战结束后，他寻回了丢失的札记，最终在1924年完成了论文，这项研究是法国史上最卓越和最有影响力的博士论文之一。勒费弗尔不仅开农民研究的风气之先，而且探索了许多社会史研究方法，这些研究方法后来由著名的年鉴学派大力弘扬。该学派以20世纪中叶极富影响力的刊物《经济与社会史年鉴》而得名。勒费弗尔的博士论文是一项庞大的地方性乡村人口研究，采用了多层次的分析：首先是地理学，其次是社会—经济"结构"和土地占有模式，再次是农业实践和农民生活的"文化"，最后是法国大革命的"事件"，包括大革命给农民社会带来的结构与文化的转变。自始至终，论文中的分析有广泛的统计数据支撑，并且均通过烦琐的人工计算获得。在这篇论文中，作者不曾把农民描绘成无知的牲畜（许多历史学家历来如此），而是将他们表现为自身命运的理性参与者，尽管他们不时受到强大的恐惧和情感的影响。

在索邦大学完成答辩之后，勒费弗尔已年届50，终于得以从中学教学脱身，荣任大学教授：最初是在法国中部小城克莱蒙费朗（Clermont-Ferrand），接着获得斯特拉斯堡大学的重要教职。在斯特拉斯堡大学的8年，是勒费弗尔学术生涯中最富于创造力和最多产的岁月。他先后迅速完成了关于法国大革命的第一篇综论，一项关于

1793—1794年"恐怖统治"时期农业问题的研究,以及关于拿破仑时代的长篇概论。但是,这一时期最重要的成果,应属他对大恐慌的研究,首次发表于1932年。勒费弗尔的新史学方法,还有他对民众集体心态的兴趣,可能受到斯特拉斯堡大学两位杰出同事的影响——马克·布洛赫(Marc Bloch)和吕西安·费弗尔(Lucien Febvre),他们当时刚刚创立了开拓性的历史评论期刊《经济与社会史年鉴》。

1935年,61岁的勒费弗尔终于在巴黎获得教席。两年后,他接任索邦大学的法国大革命史的教席。时局风云激荡,大学乃至全法国都受到了政治对抗的波及。勒费弗尔热情地致力于反对法西斯主义,捍卫共和主义和民主价值观,他创建了"笛卡尔俱乐部"并出任主席,该团体由大学教师和中学教师组成,致力于促进对时事的理性发声。在1936年执政的左翼人民阵线政府的支持下,勒费弗尔还投身于1939年纪念法国大革命150周年的活动筹备。他参加了一系列相关主题的广播访谈,并担任《马赛曲》(La Marseillaise)一片的历史顾问,该片是让·雷诺阿(Jean Renoir)拍摄的大革命题材的著名电影。在第二次世界大战前夕,勒费弗尔出版了极具影响力的关于法国大革命起源的著作《一七八九年》(Quatre-Vingt-Neuf)。在书中,勒费弗尔凸显了4个不同社会阶级的大革命体验:贵族、资产阶级、巴黎平民阶级和农民,以及这些体验如何彼此歧异和互相作用。此书长期以来是对大革命初期的主流解释,迄今仍被广泛参考。

对于勒费弗尔来说,二战年代是一段悲哀和惨淡的岁月。1940年法国战败的悲剧,加上他的妻子于1941年突然辞世,让他的境遇雪上加霜。此外,他的弟弟泰奥多尔(Théodore),也是普瓦捷的大学教授,遭到纳粹处决,而他的犹太好友马克·布洛赫和莫里斯·哈布瓦赫(Maurice Halbwachs)同样遭到纳粹杀害——前者在里昂附近被杀,后者在德国集中营内丧生。但是,勒费弗尔仍在索邦大学坚持教学，一直工作到远超正常的退休年龄，因为他担心，尽管自己大可全身而退，但德国占领军会趁机撤销法国大革命史的教席。他还着手编纂一份关于大革命起源的重要文献集，为一些研究生提供工作岗位，保护他们免于被征入纳粹的劳役工厂。

第二次世界大战后不久，勒费弗尔从大学退休。不过，他仍然致力于编辑《法国革命史年鉴》，并担任他创立于1937年的索邦大学法国大革命史研究所所长。1946年，他发表了一项关于大革命末期（1795—1799）的督政府时期的研究。1951年，他出版了法国大革命时代综论的修订版。在生命的最后几年中，多数时间他都住在巴黎南部工人小镇塞纳河畔布洛涅（Boulogne-sur-Seine）的一所小宅子里，这里成为吸引世界各地法国大革命史研究者的朝圣地。1959年，勒费弗尔在此辞世，享年85岁。

勒费弗尔在撰写关于法国北部农民的博士论文期间，深深为大恐慌这一历史现象吸引。正是在这一语境下，他开始质疑长期以来对大恐慌的主流解释，这种解释深受大革命时代的人自身对大革命的看法的影响。1789年7月，恐慌的报告从四面八方涌向巴黎和凡尔赛，仿佛暴力和动乱已经席卷全国。许多报告提到城镇和村庄正遭受袭击，同样可怕的是，刚刚成熟的庄稼正遭到焚毁。其他消息提到了入侵城堡和焚毁领主的文契档案。对于当时的法国民众而言，暴力和恐慌仿佛同时在各地爆发。因此，毫不奇怪，几乎所有人都认为：恐慌是蓄意策划的阴谋引发的。除了贵族，还有谁会炮制出如此阴谋？他们在革命中失去了太多的权力，难免心生怨恨，自然渴望教训放肆的平民——如此推理下去——贵族必定会收买各地的罪犯、歹徒和"盗匪"来实施暴行。一旦接受这种解释，同时代的法国人转而相信关于"饥荒阴谋"的古老传说，在旧制度时期，这是对粮食短缺或面包价格暴涨的流行解释，这种说法在平民阶层中十分常见，偶尔也会被精英阶层采信。大多数民众无法理解气候变迁和市场力量产生的普遍影响。将饥荒乃至其他一切不幸归咎于个别恶人有意为之，似乎更为简单，也更有说服力。

在大多数情况下，19世纪和20世纪初几乎所有历史学家都接受了对大恐慌的当代解释的某个版本（有些甚至可追溯到大革命时代）。这些学者几乎不约而同地接受了三大基本命题：第一个命题是恐慌发生的同时性，相信它几乎在各地同时爆发。第二个命题是认定在对盗匪的恐惧和针对贵族及其城堡的袭击之间，存在密切相关性。一旦农民意识到盗匪其实并不存在，据说就会将矛头转向当地贵族。第三个命题是相信某些群体积极自觉地挑起了骚动，这一群体或是凡尔赛的一小撮贵族，或是——在不少历史学家看来——出自巴黎爱国者授意而行动的平民。

通过对法国国家档案馆和国家图书馆收藏的当代出版物和手稿的仔细研究，勒费弗尔推翻了上述三大假设，对大恐慌作了旨趣迥异的描述和解释，这种解释首先注重对经历革命阵痛的民众的情感和集体心理进行细致入微的分析。勒费弗尔仔细比对了法国各地恐慌发生的时间表，证明恐慌并未在各地同时爆发，恐慌的传播呈现连锁反应的态势，可以依次追踪到恐慌在两个星期内传播的踪迹。勒费弗尔最终确定了恐慌的五六个最初策源地，从这些地方，恐慌穿越乡村，昼夜不休，以平均每小时2至4公里的速度蔓延开来，结果，惊慌失措的村民敲响了教堂的警钟，派出信使通知邻村和亲友："盗匪"来袭。这类恐慌浪潮通常只是在抵达海岸或者边境时才会消弭。

其次，勒费弗尔证明，大革命同时代人和后世历史学家都轻率混淆了两种不同形式的大众情绪。一方面，在7月和8月间，法国有六七个相对有限的地区发生了一连串真正意义上的农民反叛。其中一些反叛事件特别针对贵族和封建权利。另一些反叛事件似乎针对一切被认为盘剥过农民的人：不仅是贵族，还包括王国税吏，向农民放贷的各类中产阶级市民，天主教教士的某些个人，个别情况下甚至包括犹太邻人。另一方面，与农民反叛几乎同时爆发的恐慌浪潮，几乎总是蔓延至叛乱未曾波及的地区。受到恐慌威胁的农民和市民，并未袭击贵族，反而常常向当地贵族求助，因为其中许多贵族有军事经验，足以领袖群伦，保卫家园。

第三，勒费弗尔指出，若按时间顺序追溯恐慌各支流的传播路线，通常能确定最初的"发源"。在多数情况下，引发恐慌的原因稀松平常：例如，牛群回圈之际在远方扬起尘土，或者一群僧侣突然在森林中现身。最引人注目的起因是法国东北部昆塞（Quincey）城堡发生的巨大爆炸。后续调查显示，爆炸可能发生在当地的节庆期间，当时领主正为自己庄园内的农民举行宴饮。有些醉汉举着火把，下到城堡的地窖寻找美酒，不料闯入了装满火药桶的隔间。但是，几乎所有人都将这起爆炸事件看成贵族领主诱杀农民的阴谋。无论如何，爆炸引发恐惧和轰动，掀起的一波恐慌马不停蹄地一直冲到数百公里外的地中海。

除了大恐慌的一般特征，勒费弗尔在本书前半部分还用了好几章探讨可能引发大恐慌的深层原因和背景因素。总的来说，他提出了三个层面的解释：恐慌的长期因素、短期因素，以及直接"导火索"。在长期的结构性因素中，最重要的或许是大多数人口的贫困状态，他们生活于赤贫之中，相当大比例的乡村人口缺乏足够的土地维持生计，这与收成好坏无关。一年之中，他们不得不有一段时间要受雇于人，并通过市场购买部分食物。因此，他们对谷物和面包的价格非常敏感，这是他们食物的主要部分。一旦价格飞涨，他们根本无法获得足够的食物养家糊口。勒费弗尔还考虑到了当时法国的通信网络的特征。19世纪的路政和邮政制度，使得通讯空前顺畅。不过，不同于当代的即时通信，任何种类的消息，总是要耗费一定的时间才能到达，可能是一到两天，也可能是10天，这取决于个体在法国所处的位置。因此，从坏消息自巴黎传来，直到正式确认、否认或者修正，可能相距数日之久。这正是1789年夏在法国多地发生的事情。

至于短期因素，勒费弗尔分析了1789年的大规模粮食危机。就在前一年夏天，一场可怕的风暴和冰雹横扫了法国大部分领土，庄稼尚未成熟就被吹倒。据说，在许多地区，有近三分之一乃至一半的麦田颗粒无收。这是第一次天灾，发生在11月到次年1月间，这个季节是整个18世纪最寒冷的冬季。橄榄树和其他果树大量受灾，藏入地窖的葡萄酒瓶都冻裂了，法国各地的河流冰封，彻底阻断了粮食运输。井泉和磨坊也都冻上了，通常很难获得足够的饮用水和烹饪用水，现成的谷物也无法磨成面粉。粮食供应不断减少，面包的市场价格飙升，1789年7月达到本世纪的最高水平。此外，民众也无法获得充足的木材供暖，被冻死的人成千上万。同时，大批穷人流浪街头，乞讨食物，有时甚至敲诈勒索，或以在庄稼地和房屋上纵火相威胁，以便从相对宽裕的农民和市民那里获得食物或金钱。四处迁徙的"流浪汉"人数激增，很大程度上引发了对"盗匪"的恐惧，这种恐惧心理在1789年夏天四处流行。事实上，勒费弗尔证明，早在1789年春，法国已经爆发了一连串规模较小、影响有限的恐慌事件，源于对盗匪的"恐惧"。但是，自1788年底到1789年春，普遍的粮食危机也引发了法国各城镇和村庄的粮食骚乱，因为民众控诉面包师傅和形形色色的富人囤积居奇，哄抬粮价。最近的一项研究也证明，这类骚乱很可能导致了叛乱事件空前密集地爆发，两百多年来都十分罕见。

不过，天灾和流浪汉大军诱发的骚乱，又因为政治局势更加恶化。1789年3月，法国各城镇和村庄都为即将召开的三级会议举行首轮选举。凡年龄在25岁以上并缴足最低税额的男子，都可以参加本地的大会，投票选出一名"选举人"，代表他们出席上一级的大会，由这些大会最终选出赶赴凡尔赛的王都参加三级会议的代表。同时，甚至可能更关键的是，约有40000个地方选举大会奉命起草"陈情书"，开列他们希望呈送国王御览的一切改革诉求。这是一个非同寻常的时刻，各地民众都受邀反思本地政府和社会的弊端。毫无疑问，这个选举过程触动了全法的农民，极大地鼓舞了民众对变革的期待，也让全国各地的民众瞩目于5月初召开的三级会议上发生的一切。

真正引发恐慌的"导火索"，是在凡尔赛和巴黎传出的事件。由于众望所归的三级会议实际上一事无成，民情日益不满。三级会议由三个"等级"组成：教士是第一等级，贵族是第二等级，平民是第三等级。1789年1月，国王授权平民代表的人数可相当于贵族和教士代表的总和。但是，国王拒绝具体规定投票的方式：三个等级的代表究竟是一起投票，还是分开各投各的。大多数贵族和教士拒绝一起投票，而第三等级要求一起投票。结果，会议陷入僵局。经过长达6个星期的协商，6月17日，第三等级的代表决定独自开会。他们邀请其他两个等级的代表参加，但是，即便其他两个等级缺席，第三等级依然单独成立了国民议会。起初，路易十六拒绝承认国民议会。6月28日，他似乎回心转意，下令三个等级共同召开会议，然而，种种迹象表明，这只是国王的缓兵之计。大批雇佣兵被调来包围巴黎和凡尔赛。会议代表和普通公民都预计，政变一触即发，结果就是国民议会被消灭，还有可能入侵巴黎并报复民众。面对如此威胁，巴黎民众开始组织武装自卫。7月14日，在搜寻更多枪支和火药时，巴黎民众攻入了巴黎东边巨大的中世纪要塞——巴士底狱，最终占领了这座要塞。

此外，正是在这种形势下，关于"贵族的阴谋"的谣言在巴黎流行开来，勒费弗尔指出，这一谣言很快就传到了外省各城市和乡村。据说，贵族绝不会甘心失败和失去权力，一定会报复胆敢忤逆的平民。各地形势早已剑拔弩张，首先因为近来发生了一连串的民众反叛，其次因为面包价格飞涨，再次因为农民害怕即将收获的庄稼遭到破坏，最后也因为民众对巴黎发生的事情有所隔膜。很快，各地民众都开始防备"盗匪"来袭，据说这些盗匪是贵族收买的帮凶。这样一来，几起稀松平常的事件就足以引发一连串大规模的恐慌，而民众深信盗匪即将来袭，这实在无足讶异。

勒费弗尔这部著作首次出版，距今已近百年，他提出的解释依然极具影响力。确实，最近的一些研究表明，恐慌各支流不曾以简单的线性路线蔓延至整个法国的乡村，而勒费弗尔似乎如此认为。相反，其间存在着大量的涡流和旋涡，移动方向也十分复杂。某个社区同时从各方接到盗匪来袭的警报，绝不罕见。这一事实可能让恐慌更加剧烈。更重要的是，今天看来，勒费弗尔视为恐慌"导火索"的"贵族阴谋论"，仅仅盛行于巴黎及其周边某些地区。在法国大多数地方，当时的报道从未提及过这类阴谋，民众最担心的，首先是普遍的无政府状态，这纵容了盗匪和歹徒横行无忌，另外他们也时而担心外国军队的入侵。但是，总的来说，勒费弗尔的分析仍然成立。这一著作不愧是对法国大革命时期的大众心理和集体情感最卓越和最有影响力的研究之一。因此，它仍然是一部史学经典，任何有志于了解历史上人类行为动机的读者都不应错过。

2019 年 5 月

序二

米歇尔·比阿尔（Michel Biard）[*]

乔治·勒费弗尔的《1789年大恐慌》一书首次出版于1932年，如今名列法国大革命历史编纂学的皇皇巨著之林。不过，从该书出版之后发表的几篇简短书评看，它在批评家眼中似乎不甚受待见。事实上，直到1933年2月，《历史综合评论》（*Revue de synthèse historique*）杂志才发表了一篇长篇评论文章，作者是吕西安·费弗尔（Lucien Febvre），勒费弗尔在斯特拉斯堡大学的同事。吕西安·费弗尔强调，该书对于理解革命群众的"集体心理"具有重要意义，也有助于理解谣言和恐惧的传播方式。不过，在1932年，乔治·勒费弗尔已是公认的一流历史学家，他在1924年就出版了自己的博士论文《法国大革命时期诺尔省的农民》（*Les paysans du Nord pendant la Révolution française*）。这部专著分为上下两篇（"旧制度的终结"和"大革命"），尽管研究对象局限于诺尔省，却为法国大革命的社会经济史研究，特别是乡村社会研究，带来了新的风气。该书的初版只印了300本，很快销售一空，迄今仍难觅得。直到1959年，意大利出

---

[*] 法国大革命史专家，法国鲁昂大学历史学系教授。

版商拉泰尔扎（Laterza）才出了一个法文新版。比较而言，《1789年大恐慌》却在 1956 年、1970 年、1988 年和 2014 年不断再版，足以彰显其重要地位。

从 1932 年起，乔治·勒费弗尔也跻身研究法国大革命最重要的历史学家行列。1907 年发起罗伯斯庇尔研究会（la Société des études robespierristes），并于 1907 年创办该会刊物《革命年鉴》（*Annales révolutionnaires*，《法国革命史年鉴》的前身）的阿尔贝·马迪厄（Albert Mathiez）在该年（1932 年）年初逝世，勒费弗尔被选中继任研究会主席。出生于 1874 年的勒费弗尔当时已经 58 岁，此后依然长期活跃。然而，1932 年确实算得上他学术生涯的一个转折点。3 年后，也就是 1935 年，他离开了斯特拉斯堡大学，前往索邦大学任教，自 1937 年开始主持该校的法国大革命史讲席，并在此创建了法国大革命史研究所（Institut d'Histoire de la Révolution française），培养了好几代大革命史的研究者（遗憾的是该所不久前并入近现代史研究所）。

1939 年，时值法国大革命爆发 150 周年，勒费弗尔出版了一部标题明快的著作——《一七八九年》（*Quatre-Vingt-Neuf*），旋即被维希政权列为禁书，遭到焚毁。在大革命周年期间，并作为人民阵线（1936—1938 年）岁月的一种延续，勒费弗尔还参加了"法国大革命史大众课程"。为此，他在 1938 年 11 月举办了以"大革命与农民"为题的讲座，再次回顾了自己的博士论文和《1789 年大恐慌》。勒费弗尔是左翼的斗士，经历了德占时期抵抗运动的磨难，他的立场接近法国共产党（他的弟弟，地质学家泰奥多尔·勒费弗尔是一名抵抗运动成员，因纳粹的"夜雾法令"遭到逮捕和处决）。1944—1945 年法国解放后，勒费弗尔一跃成为研究法国大革命的大师级人物，同时主持罗伯斯庇尔研究会及其刊物，直至他于 1959 年离世。他的影响如此巨大，往往被视为马克思主义阵营的一员，形成了让·饶勒斯、马迪厄、勒费弗尔和阿尔贝·索布尔一系的史学传统，尽管这些人其实很难算作同一流派。

《1789年大恐慌》并不单纯是饶勒斯《社会主义法国大革命史》开创的19—20世纪法国社会史学派的一部代表作，更加不是勒费弗尔继博士论文之后研究乡村社会的续篇。在许多方面，我们不妨将该书看作是一部开拓性作品，它预告了后来称为"心态史"（Histoire des mentalités）的史学潮流。

在勒费弗尔为该书撰写的初版序言中，开篇就提到了依波利特·泰纳（Hippolyte Taine），这绝非偶然。泰纳写作《现代法国的起源》（Origines de la France contemporaine）之际，对1871年的巴黎公社仍然心有余悸。在书中，泰纳连篇累牍地谴责大革命期间的民众暴力，甚至辱骂民众是"野蛮人，乃至无知的野兽，沐猴而冠，残忍而淫荡，杀人取乐"。泰纳还在书中反复提到"群氓"（populace），据说这是一群粗鲁之辈，喜欢诉诸暴力，一旦受到某种杀戮心理的支配，就会堕落为屠夫和凶手。在泰纳之前就有人提出过如此见解，例如，伯克（Burke）的《法国大革命反思录》（1790年）就谴责了"一帮血腥味扑鼻的流氓和凶徒"。继泰纳之后，勒庞（Le Bon）博士进一步将这种观点提炼为"野兽状态"的群氓，他们受到一些退化到"原始状态"的"领袖"和"堕落分子"的蛊惑（参见出版于1895年的《乌合之众》，出版于1905年的《法国大革命与革命心理学》）。1932年，勒费弗尔在一次学术会议上就批判过勒庞和泰纳的著作，这篇发言在1934年以《革命群众》（Les Foules révolutionnaires）为题正式出版。这篇著作以社会学、心理学和哲学著作为基础，证明了革命群众并不是"一群野兽"，因为其中的成员总是或多或少展现出一种更高层次的"集体心态"。面包店前面排队守候的人群发生骚乱，并不起因于导致数十名男女公民凑巧一同来购买面包的纯粹偶然性，而是由于这些人具有更高层次的"集体心态"。通过这篇文章，勒费弗尔确立了一个坚实的概念——"革命群众"，这个概念后来被许多研究者袭用，例如乔治·鲁德（George Rudé）的《法国大革命中的群众》（1959年），还有阿尔贝·索布尔的一篇长篇书评（其中称许勒费弗尔为"举世无双的大革命史学大师"）。在这一点上，勒费弗尔的灵感正是来自他自己在《1789年大恐慌》中的发现。

事实上，尽管本书似乎遵循了一个相当简单的写作构想，全书分为三篇（1789年的法国乡村、"贵族的阴谋"和大恐慌），其中最精彩处在于勒费弗尔对大恐慌的不同策源地的细致描写，其次是对恐慌蔓延整个法国的不同路线的勾画（从"警报引起的恐慌"到"恐慌的接力"，勾勒了"恐慌诸潮流"），还有勒费弗尔对最终形成大恐慌的各种恐惧事件的成因分析，包括对"贵族阴谋"的恐惧，对"饥荒阴谋"的恐惧，对盗匪来袭的恐惧，对外国军队入侵的恐惧，等等。这些恐惧在某个特定的时刻——即在攻占巴士底狱的消息传开，而地里的庄稼尚未收割的时候——仿佛使民众一下子沦为企图抢劫和饿死他们的奸徒的牺牲品。但是，勒费弗尔并未将目光局限于这一背景因素，或者仅仅将各种琐事汇聚成一连串事件，他还追溯了大恐慌的发展进程，甚至是法国大革命的历史本身，他将大恐慌理解为第一次"总动员"，理解为把握法国政治的一个关键时期。当然，勒费弗尔首先坚持法国乡村的特殊性，这关系到所谓大革命时期的农民革命的开端；不过，勒费弗尔十分清楚：大恐慌在1789年8月4日之夜，以及在8月5日至11日陆续颁布的各项废除特权和封建制度的法令中，发挥了何种决定性影响（尽管他在结论中只是简要提及）。他同时也清楚：封建制度并未被根除，农民还必须"赎买"封建权利，并向领主一次性支付相当于20—25年的权利收入。最后，他还看到，

8月颁布的这些法令并不彻底，引发了多起"农民反叛"，这在1789年至1792年间频繁发生，直到国民公会在1793年通过了一项法令，最终废除了领主保留的全部封建权利。

首度出版《1789年大恐慌》的中文译本，由衷令人欣慰。一方面，中国读者终于能够接触到这部重要著作，并能够理解，为何这些法国农民一旦武装起来，并且意识到揭竿而起并无真正危险，就会迫不及待地冲入领主的城堡，还要翻阅领主的文契档案，以便查清自己缴纳的贡赋是否合理。在消极防守的一方看来，大恐慌呈现出一副咄咄逼人的面孔，农民革命一触即发，在往往带有狂欢色彩的氛围中，领主及其代理人被迫为狂欢提供贡品（交出金钱和提供酒食），此时，草民短暂地凌驾于老爷之上。然而，这个仲夏的狂欢节多么不合时宜！另一方面，中国读者在阅读乔治·勒费弗尔这部大作之时，也不妨带有中国历史的关怀，因为，一切与乡村社会、封建制度、领主、农民反叛、农民集体心态、谣言和恐惧有关的事物，同样属于中国历史的一部分。

2019年5月

目 录

001 / 前言

第一篇　1789年的法国乡村

007 / 第一章　饥饿

015 / 第二章　流浪汉

027 / 第三章　骚乱

039 / 第四章　大革命的开端与第一波农民反叛

053 / 第五章　民众武装的开端与第一波"恐慌"

第二篇　"贵族的阴谋"

065 / 第一章　巴黎和阴谋论

073 / 第二章　消息的传播

083 / 第三章　外省对"阴谋"的反应：城市

101 / 第四章　外省对"阴谋"的反应：乡村

111 /   第五章　农民的反叛

135 /   第六章　恐惧盗匪

第三篇　大恐慌

149 /   第一章　大恐慌的特点

155 /   第二章　最初的恐慌

161 /   第三章　恐慌的传播

171 /   第四章　警报引起的恐慌

179 /   第五章　恐慌的接力

185 /   第六章　恐慌诸潮流

221 /   第七章　恐慌的余威

225 /   第八章　恐慌的后果

233 /   结　论

237 /   附　录

239 /   参考文献

250 /   专名表

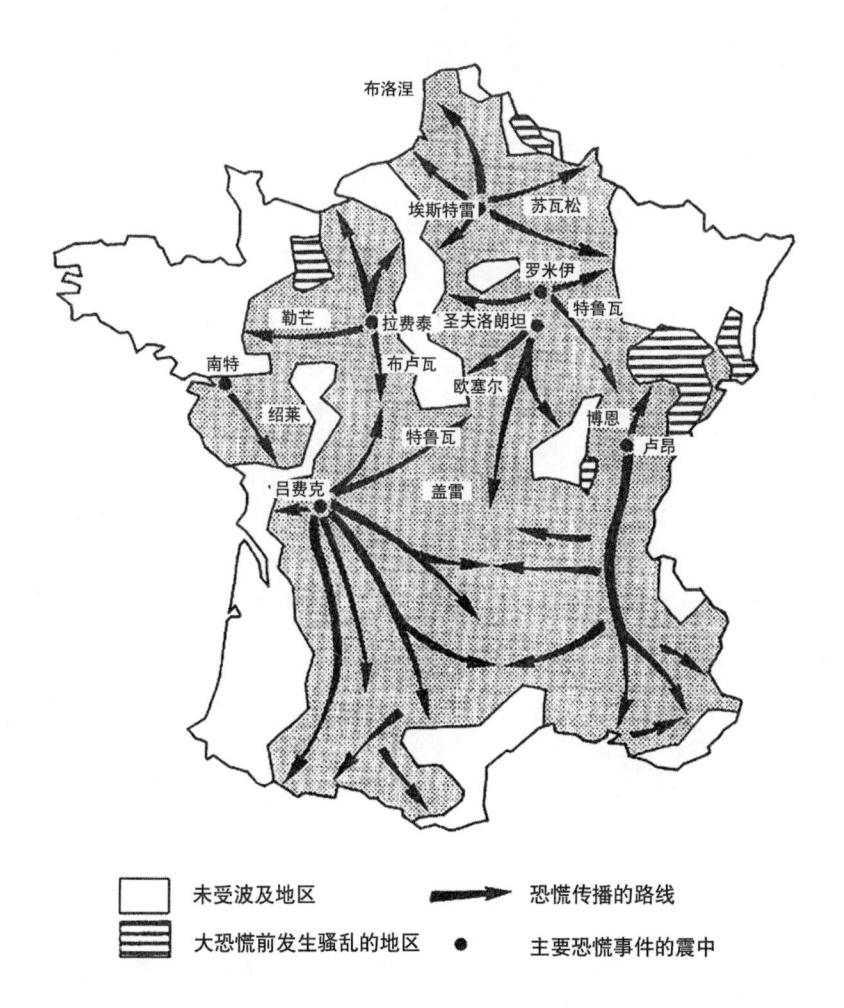

☐ 未受波及地区	→ 恐慌传播的路线
☰ 大恐慌前发生骚乱的地区	● 主要恐慌事件的震中

前　言

1789年的大恐慌是一个令人震惊的事件，然而，人们总是描述它的外表，从不深入探究它的起源。对于当时那些不明就里的人来说，大恐慌就像是一个神话，那些竭力为之寻求某种解释的人提出：大恐慌起源于某种阴谋，并且依据各自的立场，认为这种阴谋或来自贵族，或来自革命派。由于革命派实际从中获益，所以只有后一种假设颇有人气，迄今仍然如此。泰纳具有社会史学的意识，他找出了某些引起恐慌的事件，但只用来解释平民的反叛。

一些卓越的历史学家曾经研究过大恐慌——科纳尔（Conard）先生研究了多菲内（Dauphiné）的情况，皮克福特（Pickford）女士研究了都兰（Touraine）和普罗旺斯（Provence），肖德龙（Chaudron）先生研究了香槟南部（Champagne méridionale），迪布勒伊（Dubreuil）先生研究了埃夫勒（Évreux）——但他们都只是描述事件进程和影响，而不是穷究其源。其实，在大部分地区，恐慌都是从外部传入的，要从流溯源，就需要一部专门的历史，这项工作是上述专题著作难以胜任的。

这些局部研究，就方法论而言虽然相当完善，数量却很少。有人可能会主张，做整体研究的时机还不成熟，这种意见不无道理。但是，我们也可以反驳说，做一个整体的回顾，提出有待解决的问题和可能的答案，有利于启发后续的研究。正是出于上述考虑，我着手进行这项研究。

然而，有待填补的历史空白实在太大，仅利用已经出版的著作和文献是远远不够的。因此，读者在本书中会发现一些新的事件，这些事件是我在研究中发现的，为此，我花费了十来年时间，从多家档案馆中调阅了资料，包括国家档案馆、战争档案馆、外交事务档案馆和其他一些省、市档案馆，还有国家图书馆和一些省图书馆。在这些地方，文献收藏的分类不尽完善，资料也非常零散。国家图书馆远远没有收藏全部地方史文献。此外，我的研究虽然耗时很长，但必然有一个限度。因此，还有许多史实有待进一步发掘。尽管如此，我希望这项研究有一定的参考价值。许多档案学家和图书馆员，还有他们的合作者，为笔者的研究提供了极大的帮助，还有许多人将他们知晓的文献慷慨提供给了笔者，在此一并谨致谢忱！

我尤其感谢梅斯（Metz）的克利普费尔（Klippfel）总长、国家档案馆的卡龙（Caron）先生、荣纳省（l'Yonne）档案馆的波雷（Porée）先生、奥布省（l'Aube）档案馆的杜埃姆（Duhem）先生、安省（l'Ain）档案馆的莫雷尔（Morel）先生、塞纳-马恩省（Seine-et-Marne）档案馆的伍贝特（Hubert）先生、巴黎大学地理学院图书馆的埃弗拉德（Évrard）先生、孔夫朗松（安省）的荣誉教授杜布瓦（Dubois）先生、詹森·德萨伊（Janson de-Sailly）中学的教员雅各布（Jacob）先生、罗昂（Roanne）中学教员勒苏尔（Lesourd）先生、萨雷格米尼（Sarreguemines）中学教员米洛（Millot）先生、穆兰（Moulins）师范学校教员莫夫（Mauve）先生。十分遗憾的是，出版条件不允许我在本书中附录细致的考证和详尽的书目，我希望有朝一日能够出版搜集到的全部材料，并附上必要的注释。

在研究过程中，我首先着手重构恐慌的发展过程，在时机成熟时指出比较次要的原因，最终达到恐慌的起始点。然后，我力图提炼出一般性的原因。但是，在本书中，我希望提供一个概述，而不是烦琐的考证；读者将要读到的描述，与我上述研究顺序是相反的。为了找到恐慌的根源，我本应该追溯到1789年初，但是，当我再次考察这一时期的系列事件后，我选择了从普通民众的立场出发看待整个事件，而假设高等法院的历史和巴黎发生的一系列事件是已知的。为了解释大恐慌，我试图使自己置身于那些亲身经历过大恐慌的人们中间。读者会发现，这一做法是完全合理的。

第一篇

1789 年的法国乡村

第一章　饥饿

泰纳在《旧制度》(*L'Ancien Régime*)中写到,"民众,好比是一个在池塘里艰难跋涉的人,水已经淹到了嘴边,一遇到淤泥有轻微凹陷,水面有一点波澜,他都会失去立足点,沉溺,然后窒息"。泰纳对民众的描述虽然粗略,其结论仍然有效。在大革命前夕,对于绝大多数法国人来说,最大的敌人乃是饥饿。

市镇的工人,城市"无赖"的悲惨状况是毫无争议的。在所有城市中,就像在巴黎一样,只要面包价格有些许上涨,引发的骚动就足以引起当局的巨大焦虑。每日挣得30到40苏的人,才仅免于饥寒。面包的价格一旦超过每磅2苏,麇集在阴暗贫民窟里的人就会发生骚动,这些贫民窟在一些法国市镇仍然残存着。就商人和手工业者而言,总是存在大量的非熟练工人和搬运工,这是一支注定找不到工作的后备军,只要出现一点危机,他们就会成批地加入流浪汉和农业雇工的大军。

至于乡村,泰纳认为,这里一直是大恐慌的温床。不过,连最推崇泰纳的人也不同意这一点。有人反对说:1789年已经有许多小土地所有者,农民决不像看上去那么贫穷,并且递交给全国三级会议的陈情书绝不可信。最近有人指出,"这种贫困是表面上的","在衣衫褴褛的背后,人们生活宁静,往往也很舒适,有时还很富足"。事实上,

20世纪初以来对于陈情书的仔细研究证明了其记载的真实性，对农村人口状况的深入调查如今表明，泰纳是完全正确的。

确实，在1789年，农民占有很大一部分土地，也许是全部土地的三分之一。这个比例因地区而异，各教区之间也不一样。在利穆赞（Limousin）、在桑斯（Sens）附近以及滨海佛兰德（Flandre maritime）南部，这个比例约为二分之一；在康布雷齐（Cambrésis），略多于四分之一；在图卢兹（Toulousain），略少于四分之一。但是，在大城市——例如凡尔赛（Versailles）——周边，以及森林、荒野和沼泽地区，这个比例通常不到十分之一甚至二十分之一。

由于农村人口密度比今天大得多，许多家庭可谓家徒四壁，有的甚至连庇身之所或园圃都没有：康布雷齐和蒂勒（Tulle）附近就是如此，5个人当中就有一人一贫如洗；在奥尔良（Orléanais），4人当中就有一人；到诺曼底博卡日（Bocage），这一比例上升到5人当中有2人；在佛兰德和凡尔赛周围则是4人中有3人，在这里，真正的农村无产阶级迅速增加。至于拥有土地的农民，他们占有的土地份额通常极小。每百人之中，占有土地不到2公顷（也就是5英亩）的，在利穆赞有58人，在拉昂（Laon）地区是76人；在诺尔省，每百人中就有75人占有土地不及1公顷。这么少的土地，远远无法养活一个家庭。

若不是法国的租佃制度对农民比欧洲其他地方更有利，农业危机还会更加严重。有兴趣自己经营土地的教士、贵族或资产阶级很少，不像中欧和东欧的乡绅可以支配大批农奴的劳役，法国的上层阶级像英国地主那样出租土地。但是，英格兰经营的主要是大型农场，而法国的农场规模却五花八门，从几百公顷的大庄园到几英亩的小农场、分成制农场和散布各处的小农庄无所不有。大部分土地被租赁给贫穷的佃农，许多地块甚至被拆分出租，因此雇工也能够租上一小块田地或草地，小地主则能够设法扩大自己的产业。那些完全没有土地可耕的人的比例因而降低了，有时甚至大幅降低了。但是，如果说问题得到了一定的缓解，却并没有被完全解决，因为，绝大多数农场对养活一个家庭来说远远不够：在北方，每百人中就有60到70人连1公顷土地也没有，20到25人少于5公顷。

最后，这种状况还在不断恶化，因为除少数地区外——例如，位于内陆的布列塔尼（la Bretagne），该地曾遭疾疫肆虐——人口持续稳定增长。从1770年到1790年，法国似乎增加了200万人口。沙隆（Châlons）拜伊司法区的拉科雷（La Caure）村民在陈情书里抱怨说："孩子的数量让我们陷入绝望，他们衣食无着，不少人有八九个孩子。"结果，完全不占有或不租土地的小农人数不断增加，而且从那时起，地主去世后，共有财产往往被分割给继承人，因此，农地被分割成越来越小的单位。在洛林（Lorraine），陈情书经常提到的"laboureurs"，也就是经营平均规模的农场的农民，正变得越来越少。在旧制度的末期，人们到处寻找土地。穷苦的人侵占公共地产，大批拥入森林、荒野和沼泽地边缘。他们抱怨那些承诺雇佣总管或长工来经营农场的特权阶层，要求出售甚至免费开放国王的地产，有时甚至包括教会的财产，他们激烈抗议大农场继续存在，要求将其分割为小块土地，从而为许多家庭提供就业。

那些没有土地的人需要工作，那些没有足额土地养家糊口的人需要额外收入。他们去哪里找呢？最有进取心或最幸运的人转行当了商人或手工业者。在一些村庄，尤其是小城镇，他们成了磨坊主、客栈老板、小酒馆老板、禽蛋批发商和谷物商人和烧酒商，这是在中部和南方，在北方则叫酿酒商。制革商要少一些，但是马车夫、鞍具工、马蹄匠和木鞋匠越来越多。修筑工作为一些人提供了工作，还有采石场、砖厂和瓷砖厂也为人们提供了谋生的机会。但是，绝大多数人不得不去大农场谋生：洛林的维克（Vic）拜伊司法区的 7 个教区提交的陈情书显示，每百人中就有 83 人是农场雇工，特鲁瓦（Troyes）拜伊司法区的比例是每百人中有 64 人。但除了收获庄稼或采摘葡萄的季节，他们无活可干。在冬天，只有少数人被雇去打谷子，其他雇工都失业。因此，他们的工资非常低，而且跟不上大革命前几年持续上涨的食品价格。只有在庄稼等待收割之时，雇工们才会试图和雇主讨价还价，结果是经常发生冲突，特别是在巴黎附近，这可以解释某些恐慌事件。在北方，农业劳动者最多能赚到 12 到 15 苏和食物，但往往不到 10 苏，冬季则只有 5 到 6 苏。那些拥有小块土地的人，在丰收年份状况最好，尤其是如果他们能够让自己的孩子兼充耕童、牧羊人或农场仆役，但是，普通雇工注定陷入长期贫困，陈情书中许多令人动容的段落为此提供了证据："陛下，国王陛下！"昂古莱姆（Angoumois）的尚涅（Champniers）的农民哀求说："请务必体恤你的子民，他们正在饱受赤贫和痛苦的折磨，请洞察法国发生的一切吧！"

幸运的是，在某些地区，乡村工业为农民提供了额外的收入。商人很快就懂得利用这些随时情愿接受极低工资的大量劳动力。几乎全部纺纱工业、大部分的编织工业都迁移到了佛兰德、皮卡第（Picardie）、香槟、布列塔尼、曼恩（Maine）、诺曼底和朗格多克（Languedoc）的村庄。商人向农民提供原料，有时还有设备。男子坐在他的小屋里编织，而他的妻子和孩子则在不停地纺线。需要下地劳作的时候，他就离开织机。冶金工业和玻璃工业仍然以农村为根据地，因为它们只能在森林附近昌盛，森林为农民提供了充足的柴火，也为伐木工和烧炭工提供了大量的工作机会。此外，如果某个行业不能或不愿意向外搬迁，那么城镇对农民来说，是一个非常不错的选择，例如，一大帮季节性工人来到南特（Nantes），春季一到就离开。

1788年10月，在特鲁瓦应该有超过一万名失业者，但是其中6000人是外来务工者，一旦无活可干，便会继续流浪。

当然，乡村工业的工资也非常低。在北方，熟练工每天能挣25到50苏，不包括食物。学徒和普通工人能挣15到20苏。麻布纺织工最多挣20苏，纺纱工最多挣8到12苏。1790年，佛兰德的某市政当局报告："可以肯定的是，一个每天收入只有20苏的男子无法养活一个大家庭。每天只有15苏进账的人就会陷入贫困。"

直到旧制度终结前，集体性权利对贫苦农民提供了很多恩惠：他们可以捡拾地里的麦茬，这是庄稼收获时镰刀割剩的部分，割下来的麦茬用于修葺屋顶和谷仓；公共牧场使用权允许他们在休耕地上放养牲畜，并在第二次甚至常常是第一轮收获后，在田地上放养牲畜。最后，许多村庄还可以使用广阔的公共草地。但是，在18世纪下半叶，这些"权利"遭到特权地主和大农场主的严重侵蚀，他们得到了政府的默许。农民尽全力抵抗这种侵蚀。在《农民》（*Les Paysans*）中，巴尔扎克（Balzac）描述了农民对权利篡夺者及其爪牙展开的持续而狡诈的斗争，只是他不愿意承认，一旦贫民的权利和土地被剥夺了，他们便无法生存。

总而言之，在那些土地肥沃、农民辛勤劳作的省份，大多数农民勉强能得到温饱。这确实是一个进步！但是，还有许多人没有这么幸运，而运气最好的人也经不起一点打击。此外，危机也频繁发生。

首先，民众的处境取决于收获与否。即使本年度收成不错，问题仍然很多。由于仍然采用连枷打谷，在漫长的冬季，民众只能一点一点地获得谷物。与此同时，由于缺少谷仓，麦束只能先保存在磨坊里。这就容易发生各种危险，包括各种天灾、失火或鼠患。在谷穗打完一轮之前，人们必须依靠"陈谷"度日。如果收成不好，未来就会一片惨淡，因为等不到明年下种，粮仓就会空空如也，直到下一轮收割前，人们不得不长期忍受匮乏。这就是为什么农民和城镇居民目睹商人把粮食带到别处出售时会义愤填膺：陈谷的库存从来就不够。由于这个原因，他们也对农业领域的革新——例如扩大草地和果园面积，引入油籽或茜草——持保留意见。大土地所有者可以借此获得丰厚利润，却意味着耕种谷物的土地越来越少。

自然灾害不是农民唯一害怕的东西，还有战争，战时，政府会增加税收，把战区附近的土地暴露在军事征用之下，强迫劳力承担后勤运输和修整道路，更不用说军队的肆虐和广泛的破坏。此外，工业的进步，尽管养活了很多人口，但也让他们处于市场波动的影响之下。法国已经成为一个出口国，遥远的贸易国度一旦发生战争或饥荒，或者关税增加，或者颁布新的贸易禁令，法国工人就不无失业之虞。

准确地说，所有这些灾害，都在大革命爆发之前几年内同时降临：1788 年发生了严重歉收；土耳其刚刚参加了反对俄奥联盟的战争；瑞典出于自身利益进行了干预。普鲁士表示一旦获得英国和荷兰的支持，就会继而加入战争。在普鲁士的怂恿下，波兰竭力摆脱了莫斯科的枷锁。结果，波罗的海和地中海变得不再安全，中欧和东欧市场逐渐凋零。更糟糕的是，西班牙禁止进口法国布料，法国时尚业也一落千丈：人们开始喜爱麻布，摒弃丝绸，这使里昂（Lyon）的丝织业遭受了沉重打击。

可悲又可叹的是，君主的政策极大加剧了危机，这场危机在旧制度的毁灭中发挥了重要作用。1787 年的敕令解除了一切谷物贸易的限制。直到那时，在市场上出售谷物受到限制，敕令颁布后，生产者可以直接在市场上销售。谷物可以通过陆路和海路自由运输，也可以不受任何限制地出口。这道敕令的初衷是希望通过使谷物生产有利可图，进而鼓励农业发展。但是，当 1788 年发生歉收后，粮仓就全空了，谷物价格不受控制地飙升，并在 1789 年 7 月达到顶峰。此时，在巴黎，每磅面包要卖 4 个半苏，在某些地区甚至更贵；如在科（Caux）地区要卖每磅 6 苏。

与此同时，政府的短浅目光也引发了失业危机。1786 年，法、英两国签订了贸易条约，大大降低了法国进口国外工业品的关税。这个想法的初衷是好的：时人以为，有必要采用英式"机械"（mécaniques），而将这套东西强加给法国工业家的最佳方法，就是引入某种形式的国外竞争。其实，为了达到这一目的，在过渡期间，明智之举是逐步地实施这一计划，同时为国内的工业品提供适当的保护。现在，法国突然向具有决定性优势的英国工业开放边界，造成了可怕的后果。在亚眠（Amiens）和阿布维尔（Abbeville），1785 年还有 5672 架织机在运转，到了 1789 年就有 3668 架停工，有人估计，这一下子就剥夺了 3.6 万人的工作。在针织工业中，8000 架织机中就有 7000 架停工。各处情形都是如此，其他行业也好不到哪去。

通常情况下，危机可能不会延续很长时间。但是，出口限制又让问题更加复杂。同时生活成本大幅上涨，结果就是危机变得无法忍受。

第二章　流浪汉

　　饥民难免沦为乞丐，而乞丐成了乡村的祸害。残疾人、老人、孤儿寡妇，有什么措施能够帮助他们？更不用说病人了。城市的救济设施不足，乡村则几乎完全没有。无论如何，失业者都没有得到任何救济：乞讨是唯一的出路。至少有十分之一的农村人口，年复一年仅靠乞讨度日，他们步履蹒跚，挨家讨要面包或零钱。1790年，在法国北方，乞丐占总人口的比重估计为五分之一。物价上涨的时候情况更糟，因为普通工人的工资并未相应增加，所以无法赡养家庭。并非所有人对乞丐都抱有敌意。一些陈情书甚至抗议拘禁乞丐：提交这些申诉的人可能是小农场主，他们不少人以前也沦为过乞丐，并且心里十分清楚，一旦自己吃掉最后一袋粮食，出卖最后一块土地，也就难免沦为乞丐。村庄越穷，邻里兄弟之情就越强烈。1789年11月底，利穆赞的楠蒂阿（Nantiat）村居民决定由较为宽裕的村民分头救济处境悲惨的贫民，"以解倒悬之急，直至其处境改善"。但是，总的来说，农场主，或者说"村里的首户"和"头人"（北方的俗称），并不愿意提供救济，并且在陈情书中一再抱怨。他们对什一税征收者的愤怒是有道理的：什一税的一部分本应该用来救济贫民。结果，他们支付了什一税以后，乞丐依然云集家门。帮助教区的贫民是一回事，这些人以及他们的窘迫可以通过官方发放救济得到控制。但是，许多贫民背井离乡,在方圆数英里的周边地区流浪。这些流浪汉让局势变得更加糟糕,稍微强壮一点的沦为强贼,固守家园者的门口出现了陌生而令人不安的面孔:于是,恐惧被唤醒了。

除了无奈沦为乞丐的人,还有专业的乞丐。愤怒的农场主迫不及待地谴责他们游手好闲,这种说法不能完全说是错的。乞讨并非见不得人,为了养活一大家子,父亲不会因为自己让孩子们出去"找点面包吃"而惶惶不安。这成了一种生计,和其他生计没什么两样。即便他们讨到的面包太硬,那也可以用来喂养牲畜。在课税登记表上,有人填的是"地主",说白了,却是"乞丐"。按照传统,修道院会在某些特定的日子分发救济。翁弗勒尔(Honfleur)的陈情书中写着:"救济发放日是一个节日。在这一天,人们可以放下手中的锄头和斧子,慵懒地睡个懒觉。"教士这样做是延续了基督教的传统,即将虔诚的清贫视为一种值得尊敬的生活方式,甚至是一种圣洁的象征。乞丐帮也有助于肯定这一观念。在大恐慌时期,好几次恐慌都是由伪装成慈悲兄弟会的流浪汉引起的,据说他们得到了授权,为柏柏尔海盗俘虏的基督徒募捐赎金。

劳动人口的迁徙进一步加剧了乞丐引起的不安情绪。作为一个整体,民众比我们想象的要不稳定得多。1754年,鲁昂(Rouen)商会报告:"对他们来说,什么都无所谓,只要能找到谋生之道。"除了经常行走在外的学徒,还有很多人沿途寻找工作。在1788年10月特鲁瓦统计的10200名无业者中,估计有6000人实际已经离开,有些人或许回到了自己的村庄,但是更多的人大概会挨个城镇游荡,直到找到一份活计。中部的运河、皮卡第的运河以及瑟堡(Cherbourg)的筑堤工程方兴未艾,自然吸引了大批失业者。蒙马特(Montmartre)的济贫工场也是如此。但是,并非所有人都能找到工作,找不到工作者只好乞讨度日。这也说明了,为什么那些大城市(特别是巴黎)的流动人口在1789年猛增。不满和冒险精神也为此推波助澜。农场工人经常毫无征兆就脱岗，农场主为此怨声载道，却似乎从未意识到，他们对待工人过于苛刻，而工人因绝望或厌恶之情自然会产生不安。另外一些人为躲避兵役而出逃。此外，还有正常的季节性人口流动。在巴黎，充斥着大批来自利穆赞的建筑工，奥弗涅人也蜂拥而至，其中，圣通日（Saintonge）的制革工每年要占很大比重，此外，少数人翻山越岭去了西班牙，在那里他们同比利牛斯山脉法国一侧的移民一起劳动。相反，不断有移民从萨瓦（Savoie）[1]迁出，以至于洛林人怨声载道。特别是在收获庄稼和采摘葡萄的季节，常有大规模的人口迁徙：大批无业人员从山地下到平原。好几千人从下勃艮第（Basse-Bourgogne）和洛林穿过布里（Brie）和瓦卢瓦（Valois）；另外一些人从布赖斯高（Brisgau）和德国洛林区进入阿尔萨斯，从博卡日进入卡昂平原，从阿图瓦（Artois）进入佛兰德的海滨平原，从喀斯地区（les Causses）和黑山（Montagne Noire）进入下朗格多克（Bas-Languedoc）。

许多小贩也在乡村辗转。有些是诚实守信的小贩，因为零售商在乡下非常稀少，他们提供了有益的服务。吉罗拉莫·诺泽达（Girolamo Nozeda）是其中的典型。在大恐慌时代，他留在了沙尔略（Charlieu），在那里贩卖首饰，一干就是20多年。但是，大多数小贩不受村民信任。每年都有衣衫褴褛的小贩从诺曼底博卡日出发，甚至远至皮卡第和荷兰，兜售自家妇女做的马毛筛，其他人则叫卖坦什布赖（Tinchebray）和维勒迪约（Villedieu）产的铜器铁器，在阿让特伊（Argenteuil），陈情书抱怨兜售兔皮的小贩，布洛涅人（Boulonnais）希望摆脱赤脚医生和耍熊人，更不用说锡匠和锅匠。1788年5月28

---

[1] Savoie, 法语发音为"萨瓦"，英语发音为"萨伏伊"。——译者注

日，维莱穆瓦昂（Villemoyenne）的修道院长兼本堂神甫写信给塞纳河畔巴尔（Bar-sur-Seine）的选举大会，提醒他们注意"阻止大批流浪汉的入侵，这些人背上包裹，扶老携幼，挨家乞讨，甚至侵占我们的住家。我们神职人员痛心疾首地看着这些轻佻的女人同浪荡的无赖，正值韶华之年，就成天在小酒馆里喧哗痛饮，关系淫乱，尽管他们中间显然连一个已婚的人都没有。"

这些流浪汉，严格说来就算他们不从事乞讨，也会在夜间来到农家院落乞食求宿。没人会赶走他们，哪怕他们是专业乞丐也不会被驱赶。这不是出于慈悲或者善心。农场主背地里愤怒地诅咒说："乞讨就像把生锈的锉刀，一点点逐渐削弱我们，最终摧毁我们。"帕泰（Patay）附近的维朗布兰（Villamblain）村的陈情书留下了这样的记载。但是，农场主们很害怕。首先是害怕受到直接的袭击，但更多的是害怕暗中报复，比如果树或者篱笆不知道什么时候被砍倒了，牲畜受到残害，最糟糕的是纵火。而且，即使农场主毫无怨言地支付了什一税，也没办法完全摆脱流浪汉的纠缠。

这些流浪汉未必是坏人，但是，他们对别人的财产不怎么尊重。果树正好位于大道边上，树上结的果子能不能随便摘？口渴时在葡萄园里摘几串葡萄有什么罪过？车夫们胆子也很大，布里的陈情书激烈控告运送木炭到巴黎的蒂耶拉什（thiérachiens）车夫，他们驾车直接冲过田地，为了抄近路不惜撞坏篱笆，还随意在当地草场牧马。一旦走上这条路，一时兴起或饥饿的逼迫，流浪汉就会更加肆无忌惮。

当流浪汉的人数不断增加——1789年就是如此——他们最终会纠集党羽，逐渐沦为盗匪。当男人下地劳作或者赶集的时候，流浪汉就会突然出现在留守的主妇面前，如果他们的要求没有得到充分满足，就会随手抢东西、要钱、强行在谷仓住宿。最后，他们还会在夜间乞讨，出其不意地拜访农场，引起恐慌。

3月25日，一位欧马勒（Aumale）周边的农场主写道："在星期三到星期四的夜里，我家里来了几十个人"，"8月份更是让人忧心忡忡，"他在7月30日写道："我们入睡前总是惶恐不安，夜间来访的乞丐一直折磨着我们，更别提白天来的那些了，他们人也很多。"

随着收获时节临近，恐惧也开始四处徘徊。刚要成熟的麦子夜里被人割走。收割的小麦还来不及打捆，挨个教区游荡的拾穗者就不顾禁令侵入田地。早在6月19日，苏瓦松（Soissonnais）的调解委员会写信给贝桑瓦尔（Besenval）男爵，请求他派一队龙骑兵来确保庄稼收获。7月11日，加莱（Calais）市政当局也通过索梅耶夫里（Sommyèvre）伯爵，即阿图瓦的卫成司令，向巴黎转达了的类似请求。在16日，伯爵补充说："四面八方都在请求派兵保护收获庄稼。"24日，沙特尔（Chartres）附近的一个居民写道："考虑到民众为纾解目前困境而急迫不安，他们可能会认为，只要收获时节一开始就可以脱困。他们可能不仅要拾穗，这是他们应得的部分，而且由于长期的物价飞涨而陷入绝境，他们会振臂高呼：为过去的悲惨讨回公道。严重短缺之际，一切都要平均分配，要填饱我们的肚子……民众的突然爆发，就像一场冰雹。走投无路的人是不会考虑是非问题的。"在当局眼中，这不是杞人忧天。

早在6月18日，里尔（Lille）的总督埃斯曼加尔（Esmangart）就对陆军大臣指出："我们会看到，提前采取措施，防止发生可怕的灾难和无法估计的后果，是多么的重要。关键问题在于人们普遍害怕庄稼在成熟或收割之前就会被洗劫一空……我们完全可以肯定，在某些县确实有人在谋划类似的袭击，当地的大小农场主正担惊受怕，我们一方面必须预防这类可怕的事件，一方面要表现得不相信它们。"谣言在各大城市特别是巴黎不胫而走，人人信以为真：7月，每天都有人报告"青苗被偷割"，或者庄稼被糟蹋。在大恐慌时期，人们纷纷认定这些勾当主要是盗匪所为。

偷越关卡的走私活动，进一步加剧了不安，例如，在皮卡第和阿图瓦的边界，在征收入市税的各城市包括巴黎的外围，尤其是在那些征收高盐税的省份的边界。例如，一米诺的盐在布列塔尼卖2利弗尔，在曼恩卖58利弗尔。对贫民来说，诱惑和回报是巨大的，不沦为私盐贩子太难了。一个曼恩的织布工或泥瓦匠，每天才挣10到12苏，一旦走私盐，一次就能挣20或30利弗尔。妇女对走私也同样热衷。1780年在拉瓦勒（Laval）就有3670人因此被捕，在安茹（Anjou）和普瓦图（Poitou）交界的莱莫日（les Mauges）也有多人被捕。

1788年，私盐生意变成了一场内斗，就像芒德兰（Mandrin）时代一样。[1]一个叫作勒内·阿马尔（René Hamart）的人（外号"Catinat"，卡蒂纳）纠集了一个10人团伙，最终壮大到了54人，并袭击了当地的盐税局。农民对于客串的私盐贩子保持了尽可能的同情，但职业走私者让他们感到惊慌。一份陈情书指出："大清早，私盐贩子就从谷仓的稻草堆里爬出来，他常常不知会主人一声就擅自在这类地方过夜，他通过低价出售私盐来抵付留宿费用，软硬兼施。如果他乐意，就会无情地抢走一切，尤其是如果他来自远方的教区。就会带走食物、家什和现钱，更可耻的是，经常抢走要交纳给教会的钱。他常常还起暴杀人。"

为了减轻损失，包税人[2]经常养着一支真正的军队，这种军队比走私者更加惹人憎恨和恐惧。盐税税吏通常收入微薄，而且是从各

---

[1] 芒德兰（Louis Mandrin，1724—1755），法国历史上著名的盗贼头目，1755年在瓦朗斯城被处极刑。——译者注
[2] 包税人是旧制度下包揽税收的人，代表当时上层金融家，由他们制定税收最高额。——译者注

阶层招募的,其贪婪绝不亚于最坏的走私者,反而更加嚣张,常常不受任何惩处。"税吏们从来不单独行动。他们或两人结伴,或三五成群,不分日夜地突袭农场,杀死吠叫的狗,在农场的饲料槽中、在第二茬庄稼地里甚至结了穗的麦地里随意喂马。他们的到来会让整个村子深陷惊恐,鸡飞狗跳,他们威胁男子、殴打妇女、打烂家具、翻箱倒柜,然后带着他们抢到的东西扬长而去,要么就是带走某个倒霉鬼投入大牢。"

这群乞丐、饥饿的流浪汉和业余私盐贩子,他们四处作奸犯科,这决不值得惊讶。对于这种形势,司法当局自己也难辞其咎。他们的乞丐收容所就是培养罪犯的温床,在这里,贫民与犯罪分子成天厮混。最常见的一项惩罚措施是驱逐出法院的管辖范围:被流放的人自然加入了流浪汉大军。

在曼恩,盗窃马匹——在中世纪的诺曼底和佛兰德一度肆无忌惮——仍然司空见惯。在皮卡第和康布雷齐,"勒索者"把敲诈变成了一种大众娱乐:某天清晨,农夫可能发现自家门上钉着一包火柴,外加一张警告书,要求他在某个特定地点交付一笔赎金,否则将遭纵火。如果他向当局报警,也抓不到任何人,而农场依然难逃一炬。

大多数罪犯选择结成帮派。"卡图什帮"[1]蜚声遐迩;1783 年,当局在卢瓦尔河(le Loir)上游的奥热尔(Orgères)摧毁了一个类似的匪帮,他们随后又重新集结,直到督政府时期,他们依然是全国的热门话题。早在旧制度终结前,这类匪帮就开始活动,经常"炙烤"被害者的脚跟来逼迫他们吐露藏匿财物之处。1783 年,在维瓦赖(Vivarais),反抗当局的所谓"蒙面人"暴动被迅速镇压,然而小股盗匪却时常出没,犯下一些比较轻微的罪行。1789 年,在复活节前

---

[1] 法国人民武装起义领袖。——译者注

一周，维勒福尔（Villefort）的一名公证人巴罗（Barrot）遭到殴打，他的房子遭到入侵，文件遭到焚毁。这可以说是典型的"蒙面人"的作风。

有些匪帮甚至更加过分，3月27日，几名前往贝格新城（Villeneuve-de-Berg）参加三级会议代表选举的教区参议半路上遭遇抢劫和谋杀。同年春天，流浪汉大军也加入匪帮。据报道，这年3月，目击者在巴黎附近的当皮埃尔（Dampierre）看到40名蒙面男子。4月底，15名武装分子在晚上突袭了埃唐普（Étampes）地区的几家农场，他们破门窗而入，威胁要放火。在贝莱姆（Bellême）、莫尔塔涅（Mortagne）和诺让勒罗特鲁（Nogent-le-Rotrou）等地，当局不得不出动军队对付一支12到15名武装分子组成的匪帮。

即便是正常时期也不容易维持治安，仅仅靠骑警队的三四千名骑警显然人手不足，许多村庄干脆没有官方守卫，只是为了省下一笔薪酬。哪怕当地决定雇佣一名警卫，也难以保证支付的薪水能换取相当的回报：谁都没有热情去从事风险如此高的工作。领主庄园的守卫表现要好一些，但主要提防的是偷猎者。由于他们的职责之一就是将农民赶出林地，农民自然视之为敌人而非保护者。

当局时不时发动一些大范围的严打运动。1764年和1766年的法令要求给长时间从事乞讨的人打上烙印，送去苦役船服役，其他人则被投入监牢。此外，1781年3月15日，巴黎高等法院判处4名皮卡第居民鞭笞刑，据说因为他们"在收获期间盗窃田里的麦子"。不过，这种时不时的杀鸡儆猴效果甚微。一旦收容所人满为患，大门就会敞开，然后一切照旧。国王唯一的成就——这个成就已经很可观了——就是清除了大道上的劫匪。然而，在危机时期，公共警力不堪重负。索洛涅（Sologne）的圣维亚特尔（Saint-Viatre）的陈情书指出："很长一段时间内，无人遵纪守法，乞丐到处都是。"1789年4月29日，圣苏珊（Sainte-Suzanne）的骑警总长如此报告埃唐普周边的盗匪活动："我的大队从去年 11 月开始就在该地区执行任务，出警次数是人手的二三倍，我们竭力维持治安和市场秩序，保证农民平安出售粮食。但是，我们的人数和实力都不足以将不法之徒驱逐出首府，我们没法同时出现在各处。"

被当局遗弃的农民也可以自救，他们并不怯懦。法国农夫生性愚鲁，动不动就拔刀相向，还斤斤计较，对别人满不在乎，所以，他们很乐意杀死那些对自己产生威胁的人。锡夫赖（Civray）司法总管区的迈雷-莱维索尔（Mairé-Levescault）提交的陈情书说，如果警察组织得更好，"我们如今就大可不必枕戈待旦，为自己伸张正义了。"但是，当局对此充满疑虑：枪支也可能用来对付王国官吏或落入盗匪之手，而如果一个农民有了一支枪，他就会用它来打猎，纵是为了消灭糟蹋庄稼的猎物，而非娱乐。此外，直到旧制度结束前，在领主阶级的敦促下，当局一直在有步骤地解除农民的武装：首先是 1762 年在埃诺，然后是 1771 年在康布雷齐，佛兰德和阿图瓦是在 1777 年，1785 年至 1787 年间在诺曼底，推动者是阿尔古（Harcourt）公爵，然后是吉耶讷（Guyenne），穆希（Mouchy）公爵和埃斯帕贝斯（Esparbès）伯爵。1789 年 1 月 26 日至 27 日夜间，昂日（Hangest）的骑士命令骑警队突袭蒂耶拉什的鲁米尼（Rumigny）村，为的就是没收武器。6 月 22 日至 23 日，巴黎高等法院的总检察长在沙特兰（chartrain）地区组织了类似的行动。与此同时，枫丹白露森林周围的村庄也遭到了同样的突击搜查。

如果说焦虑不安是普遍现象，却不能轻易认为，这种心理在各地的强度都是一样的。有些地区尤其敏感，例如，森林、高原或山脉环绕之下地势平坦的乡村。奥克瓦（Auxois）的居民说，莫尔旺山（Morvan）既吹不出什么好风，也生不出什么善人。在走私猖狂的地区以及森林外围，伐木工、烧炭工、铁匠、玻璃匠，都是些没有什么教养的人，常常令人畏惧，更别提躲藏其中的形形色色的可疑分子。在佩尔什（Perche）森林，在莱格勒（Laigle）和孔什（Conches）周围，在上曼恩的蒙米赖（Montmirail）森林，昂古莱姆附近的布拉康讷（Braconne）或佩里格（Périgueux）著名的巴拉德（Barade）森林，也是如此。在1789年，这些森林比今天要广阔得多，其中的居民也要多得多。在这些森林中看不到什么魔鬼、仙子或魔法师梅林[1]，那里只有成群结队的狼和面孔凶恶的人。1789年的恐慌常常来自这些幽暗之地。

不能因为1789年春天出了些犯罪事件，就误以为整个法国都在血与火之中受着煎熬。档案文书中提到的罪行毕竟是一小部分。它们列举的事件主要是威胁、骚扰和敲诈。泰纳的著作对该时期的描述显然过于阴暗。他更像一名艺术家而不是历史学家，偏爱线条峻刻的画面，非常反感木版画中自然呈现的光线和阴影。但是，尽管泰纳的描述缺乏历史学家追求的那种客观性，不妨说，从主观视角来看还是真实的：这就是1789年法国农民的所见所闻。这些农民毫无获得真实消息的渠道，又缺乏教养，不会从以讹传讹的小道消息中分辨真伪。民众的集体记忆无疑进一步加强了这些谣言的可信度。通过围炉夜谈，这种记忆以一种多少带有传奇色彩的形式保存了下来，其力量超乎想象。几个世纪以来，乡间一直饱受武装分子、雇佣兵和流匪的蹂躏，谁也不知道他们来自何处或者为什么而战。据说他们烧毁村庄、强奸妇女、折磨和杀害男子，还有雅克·卡洛（Jacques Callot）描绘的那些战争的恐怖。[2]

---

[1] 梅林（Merlin），亚瑟王传说中伟大的魔法师。——译者注
[2] 雅克·卡洛（Jacques Callot, 1592—1635），法国著名版画家，作品以反映"三十年战争"的苦难与灾祸而闻名。——译者注

洛林和阿尔萨斯的居民决不会忘记瑞典人在三十年战争中的暴行。在法国北部，一切扰乱治安的人都被称为"马扎林"（mazarins），这可能源于《比利牛斯条约》之前法国军队进行的战役。在皮卡第和诺曼底，15 世纪就已经开始活跃的卡拉波特帮仍然令人恐惧。在中部和南部，传说中的妖魔鬼怪甚至可以追溯到英法百年战争：1783 年在维瓦赖，在"蒙面人"的勒索通知上，签名还是："英格兰军队"。此外，1789 年的法国人谈起卡图什和芒德兰仍然心惊肉跳：走私贩子就被称为"芒德兰"。[1]令人惊讶的是，1789 年 7 月末，所有人都深信确实存在许多"匪帮"，这个词在当时的档案文书中频繁出现。当局自身使用这个词也毫无顾忌，既用它来称呼成群结队的乞丐或者歹徒，还用它来称呼抢夺粮食的流浪汉或反抗领主的农民，最后，国民公会也接过这个词，用来称呼旺代的叛军。当时法国人将这些"匪帮"看成某种内战的工具，特权阶层用它来粉碎第三等级，实在再自然不过了。长期以来，士兵和盗匪几乎没有任何区别，在民众眼中更是如此。毕竟，征兵官难道不是首先从流浪汉和贫民中招募士兵，就像百年战争的匪帮或者三十年战争中的雇佣兵连那样？恐惧是饥饿的女儿，对恐惧的各种记忆形成了一个可怕的幽灵，它虽然不是大恐慌的唯一原因，却算是主要原因，或者也可以说，是最深层的原因。

---

[1] 卡图什（Cartouche，1693—1721），与芒德兰一样，也是法国历史上著名的盗贼头目。——译者注

第三章　骚乱

在饥荒年代，饥饿也会引发骚乱，骚乱反过来又引起或加剧恐惧。民众从不愿意承认，大自然才是他们一切痛苦的根源。为什么在丰年不储备粮食？这是因为富人、地主和农场主与商人一道，与国王的大臣和亲信勾结（他们总是偏袒有权有势的人），结果，剩余的粮食被出口到国外牟利。当他们告诉农民，面包价格必须足够高，为的是鼓励粮食种植，而这一举措最终会结束粮食短缺，对每个人都有利时，穷人只能耸耸肩。如果集体利益要求个人做出牺牲，为什么看起来只有他一个人在承受？看起来，这项政策只是加剧了他的苦难，而增进了别人的利益。进步只能以牺牲穷人为代价才能实现？在18世纪，有人会毫不犹豫地给出肯定的答复，即便在今天，仍有许多人这样想，只是不敢公开承认。但是，穷人从不相信这一套。在1789年，他们反复哀诉，政府不能任凭自己和孩子们饿死。如果政府认为面包价格应该上涨，那么，就得相应提高工资，或迫使富人救济穷人。否则，他们只能自己行动起来拯救自己，为自己报仇。

1788年8月底，内克尔（Necker）重新掌权，[1]急忙叫停粮食出口，采取措施从海外进口粮食，并给予进口补贴。但是，伤害已经造

---

[1] 内克尔（Jacques Necker, 1732—1804），瑞士银行家，曾三度出任法王路易十六的财政总监，此职位当时相当于法国首相。——译者注

成。法国没有普遍的饥荒，但是粮食价格的飙升已经无法阻止。此外，人人都相信，出口禁令被故意规避了，出口还在继续。他们肯定夸大了局势的糟糕程度，但是，这种看法并非空穴来风。无论如何，当时仍在进行的粮食贸易只能进一步滋生怀疑和加剧民愤。每一天，各条大道上都可以看到重型马车载着谷物和面粉缓缓行驶：农场主将粮食送入市场，零售商挨个市场流窜，磨坊主在找能将面粉卖给主顾的牙商，面包师在找原料。宫廷、各省和各城镇购买粮食的车队川流不息，纵横法国全境。如果有这么多粮食还在流通，怎么会发生饿死人的事呢？一定是有人搞囤积居奇，或者出口转内销，以骗取政府的补贴。当粮食源源不断地在饿红了眼的民众面前运来运去时，这一举动仿佛在挑衅，饥民如何能抵制住动手抢粮的冲动？只有一个办法能够消除人们的疑惑——对粮食运输进行严格管制。早在1788年11月，内克尔就推出了某些管制措施，要求一切粮食都必须在市场上公开出售，并于1789年4月最终下令进行粮食普查和征用。但是，如果说阿图瓦和某些地方例如苏瓦松和沙隆的总督禁止谷物越境销售，那么，大多数地方当局还是照顾农民利益的，他们更愿意让各城市自行采购谷物，并以低价出售。正如内克尔一样，他们希望在不过分限制贸易自由的前提下赢得时间。骚乱就这样变得无法避免。

当然，首当其冲的就是城市。1789年3月和4月，整个法国都在发生骚乱，从历史和地理的角度看，一切相关的统计数据都能说明某些问题，但下面只是一些与未来的北方省有关的骚乱统计，而这个地区的情况还不是最糟糕的：3月13日在康布雷（Cambrai），3月22日在翁斯科特（Hondschoote），3月30日在阿兹布鲁克（Hazebrouck）和瓦朗谢讷（Valenciennes），4月6日在贝尔格（Bergues），4月11日在敦刻尔克（Dunkerque），4月29日在里尔（Lille），4月30日在杜埃（Douai），5月6日、7日又在康布雷，5月在瓦朗谢讷、阿尔芒蒂耶尔（Armentières）和阿兹布鲁克、埃斯泰尔（Estaires），6月6日和20日在敦刻尔克，6月中旬在阿尔芒蒂耶尔，6月30日在瓦朗谢讷。

有几起骚乱特别激烈，例如4月24日至25日发生在新奥尔良的骚乱，特别是后者，同月27日和28日在圣安托万的福堡（Faubourg Saint-Antoine）发生的骚乱，后者引起了大规模的恐慌。在这种情况下，当局一般会随意逮捕一小撮骚乱分子，不经过法定程序就迅速把他们绞死，或送去苦役船，希望以儆效尤。在巴黎、塞特（Cette）、康布雷和巴尼奥（Bagnols）的骚乱的结局就是如此。5月24日，国王不得不亲自命令刑事法庭镇压骚乱。5月下旬到6月，局势有所缓和，因为民众在等待三级会议能够找到一些救济之法。同年7月，骚乱再度爆发，7月12日、13日在鲁昂，13日在桑斯，13日至14日、15日至16日夜间在亚眠。

军队和骑警徒劳地分散在市镇各处，从一个市集跑到另一个市集，等他们赶到，往往为时已晚，或者无能为力。骚乱者抢劫粮食市场、粮食商人和公共粮仓，或者按照他们觉得合适的价格强买强卖。好几次，警方与骚乱者达成了协定：因为他们对民众抱有同情，不愿意动粗。4月2日，阿朗松（Alençon）的总督写道："骑警队的表现也没有多理智。那些希望面包降价的人可能不愿意全力阻止暴动。"在贝莱姆，骑警队中士长甚至"发表了一番煽动民情的言论"。7月16日，皮卡第的卫戍司令索梅耶夫里也报告："老实说，部队表现得毫不果断和坚定。"

然而，与一般的看法相反，乡村地区并没有大规模卷入骚动。无疑，大土地所有者和富裕农场主希望保持贸易自由，把粮食卖个好价钱。但是，绝大多数小农都和市民一条心。小农场主和分成制佃农早就开始缺粮，农场工人的生活比城市工人更糟，因为市政当局不愿意或不能为他们提供任何帮助。农场主不愿意给他们提供粮食,而要把粮食卖到最近的城镇市场上去,而市政当局不愿意让外来商贩入市交易。结果,唯一剩下的选择,就是半路拦截运输粮食的车队,适当付一点钱,或者干脆白拿。警察起不了什么作用,只有大型车队才配备了保镖,然而,有时候保镖也不管用。1788 年 9 月末的骚乱过后,拉弗莱什(La Flèche)附近的阿瓦斯(Avoise)的某个村镇代表写道:"我们找遍了方圆半里,也找不到一个人愿意为 100 个路易的报酬拉一车小麦。民众是如此激动,为了区区 1 蒲式耳粮食就会杀人。良民夜里不敢出门。"

但是在城市和乡村之间,市场创造了一个强大的纽带,任何人都无法割断它。尽管 1787 年的法令要求在本地出售粮食,但是,早在内克尔撤销该法令之前,农场主,或是出于恐惧,或是出于习惯,已经在当地市集上出售粮食了,当然他们也会把粮食卖给直接上门收购的商人。如果说,城市比较依赖市集,因为市集是基础的食物来源地,并且城市的繁荣要靠在市集上购买和消费的主顾,农民却不是很关心市集,对他们来说,这只是个找乐子的地方。亚瑟·杨格(Arthur Young)嘲笑某个乡巴佬赶了好几法里[1]地过来,只为出售一对雏鸡,并因见他就这样浪费他的时间和他要挣的那点小钱而愤慨。杨格没有考虑到其中的心理因素。[2]

市集对于所有消费者而言都是头等大事。首先,他们要在这里购买今后一周或一个月的粮食储备,他们把谷物磨好,然后自己煮熟,或交给面包师料理。在少数大城市,特别是在巴黎,居民习惯每天都去面包房购买面包,但是在其他地方,只有手头没有一丁点富余款的

---

[1] 一法里(lieue)约合四公里。——译者注
[2] 亚瑟·杨格(Arthur Young,1741—1820),英国农政学家,他在 1792 年出版的《法国纪行》反映了大革命前法国的社会经济状况。——译者注

穷人才每天都去采购。这样一来，乡村的雇工就从四面八方麇集到市集当中。一旦反叛爆发，他们就会成为首批参与者，如果当局驱逐他们，他们就会把骚动的信号传播出去。接着，他们回到自己村里，夸耀自己的冒险经历，在他们的同胞中播下反抗的种子，在农场主中渲染恐慌气氛。阿尔克（Arques）拜伊司法区下属的拉沙佩勒贝尼维尔（La Chapelle-Bénouville）的农场主，在本教区的陈情书里报告："很有必要防止来自下层民众的谣言和骚动在菜市场和市集上传播，在这些地方，农场主饱受侮辱，不得不按照买主满意的价格出售粮食。"克鲁瓦达勒（Croixdalle）的农场主补充说："否则，我们将不得不放弃经营。"

尽管城市和乡村之间利益攸关，但彼此的冲突也不少。资产阶级担心，贪婪饥渴的乡巴佬一旦进入城市，就会加入城市无赖的队伍。他们还担心，一旦穷人敢于抢粮，富人的住所也难免遭殃。4月22日，贝尔热拉克（Bergerac）市政当局连忙通知佩里格当局，农民正准备前往该市强行降低粮价。6月24日，奥布河畔巴尔采取措施："保障本市商店的安全，防止外来民众纵火，有些外来人嚷嚷市集上没有足够的面包，威胁要放火。"7月13日，在桑斯，"乡下人"洗劫了粮店。18日，在亚眠，农民大批前来，要求对他们也适用14日起给予城市消费者的粮食优惠。21日，在里尔，农民的到来引发了骚乱，他们打算迫使圣皮埃尔（Saint-Pierre）的议事司铎向穷人发放什一税的三分之一。25日，在蒙迪迪耶（Montdidier），带着木棍来赶集的农民，其棍子被当地民兵没收。乡村让城市感到了恐惧。

反过来也是一样。农场主听说，如果自己不给城市出售粮食，城里人就会来抢。他们了解到，市政当局正压迫总督搞粮食普查和征用。更让人害怕的是，城里人自发组织了一些队伍，到乡下挨家挨户采购，或者说是强买粮食。在4月初的骚动期间，在贝尔纳堡（La

Ferté-Bernard），骚乱者蔓延到了周围的村落。17日在阿格德（Agde），骚乱分子"化整为零，下乡骚扰农民劳动"。3月1日，阿朗松的总督报告，农民宣布不再进入对粮食征税的任何市集，"民众傲慢地回复说，我们已经知悉，如果你们不来卖粮食，我们就去乡下找粮食"。

乡下的民众自己也非常热衷于掠夺农场主，他们不希望农场主把粮仓都卖空，声称这些粮仓是为他们预留的。他们也害怕城市骚乱者下乡滋扰，这些骚乱者很容易对无助的村民滥施暴力。所以，城市又让乡村感到了恐惧。

大城市也让小城市感到恐惧，因为大城市摆出一副要去小城市的市场上收购粮食的架势，并且为此派出携带武装护卫的专员。7月14日之后，巴黎因为威胁要到蓬图瓦兹（Pontoise）、埃唐普和普罗万（Provins）采购粮食，而引起了不小的恐慌。

在正常情况下，总督的仲裁和警察的干预，可以暂时消除这些威胁的影响，尽可能解决冲突，但是当王国的政权陷入瘫痪时，普遍的恐慌就爆发了。

饥饿引发的反叛很容易带上政治色彩和社会色彩。之所以带有政治色彩，是因为暴乱反对市政当局，反对总督以及僚属，最终反对中央政府。首先，民众对国王抱有强烈怀疑，不仅怀疑他支持囤积居奇的奸商，而且怀疑他本人也参与了此类活动，私下牟利。马利塞（Malisset）公司获得了路易十五宫廷的授权，供应整个巴黎的粮食，这为所谓"饥荒协定"的说法提供了坚实的根据。说那些大臣打算通过投机粮食来缓解财政困难，其实是子虚乌有的谣传，而说某些高层人士与马利塞公司有利益纠葛，希望该公司赚大钱，或者说这些人私底下密谋，希望追随一名"包税人"或者说自负盈亏的投机代理人，也是不大可能的。此外，路易十五动用自己的私人资金投资了某个特殊的企业。1792年，年金总督塞特伊（Septeuil）代表路易十六通过在国外采购商品来做空汇率。当内克尔从国外进口粮食时,所有奉命行事或者同意将国家采购的粮食储备留在各省的人,立即引起了民众的怀疑。市政当局及其委任的代理人也是如此。相信有某种不轨行为的人,不只是受到泰纳辛辣讥讽的民众。1788 年 12 月,在巴黎,一个叫阿迪(Hardy)的书商指出,高等法院讨论了囤积粮食的行为,但未采取反制措施,他还说:"上面最初提出的方案大而无当,行政官根本无法合理地付诸实行。"诺曼底的卫戍司令伯夫龙(Beuvron)公爵的秘书佩罗(Perrot)在 6 月 23 日指出:"总督和(卡昂)市政官员是垄断生意的主要支持者,我坚信这一点,谁也休想说服我。"1788 年 9 月 26 日,勒芒的市长内格里耶·德·拉费里埃(Négrier de la Ferrière)指责说,骑警也被奸商收买了。

这类言论非常有可能主要来自上层社会,经由仆从之口,再加重复和歪曲,给仇恨火上浇油。"如果他们没有面包吃,何不吃奶油蛋卷?"没有证据表明王后说过这种话,但是,很可能某些官廷人士自己觉得这番话很俏皮,没把它真当回事。富隆(Foulon)并不是唯一被认为说过"人民最好去啃草皮"的人。[1]在隆勒索涅(Lons-le-Saunier),两名高等法院成员也被指控打算"让人民啃草根"。在都兰的圣莫尔(Sainte-Maure),市政检察官蒂尔冈(Turquand)和他的儿子因为如下侮辱性言论遭到指控:"应该强制让这帮乞丐啃草根,用烂泥粥来喂他们的崽子,想吃大麦面包?想得美!"1789 年,在奥尔良,一名前助理法官因为或者据说发过如下言论被捕:"如果小女孩死光了,面包就够了。"这番话又被夸张成:"因为面包太贵了,最好把小孩子都淹死。"在 7 月 14 日前后,许多人因为他们的品行、职

---

[1] 富隆(Foulon, Joseph François, 1717—1789),1771 年担任财政总监,1789 年担任国务顾问和总监,因被控在饥荒时期发表上述言论,被民众抓住并吊死在巴黎凡尔里街灯柱上。——译者注

务或者多少被公然歪曲了的言论，而遭到骚乱分子的迫害：3 月在贝桑松（Besançon），几名高等法院推事遭到抢劫，或被迫出逃；7 月 22 日，巴黎总督贝尔捷（Bertier）和他的岳父富隆在巴黎被杀；巴勒迪克（Bar-le-Duc）的商人佩利西耶（Pellicier）和图尔（Tours）的商人吉拉尔（Girard）也遭遇了同样的事情；瑟堡市长，兼任总督代理和法官助理，只能眼睁睁看着自己家被洗劫一空，幸好跑得快，才捡回一命。饥荒引起的骚乱扰乱了地方行政、司法甚至中央政府官吏们的生活。

此外，贫民负担太重，而税收被认为是苦难如此严重的根源。到处都在反对税收，陈情书证实了这一点。直接税（军役税、人口税、二十分之一税）不断加重。1787 年，布里埃纳（Brienne）趁着第一次省级大会召开之际，试图增加二十分之一税。[1] 不过，关键是似乎让人无法忍受的间接税。在对盐征收重税的地区，官盐的价格是每磅 18 苏，还有许多商品，特别是酒类，也征收重税。粮食也不能豁免通行费和市场税。

在王室捐税之外还有本地捐税。有人总是宣扬，各省和市镇享受的特许经营权，给民众带来了大量的好处。在保留了省级三级会议的地区[2]，王室捐税的负担的确要轻一些：这些省的寡头政治集团全力抵制中央政府的诛求，因为，增税可能会打压土地租赁。但是，这些省级寡头势力平衡地方预算的办法，是通过征收一些间接税——如普罗旺斯磨坊费或有关葡萄酒和啤酒的税费，来把负担转嫁给民众，而这种间接税连泰纳本人都认为令人厌恶。在城市，市政当局也这样

---

[1] 布里埃纳（Brienne，1727—1794），法国红衣主教，当时任财政总监，显贵会议议长。——译者注
[2] 省级三级会议是旧制度下由一省三个等级的代表组成的咨询性议会，在王室直辖地，未经省级三级会议认可，国王不得征税。——译者注

做，主要通过入市税来赚钱，而入市税又提高了民众的生活成本。因此，饥荒引发的骚乱必然转而指向捐税：民众拒绝纳税，呼吁取消入市税，包税人被无情地驱逐。公共金库空空如也，骚乱引起的间接后果是剥夺了国王的行政手段，进一步破坏了行政机制。

这些骚乱也撼动了社会结构。民众认为，如果特权阶层缴纳了他们应该缴纳的份额，那么王室捐税可能不会这么沉重。如果贵族不曾鼓励国王增加他的开支，捐税负担还会更轻一些。如果特权阶层没有给农民的收入加上什一税和各种封建特权等额外负担，捐税也不会如此难以忍受。如果农民既要缴纳什一税，还要支付实物地租，这就占了全部收成的六分之一或五分之一（事实并非总是如此）。因此，税吏和领主自然成了囤积者，和商人一道遭受民众的攻击。为了驳斥这些非难，他们借口说自己的谷仓只是储存剩余产品的仓库。但是，民众心里清楚，这些人大多数只是在待价而沽。地方当局也承认这一点，在危机时刻会谨慎地敦促这些人卖出一些存粮，缓解市场短缺。

此外，领主独占了磨坊，并将磨坊出租牟利。经营公共磨坊的磨坊主趁机盘剥那些小户，大发其财：他在重量上作假，索要额外费用，还要截留一部分实物，就像领主要求实物地租和封建特权一样。粮价越高，封建负担就越重，这构成了一个令人义愤的悖论。

最后，还有权贵豢养的珍禽和野兽，这些动物也要消耗粮食，和农民抢饭吃。在巴黎和凡尔赛宫周围，国王的大型围猎和亲王们的小规模游猎将民众赶向绝望境地。全体贵族也有狩猎特权，而且他们毫无顾忌，一再滥用。如果农民起诉请求赔偿，诉讼费用昂贵，而且很难胜诉。

我们仅仅简单提到了直接侵蚀贫民微薄收入的两种封建特权。其实，类似的特权还有许多，此处不便详细列举。要注意，在危机时刻，这些特权比平日更加恶劣，尤其是在旧制度的末期，贵族阶级也因为粮食昂贵和生活奢靡贫困化了,他们不得不更加斤斤计较自己那点现金收入。由于不懂得经营自己的产业,他们干脆一租了之,而新的包租人比他们还要贪婪,他们进行了新的清丈,长期被遗忘的特权又重新启用,长年拖欠的债务又拿出来催还,尽管30年的时效已经过了。在一些省份,大地主获得了封山权,剥夺了农民的公共牧场使用权,自己却不曾停止在附庸的土地上放牧。国王授予他们公共地产三分之一的权力。他们还试图取消森林的使用权,因为冶铁业和玻璃厂生意兴旺,导致木材涨价,森林的使用权现在成了香饽饽。

农民因饥饿而愤怒,对贵族形成了巨大的威胁。资产阶级也不能幸免。资产阶级也没有缴纳他们该缴纳的捐税份额。他们控制了不少领主,为领主提供了法官和总督。充当包税人、负责催征各种封建贡赋的人也是资产阶级。大小农场主、粮商,同领主和税吏是一丘之貉,从国王限制农民极其宝贵的集体权利的农业政策中获利,并且通过坚持自由贸易助长了粮价飞涨。民众不想饿死,所以,他们看不出为什么富人(不论他是什么人)不出手救济。法律人士、食利者、商人和大小农场主,加上阿尔萨斯的犹太人,同神甫和贵族一样,都受到了威胁,由不得他们不害怕。

城市和乡村都陷入了骚乱,结果彼此恐惧,同样,骚乱的农民也变得恐惧彼此。那些反叛者很少容忍有人拒绝加入,必要时毫不犹豫地诉以暴力迫使其加入。他们要求邻近村庄同他们一起干,如果对方拒绝听从,就以抢劫或者纵火相威胁。一路上,盗匪团伙随意歇脚饮食:一个人不管多穷,都要同反叛的伙伴分享自己的所有。5月的一系列骚乱中,蒂耶拉什的瓦西尼(Wassigny),农民一听说有一伙在乡间流窜的盗匪要来,尽管并不顺从当局,还是拿起武器出来战斗,把盗匪堵在了村子口,双方开枪互射,数人受伤,数人被俘。每一次反叛都在农民内心深处唤起仿效的冲动,同时也吓坏了他们。民众开始恐惧自身。

君主制和封建制的老旧建筑，挺过了多次这类危机。在君主统治的最辉煌时期，农民反叛也不曾销声匿迹。国王和贵族总是能够成功地给老实巴交的农民重新套上枷锁。但是，在1789年，一个难以置信的消息，激起了前所未有的憧憬：路易十六本人，希望农民从长达千年的压迫中解放出来，为此下令召开三级会议。

第四章 大革命的开端与第一波农民反叛

长期以来，有识之士一直谏言，要对国王的财务进行一番整顿。税收的分配已经挑战了公正和常识：挑战了公正，是因为一个人越富裕，须缴纳的税就越低；挑战了常识，是因为政府要鼓励农业繁荣，却给农民造成了沉重负担，使农民无法储蓄。没有储蓄，也就没有投入农业开发的资本，也就没有农业的进步。

这类问题几乎不会让王室的财务官寝食难安，但是，有一个问题他们不得不考虑：他们必须弄到足够的钱来应付不断增长的公共财政支出。随着王权的扩张，官僚机构、骑警队和警察也要随之扩张。而且，由于物价持续上涨，预算也要不断跟进。最后，路易十六干预了美国独立战争，并且付出了沉重的代价。就算所有的大臣都精打细算，也难以应付越来越庞大的开支。

对旧制度来说，不幸的是，当时的法国人不愿意相信这类事情：正如他们的祖先一样，他们抱怨宫廷的奢侈浪费，抱怨官吏队伍越来越人浮于事，抱怨贵族贪得无厌。

显然，路易十六本可以在某些项目上省着点花：宫廷花钱如流水，白养着无数的闲官。至于军队，付给军官们的报酬堪比整个部队的开销。但是，如果不与全体贵族公开协商，就不能合法地削减开支，而这不亚于一场王室革命。曾经跃跃欲试的大臣，无一功成身退。其他大臣只好东挪西借，苦苦支撑。最终，到了1787年，信用也破产了，卡洛纳（Calonne）估计，除了征收能带来高收益的新税，财政已经穷途末路。[1]然而，连蠢货都知道，不堪重负的民众身上已经榨不出什么油水了。卡洛纳决不蠢，他很聪明，他提议特权阶层也必须缴纳一种新的"土地捐税"。这一举措确实妙！这样一来，虽然富人多交些税，但穷人也少交不了。但是，总税赋的分配依然很荒谬，受益的只有国库。特权阶层被召集到"显贵会议"上来接受咨询（但与会者都是国王钦点的），他们可找到了捍卫"公共利益"的机会，结果就是卡洛纳被罢免了。他的继任者布里埃纳（Brienne）重新捡起了这个方案，各地的高等法院却执意不肯让步。他们要求召开三级会议，只有三级会议有权追加新税。国王终于屈服了：自1614年以来，法国第一次召开三级会议。与此同时，在布里埃纳组建不久的省级大会的问题上，也开始了另一场类似的冲突。所谓的省级大会只是个虚名，实际上还是按照总督辖区召集的，它们的主要缺陷也在于要经过国王任命。贵族到处都在要求重建旧式的省级三级会议，其代表像全国三级会议一样由三个等级选举产生。1788年7月在多菲内三级会议自发地召开了。国王让步了：他向多菲内、弗朗什-孔泰、普罗旺斯和其他几个省授权进行选举。因此，夏多布里昂（Châteaubriand）说："对法国旧制度的致命一击，是由士绅阶级做出的。贵族开始了革命，而平民完成了革命。"

大革命最初完全起因于贵族，这一点迄今被许多研究者忽略，它其实解释了第三等级的激烈反应，滋生了特权阶层阴谋反对革命的阴谋论，如果没有这种阴谋论，大恐慌就不好理解了。然而，贵族究竟想要什么呢？他们想要重新恢复对国家的控制：贵族同路易十六的冲

---

[1] 卡洛纳（Calonne，1734—1802），法国当时的财政总监。——译者注

突，其实是卡佩王朝以来贵族与王室一系列争权夺利的最终阶段。据说，贵族激烈批评君主专制，希望强迫国王颁布宪法，规定，未经三级会议同意，国王再无权制定法律和征税。这是事实。但是，贵族也希望三级会议继续被划分为三个等级，每个等级都有发言权，这样教士和贵族合起来可以占多数。有人甚至主张，每个等级都应该拥有否决权，因为害怕教士和第三等级联合起来反对贵族，而第三等级的构成决定他们绝不会动用这种否决权。还有一种主张，就是让省级三级会议选举全国三级会议的代表，其中第三等级由享有特权的市政当局的特派员来代表，这些市政当局的官员都是些捐官，通常是些新兴贵族或者希望成为贵族的人。高级教士和布列塔尼贵族从来不曾出现在凡尔赛，因为国王拒绝屈服于这一要求。出于同样的原因，普罗旺斯的大多数贵族也不参加选举。如果国王当初听取了这些意见，那么第三等级的代表资格很大程度上将由贵族指定，正如英格兰的下院一样。

有人大肆强调教士和贵族主动为公共财政支出做出的贡献。但是，我们不能夸大其词：事实上，这两个阶层只有一小部分人真诚地打算这样做，另有少部分人觉得，让他们像平民一样纳税，是对他们的侮辱。在阿朗松，特权阶层在陈情书中拒绝写入主动放弃税收豁免权的条款，这不是唯一的例子。其他地区的陈情书中，特权阶层只承诺共同减少债务、消除赤字，或者明确提出，他们会单独进行缴纳。就连最慷慨的贵族，即同意像其他等级一样纳税的人，也只是止步于此。一想到在一个国家里全体公民拥有相同权利，他们就心惊胆战。他们希望保留自己的荣誉特权和爵位，更重要的是，保留封建奴役。贵族自觉他们才是国家的主人，要发起令人生畏的反扑。在旧制度行将终结之际，从时人的通信中可以找到许多关于这种心态的痕迹。1767 年，罗昂 - 沙博（Rohan-Chabot）写信给某个雅尔纳克（Jarnac）当地的居民（后者的一个亲戚似乎卷入了反对公共面包房烤炉的骚动）说："你岳父生下来就是我父亲的附庸，说附庸都算抬举他了，附庸这个词是留给贵族出身的人的，可以说，他是我在雅尔纳克庄园里的食客和仆役。没有国王，也就是我们共同主人的授权，他无法逃脱半点义务，这种义务是这片土地自古以来的拥有者（我们的父辈开垦了这片土地）很早就强加给他的。他必须了解，我决不妥协，我坚信，他或者他的团伙绝不会有好下场。"1786 年，里博维莱（Ribauvillé）双桥（Deux-Ponts）公爵的大总管说："村社是阿尔萨斯的领主的天敌……我们得养活他们，但是不能喂太饱。"新近获得爵位的人也同样顽固。迪佩雷·德·利勒（Duperré de l'Isle），卡昂拜伊司法区法官助理的夫人，1789 年 7 月 9 日给加缪（Camus）写信抱怨："第三等级就是一切，两千三百万比一，这多么疯狂！难道要包括所有仆役，所有的工人、乞丐、监狱或劳改营里的罪犯，所有青年人、妇女和儿童？如果除去这些人，这两千三百万还剩下什么呢？……一切都正常了，一切都井然有序，没有狂热，也没有辱骂，三个等级享有相同权利和权力。试问哪个有良知的法国人，不会因为目睹尊贵的法律被一笔抹去而感到愤怒和悲哀？"8 月 3 日，她写道："无知和被煽惑的民众不代表整个国家。他们人数众多，却既没有分量也没有恒心。"

  大资产阶级——金融家、批发商和"高尚的"食利者——却并不完全反对和解。

  在多菲内，大多数贵族都同意按人数和公民平等权利进行投票，但资产阶级和大领主结成了联盟，在未和乡村团体商量的情况下就炮制出本省的陈情书。如果这类协定得到广泛同意，贵族就能够保留他们的名誉特权、财产以及三级会议中优势地位。极少有行政区像布尔格（Bourg）和隆维（Longwy）两地那样，由各等级共同起草陈情书。

在沙托鲁（Châteauroux），人们完全拒绝这样做。

资产阶级——主要是律师，以及他们鼓动的商人和工厂主——以牙还牙，结果，一场极端暴力的阶级冲突席卷了整个法国。1788年底，陈情书如雪片般飞来，吁请国王允许第三等级的代表人数相当于其他两个等级的总和（所谓"双倍代表名额"）以及按人数表决。当国王批准双倍代表名额时，斗争舞台转移到了省级三级会议。1789年1月6日，弗朗什-孔泰的贵族反对路易十六的决定，他们被称为"抗议者"。2月17日，下普瓦图（Bas-Poitou）的士绅举行集会，回应拉莱扎尔迪埃（La Lézardière）的要求时，也提出了类似的抗议。艾克斯（Aix）发生的冲突特别激烈，米拉波发表了气势恢宏的演说，激烈抨击了反对他的贵族。尤其是在布列塔尼，1月8日，贵族拒绝对省级三级会议进行任何改革，并且宣誓："除非根据现行宪章选举和组成三级会议，否则决不参与任何公共行政机构。"1月27日，雷恩（Rennes）街头爆发了内战。资产阶级青年达成了一个联盟协议，南特和圣马洛（Saint-Malo）的资产阶级也准备加入他们。4月17日，在圣布里厄（Saint-Brieuc），士绅阶级重新宣誓，绝不出席三级会议。

直到这个时候，民众还很平静，特别是在乡村地区。国王、特权阶级和资产阶级的争执还没有直接波及他们，而且，在多数时候，他们也不了解上面究竟在吵些什么。但是，一旦国王在1789年1月29日下令：第三等级的代表将由每个城市和农村团体的代表在各个拜伊司法区选举产生，形势就开始转变了。这就必须召集村民召开选举大会。投票权的适用范围非常广泛：所有年满25岁、名列税收登记簿的法国人都有权参与。而且，他们不仅要选举代表，还要起草陈情书：国王希望倾听人民的声音，透彻地了解人民的苦难、需要和愿望，显然打算纠正所有的错误。这是多么令人惊讶的新鲜事！国王，教会的祝圣者、上帝的代理人，是无所不能的。因此，一切苦难行将结束！然而，民众心中一旦萌生希望，他们对贵族的仇恨也同时滋长：农民诉苦如今有了王室撑腰，他们反复陈诉自己当下的辛酸委屈，唤醒过去那些屈辱的记忆。

陈情书普遍反映了民众对国王的信任，还有对领主的仇恨。曼恩的维莱讷-拉瑞埃勒（Villaines-la-Juhel）民众写道："感谢上帝，我们这个教区没有贵族，"弗朗什-孔泰的埃勒万（Aillevans）民众写道："我们有4个领主，昼夜不停地吸着血。"坎佩尔（Quimper）拜伊司法区的蓬拉贝（Pont-l'Abbé）民众写道："高级教士和贵族像驱使奴隶一样驱使布列塔尼人。"但是，对于宣布召开三级会议引起的骚动，陈情书反映出的情况并不完整。

在大多数情况下，农民没有写下自己的真实愿望，事实上，他们的谨慎是很有道理的。君不见，主持选举大会的是领主的法官？不少有权出席大会的农民并没有来。另外一大批人，家仆、"靠父亲的面包生活"的儿子、穷苦雇工，都被排除在外。还有一些陈情书似乎反映出了更多的真实愿望。

亚瑟·杨格在艾斯雷特（Islettes）海边漫步时，遇到了一个穷苦妇女，她诉苦说："据说，大人物打算做点什么，纾解穷苦百姓的不满。可是，我既不知道这些大人物是谁，也不知道他们如何做。希望上帝赐给我们一个好收成，各种捐税已经让我们喘不过气了！"

在巴黎周边，谣传国王打算向民众开放自己的猎苑。在阿尔萨斯，谣传在三级会议的代表返回以前，不用交税。5月20日，调解委员会不得不出面否认。7月7日，里昂市长安贝尔-科洛梅斯（Imbert-Colomès）报告，一场骚动刚刚席卷了本市，因为"所有的进口关税都被三级会议废除了……酒店老板也趁机在民众中宣扬，所有关税即将被废除，同时，为了筹备（6月27日）三级会议，国王宣布三天内进入巴黎的货物全部免税，就像里昂那样。"

索米尔（Saumur）拜伊司法区的法官总助理德米·德·迪比松（Desmé de Dubuisson）在选举期间写道："最不幸的是，召开的这些选举大会，普遍认为自己拥有某种权利。大会结束后，农民回到村里，觉得从此以后他们就不用缴纳什一税了，也不用管什么狩猎禁令或者领主特权。"

3月的骚乱过后，普罗旺斯地区也发出了同样的警告：艾克斯高等法院的一名成员指出："民众普遍相信，三级会议的召开将带来王国的复兴，不仅针对当前的制度，而且会给生存环境和财富造成翻天覆地的变化。"6月28日，卡拉曼（Caraman）表示："民众以为，国王期盼人人平等，不要领主也不要主教，不要等级也不要什一税和领主特权。因此，这些可怜虫认为自己正在行使正当权利，并且遵循了国王的意愿。"

1789年7月4日，在王国的另一端，在普勒梅（Ploërmel），总督代理大声呼吁："如今局势已经到了如此地步，我听到的威胁使我和其他有识之士感到恐惧，我们害怕本年度开始征收什一税后，会爆发骚乱和暴动……周边以及本辖区的全体农民，大都准备拒绝缴纳麦子作为什一税，并且公然叫嚣，不流血休想拿走一分钱，不管怎么劝说他们，他们都愚蠢地认为：本辖区递交的陈情书已经包含了废除什一税的要求，而且这个要求已经实现了。"

总之，由于坚信国王支持减轻税负，农民觉得自己已没什么理由继续忍受。早在7月14日之前，面对特权阶级，下层阶级的团结一致，已经展示了极大的力量。在沙图（Chatou）爆发的反对当地领主的骚乱中，闹事的人要求某个锁匠说明"自己是否属于第三等级"，得到的答复是"不属于"，显然锁匠不想卷入骚动，闹事的人回应道："你说你不属于第三等级，我们会戳穿你的谎言。"

而且，各教区代表的选举还带来了这样一个后果，即乡下人有了自己的一些头儿,这些头儿去了拜伊司法区选举大会后,就能跟那里的革命市民取得联系,同时仍保持着跟乡下人的联系。他们自命不凡,特别是如果他们很年轻,他们将在乡村的骚动中发挥重要作用。此外,一旦饥荒蔓延开来,将农民聚集起来召开选举大会,本身就制造了骚乱的温床。

1789年春,饥荒引发的骚乱还伴随有一系列反抗征税,特别是反抗特权的反叛行动。在这方面,普罗旺斯的骚乱可以说是全国的榜样。骚乱的首要原因是饥荒:从3月14日开始,马诺斯克(Manosque)就爆发了骚乱,民众辱骂瑟内(Senez)的主教,朝他扔石块,指控他包庇囤积者。不过,正是选举大会为此骚乱的爆发提供了契机。3月23日,马赛(Marseille)和土伦(Toulon)等城市也爆发了骚乱。在马赛,骚乱并不严重,但是在土伦爆发的是一场货真价实的反叛,但这其实没什么好奇怪的,因为军火厂的工人已经有两个月没发薪水了。

从土伦开始,骚乱向周边蔓延:24日到了索利耶斯(Solliès),26日到了耶尔(Hyères)。在拉塞讷(La Seyne),当局下令解散选举大会。25日,在艾克斯,选举大会召开伊始也爆发了骚乱,当时首席参议侮辱了大会门口聚集的民众,并且拒绝降低面包价格。26日及其后几天内,骚乱穿过南部和西部,抵达该省中部:佩尼耶(Peynier)、圣马克西曼(Saint-Maximin)、布里尼奥勒(Brignoles),然后继续向北:巴尔若勒(Barjols)、萨莱讷(Salernes)、欧普斯(Aups)。越过迪朗斯河(la Durance),到达了佩尔图伊(Pertuis)。我们可以跟踪这股风暴直到里耶(Riez),当地主教在自己的府邸遭到民众围攻,再到卡斯泰朗(Castellane),向东抵达索莱亚(Soleilhas)。这股风暴狂暴而短促。到了4月初,军队抵达,现在轮到另一方恐惧了。

人们到处搜寻粮食：公共粮仓、粮店，修道院谷仓，个人储粮也被无情地掠夺。市政当局不得不降低面包和肉类的价格，取消关税和臭名昭著的磨坊税。骚乱到处都带有某种政治色彩：在马赛，3月21日，张贴出的通告呼吁被排除在选举大会外的工人前来抗议："我们有权发表意见。有胆色的人请站出来！"在佩尼耶，由于当局解散了选举大会，骚乱分子要求投票选出第二个选举大会，"尽管他们大多数是肥皂厂工人，没有任何财产"。他们把目标对准了当局：在巴尔若勒，参议和法官被要求成为"城市的公仆"。他们宣布，人民要当家做主，"要为自己伸张正义"。在圣马克西曼，任命了新的参议和法官。在艾克斯，高等法院成员遭到威胁。骚乱分子首先攻击的是特权阶层。除了在萨莱讷，本地教士几乎没有受到什么骚扰，但是主教和修道院遭到了粗暴对待，领主就更不用说了。在巴尔若勒，有人绑架勒索圣于尔絮勒会的修女。在土伦，主教府邸被洗劫一空。在里耶，有人胁迫主教交出债务文书，索利耶斯和贝瑟（Besse）的城堡遭到破坏。佩尔图伊的公共磨坊被捣毁。

骚乱分子在各地逼迫领主任命的律师和其他代理人交出债务文书，返还收取的税款，公开宣布放弃主子的所有权利。一些贵族被迫逃亡或遭受虐待。

3月26日，在欧普斯，蒙费拉（Montferrat）据说因为试图反抗而被杀。一旦风暴结束，当地的入市税和磨坊税纷纷卷土重来，至少大体如此。但是，什一税和封建特权却再也没有恢复。3月27日，卡拉曼报告："农民拒绝缴纳什一税和领主贡赋。"8月16日，马赛的圣维克托（Saint-Victor）的议事司铎证明了农民的决心："自从3月末的民众骚动以来，什一税和其他封建贡赋只能靠自愿缴纳，随时可以拒缴……大多数牧民都拒绝缴纳（从羊群抽取）什一税。公共烤炉形同虚设，几乎所有乡村居民都在用私人烤炉烤面包。"

最后，骚动开始具有真正的农业色彩：公共牧场使用权再次得到落实。牲畜成群入侵领主甚至其他人的土地。资产阶级和富农也不能幸免。骚乱分子要填饱肚子，还要得到薪水，例如 27 日在拉塞讷：他们既然失业了，对于如此伤害就不能无动于衷。

对于这类骚乱的特征，我们不要心存误解。泰纳认为这是盗匪干的。说是"盗匪"并不错，前提是"盗匪"指代的是当时人赋予这个词的意思：扰乱秩序的暴徒。然而，泰纳却不是这个意思。当时的盗匪并非拦路抢劫的强贼，或是苦役船的逃犯，而是来自城市和乡村的下层民众，他们在饥饿的驱使下，大肆攻击旧制度，而且还认为国王也站在他们一边。

在多菲内，骚乱已经酝酿了很长时间。早在 2 月 13 日，沃尔克斯（Vaulx）的高等法院院长就向内克尔报告：多个县拒绝缴纳封建贡赋。普罗旺斯爆发的骚动很可能在这些地方得到响应，4 月 18 日，在阿万斯河（l'Avance）谷地的加普（Gap）以东，有 3 个村庄爆发骚乱，可能也是出于这一原因。阿万松（Avançon）的居民向他们的领主、艾克斯高等法院的推事埃斯普罗（Espraux）公开表示，他们希望三级会议免除他们向他缴纳的一切封建贡赋。埃斯普罗指出，他可以批准赎买封建特权，但没有成功。他将自己的文契档案转移到了格勒诺布尔（Grenoble），以防万一。此举十分明智，因为在 4 月，为饥荒所逼，他领地内的农民打算夺回 1788 年缴纳的粮食，这起骚乱很快转化为一场典型的农民反叛，直至 1792 年，这类反叛都经常以相似的方式爆发。事变始于安息日：在这个时期，安息日以及弥撒日，总是非常关键的日子，农民聚在一起听弥撒，然后回到小酒馆里无所事事。

20 日是星期一，阿万松的村民组织了一支武装，向圣艾蒂安（Saint-Étienne）进军，沿途劝说民众加入他们，一直走到瓦尔塞雷斯

（Valserres）城堡。埃斯普罗刚好不在家。民众闯入了他的府邸，将之翻了个底朝天。不过，埃斯普罗自己承认，没有发生任何破坏或盗窃。庄园仆人吓坏了，主动向骚乱者提供酒水。骚乱者逼迫他们承诺，26日之前让他们的主子公开宣布放弃所有封建特权，否则将卷土重来。骑警闻讯赶来，但骚乱的村民似乎无动于衷。他们将领主的佃户赶走，威胁要在未熟的庄稼地里放牧。骑兵部队随后赶到，民众四散逃入森林。听说刑事法庭打算干预，民众有些犹豫了，答应提供赔偿。但是，埃斯普罗承认，他无法继续催缴贡赋，因为没有哪个执达员胆敢在无人护送的情况下送达执行书。

在远远的北方，4月13日在帕萨热村（Passage），5月13日在帕拉德鲁村（Paladru），农民决定，在不诉诸暴力的前提下，不再向领主缴纳任何贡赋，除非他们交出收取租金的土地。这些决定被印刷出来，到处散发。6月28日，托迪尔（Thodure）男爵领地的农民也提出了类似主张。奥纳西埃（Ornacieux）的高等法院院长说，骚乱正在到处蔓延："袭击贵族、火烧城堡以及销毁文契档案的消息每天都有……在骚乱不那么严重的县，农民也天天都聚在一起讨论拒绝再向领主支付租金或缴纳其他贡赋，而是用低价赎买，或者降低缴纳比例。如今盛极一时的平等和独立精神，滋生出无数这类充满敌意的方案。"6月初，我们看到，在克雷米约（Crémieu）周围甚至有谣言称："一定要烧毁并掠夺城堡。"

在王国的另一端，在埃诺、康布雷齐和皮卡第，第三波骚乱很快爆发。村里举行的选举大会一片混乱。在圣阿芒（Saint-Amand），4月30日，即司法官选定举行大会的当天，农民从四面八方赶来，围攻了当地的修道院。5月6日和7日，在康布雷也发生了骚乱，起因是面包涨价。在普罗旺斯，农民冲入沃塞尔（Vaucelles）、瓦林库尔（Walincourt）、奥讷库尔（Honnecourt）、蒙圣马丹（Mont-Saint-

Martin)和瓦西勒韦尔热(Oisy-le-Verger)等地的农场,搜寻粮食。瓦林库尔的领主贝塞莱尔(Bécelaer)也被迫交出部分存粮。随后,骚乱传播到蒂耶拉什,经过拉夏特尔(Le Catelet)、博安(Bohain)、勒努维永(Le Nouvion)直至罗祖瓦(Rozoy),从韦芒地区直至圣昆坦郊区,骚乱者的队伍从200多人壮大到500多人,到处强迫人们按照他们确定的价格交出存粮。在拉费尔(La Fère)附近也有类似的掠夺活动。6月,还有一个入侵努瓦永(Noyon)的查尔特勒修道院的密谋。资产阶级和富农的遭遇,同特权阶层别无二致,特权阶层还被剥夺了有争议的封建特权。7月初,当征收什一税的特权像往年一样在佛兰德公开拍卖的时候,里尔的郊区爆发了骚乱,圣皮埃尔的议事司铎也遭到了袭击,被迫承诺将部分权益交还给穷人。

巴黎和凡尔赛地区很快就成了第四个风云激荡的骚乱地区,骚乱大多是由王家猎苑中的猎物糟蹋庄稼引起的,行政区的法规和林苑的广袤程度,尤其让人无法忍受。昂吉安(Enghien)的总督代理报告,饥荒已经"让农民从灵魂深处陷入了绝望,这就是骚动的原因"。事变早在1788年就初见端倪,那是在孔蒂(Conti)亲王位于蓬图瓦兹和利勒亚当(L'Isle-Adam)之间的猎苑。1789年的头几个月,农民开始成群结队闯入其中打猎。3月,来自皮耶尔勒莱厄(Pierrelaye)、埃尔布莱(Herblay)和孔夫朗(Conflans)的农民闯入了奥地利大使梅西-阿尔让托(Mercy-Argenteau)伯爵的领地。热讷维耶(Gennevilliers)的农民也入侵了奥尔良公爵的领地。28日,孔代(Condé)亲王的两名猎苑守卫被射杀。5月在枫丹白露,6月在圣克卢(Saint-Cloud)的王后猎苑,也爆发了类似骚动。森林四处遭到破坏。6月11日,贝桑瓦尔报告,沃茹尔(Vaujours)和维勒庞特(Villepinte)附近属于圣但尼(Saint-Denis)修道院的领地遭受了巨大破坏:"该地区不少富有的农场主,如今拥有了四匹马拉的马车,这是他们低价从当地农民那里购得的。"在这一地区，真正的暴力行为很少。5月11日，沙图发生了一起严重事件：农民用武力胁迫当局开放了一条穿过城堡领地的道路，这条道路之前被领主封闭了。

在其他省份，饥饿引发的骚乱同反对领主的骚乱之间，并没有直接联系。反对领主的骚乱出现得更加频繁。

1789年1月5日，弗朗什-孔泰的每周通讯报告："骚乱从城市蔓延到乡村。许多县都宣布在事态发生明显变化之前，取消一切捐纳和租金。我们已经到了暴动的边缘。"6月7日，香槟的塔乌尔（Tahure）的领主写道："乡巴佬对领主的仇恨发展到了高潮。整个地区动荡不安，他们在马利公爵位于本省的领地上四处猎杀野兽。"7月7日，里昂的安贝尔-科洛梅斯报告："在附近一些地区，许多村庄拒绝缴纳什一税，乡村并不比城市更加平静。"6月初，乌兹（Uzès）的主教请求国王命令农民照例缴纳什一税。5月，在朗格多克，波塔利斯（Portalis）侯爵抱怨，库尔农-特拉尔（Cournon-Terral）的农民四处聚集。巴尼奥的领主试图通过允许农民赎回封建特权来安抚他们。在布列塔尼，我们已经提到了普勒梅的总督代理的担忧。7月，雷恩的总督越来越寝食不安，高等法院发现，骚乱人群成倍增长，尤其是在南特主教区。

5月，在曼恩的蒙福尔（Montfort）教区，当地民众扬言拒绝缴纳租金："我们盲目地顺从了太长时间，现在受够了。"同月，在普瓦图，阿吉西（Aguisy）侯爵抱怨说，当地发生了多起罪行。走私越来越多，直接税越来越难催收，而且各地发生的粮食骚乱还伴随有对税务局的袭击：5月3日和4日在利穆（Limoux），暴民捣毁了税务局。6月初，在里维耶尔-凡尔登（Rivière-Verdun）司法管辖区的比昂内（Biennet）村社，农民决定不再缴纳捐税，并且宣称如果税吏坚持，就要面临死亡威胁。

因此，7月的农民大反叛早在初春时节就初具雏形，它经过了一段相当长的酝酿时期，进而在各地引发了普遍不安。"恐惧"的新成因，加到了这许多旧成因之上，为那种旨在重新奴役农民的"贵族阴谋"的说法提供了绝佳的心理准备，大恐慌也即由此而演成了一种全国现象。

第五章　民众武装的开端与第一波"恐慌"

面对日益严重的无政府状态，当局很快变得束手无策。众多的司法部门彼此掣肘，不曾正确认识到骚动蕴含的危险，对果断采取镇压措施犹犹豫豫，三心二意。骚乱的扩散让军队也力不从心，他们身心俱疲，力量分散。下级军官和从士兵中提拔上来的军官对贵族也缺乏好感，因为1781年和1787年的法令偏向于把军队的高级职务保留给贵族阶级。普通士兵通常来自民众，逐渐认同民众的诉求。6月19日，贝桑瓦尔警告说："我们竭力加强刑事法庭的管辖权力，然而只是徒劳，因为基层法官经常率先干预犯罪审判……这些案件毫无先例可循。卷宗日益堆积，我们非常担忧饥荒会造成严重后果，最终局势或许会发展到不可收拾的地步，届时军队除了自保，别无他能。"他不妨再补充说，很快军队就连自保也没心思了。

上述形势下，市政当局与资产阶级达成协议，进行自卫。有人认为，有人蓄意传播大恐慌，目的就是煽动各省武装自己。随后我们还会检讨这种看法。现在我们必须看到，从春季到夏初，一种普遍的不安情绪已经开始蔓延，其原因刚才分析过了，这才是民众开始武装自己的初步动因。许多城市之前并不缴纳军役税，理由是他们自行组织了民兵。在旧制度行将结束之时，这些民兵只是徒有其名，偶尔在官方庆典上列队露个面。但是，失业和饥荒引发的骚乱或恐慌，为民兵注入了新的活力。如果之前没有民兵，通常会创建一支。1788年4月，特鲁瓦市政当局下令组建巡逻队来威慑工人。在普罗旺斯，3月骚乱期间，多数城市也建立了自己的武装。2月1日，在加亚克，当局大体同意组建一支民兵来镇压"歹徒的放肆"。普瓦图的莫尔塔涅成立了一支自愿巡逻队，防范走私贩子。4月7日，埃唐普改组了资产阶级卫队。4月25日在卡昂，4月27日在奥尔良——因为零售商里姆（Rime）的店面遭到洗劫，4月29日在博让西（Beaugency），都是如此。5月8日，讷伊-圣弗龙（Neuilly-Saint-Front）的市郊也效法了各城市的做法。6月24日，奥布河畔巴尔当局决定夜间关闭城门，并设置守卫和巡逻队。7月15日，亚眠在经历了一场骚乱后决定自行武装，桑斯也在13日颁布了类似决定，随后还下令任命一名"军事独裁官"。随着收获时节临近，乡村地区比以往任何时候都渴求建立武装。6月，佛兰德将加入守卫作为强制性义务。

各省当局对武装一事犹豫不决：阿图瓦和皮卡第的卫戍司令索梅耶夫里害怕将武器交给人民。在各城市，民兵仍然完全由可靠的资产阶级组成，或者，只要政治斗争不把他们推向国民议会一边来反对王权，他们就是可靠的。1788年，在马赛，年轻人和来自小资产阶级的公民也有权加入民兵队伍，但是，由于他们行为不检，导致了民兵在1789年遭到解散。最棘手的问题是武装农民。不过，总的来说，这个问题被搁在了一边。皮卡第的总督阿盖（Agay）因为之前的骚乱而忧心忡忡，反对索梅耶夫里的意见。6月，在杜埃的拜伊司法区，7月3日，在里尔，都颁布了在紧急情况下召集卫兵和鸣钟示警的法令。这可真是把鸡毛蒜皮的小事闹大的妙法！一些卫戍司令，如加斯科尼（Gascogne）的埃斯帕贝斯（Esparbès），朗格多克的佩里戈尔（Périgord）伯爵，同意武装民众。5月12日在埃诺，在康布雷齐的骚乱后，艾斯特阿齐（Esterhazy）向下属所有社区提供卫队，并请求当局大规模武装民众。奥尔良公爵作为当地的领主，也批准莫尔塔涅采取相应的措施以防万一，这毫不值得奇怪。

骚乱不久便产生了令人意想不到的后果：贵族和资产阶级联合起来保护自己的财产不受"第四等级"侵犯。4月，在卡昂，两大阵营不约而同武装起来。4月底，在埃唐普，贵族愿意作为民兵服役。在普罗旺斯也有类似的联合行动。4月22日，卡拉曼欣喜地指出："农民的攻击指向了一切看似拥有特权的事物，第三等级遭到了最坏的对待，因为这个等级最接近农民。结果，第三等级越来越靠近贵族，尽管它从本性上是反对贵族的，并且这个反对共同敌人的联盟将一直持续下去，直到贵族出于错误的傲慢撕毁同盟。就这样，两个迄今从未接近过的阶级合成了一个阵营。这个阵营由地主和知识分子组成，我可以肯定，这种联合将为农村的安定做出榜样。"凡尔赛和巴黎的事件给这个联盟带来了沉重的打击，但它还是维系到了7月14日之前：在后续的骚动中，这种联合在外省再度出现，而且频率比人们想象的高得多。

在骚乱初露峥嵘的时刻，"市镇官员"感到了自己因官职继承、职务捐纳、国王的特殊任命或者国王特许而获得的权力在逐渐削弱：市政革命开始了。只要发生骚乱，普通民众就迫不及待地驱逐他们：普罗旺斯就是一个典型。4月，在阿格德也发生了同样的事情："反叛者如此胆大妄为，企图罢黜我们，认为他们有权从自己的阶级中选出新的议会。"资产阶级的不满情绪尤其激烈，他们要求对市政管理痛加改革，希望通过选举来重建市政当局，最终掌控市政权力。没有资产阶级的支持，上级大力扶持的寡头当局感到处境堪忧。在夏多布里昂（Châteaubriant），选举大会甚至解除了当局的权力。在其他各地，当局有所妥协：4月13日，在欧坦（Autun），人们组建了一个后勤委员会，与市政厅展开合作。6月，贝尔纳堡创设了一个常设委员会。国王授权在托内尔（Tonnerre）组建一个民选的"政治委员会"。当局惊讶地收到了来自圣安德烈-德-瓦尔博尔尼（Saint-André-de-Valborgne）——塞文山脚下一个小村落——的请愿：他们希望设立一个"爱国委员会"来调停当地公民之间的词讼。

当然，所有这些临时采取的预防措施并没有能让任何人安心。不妨认为，这些措施反倒加强了社会的不安情绪，并且公开承认了那些传说中的危险。

现在，当一个大会、一支军队甚至是全体人民都守候着敌人出现的时候，怎么可能看不到敌人到处现身呢？目击到敌人的民众，通常是那些最敏感的人，特别是当他们孤身一人，或者站岗放哨时，他们就会感到沉重的责任感仿佛在不断刺激他们，最后压垮他们。一个可疑人物、一缕烟雾，甚至是一个响动、一道微光、一片阴影，都足以让他们惊慌失措。自我暗示在这里起到的作用更大，他们坚信自己看到或听到了某些东西。于是，整营的军队可以突然陷入惊慌，通常是在夜里。不过，在这种形势下，恐慌如果直到7月下旬才爆发，就很让人吃惊了，因为造成这些单个恐慌事件的那种普遍的焦虑情绪，早在几个月前就已经逐渐形成。事实上，由于文献不足征，我们不能对一些事件给出完全令人满意的描述和解释，但尽管如此，它们还是表明，自5月开始，许多地方性的"恐慌"开始爆发。

1789年5月12日，巴黎书商阿迪在日记中写道："蒙彼利埃（Montpellier）的特急信件宣布：该城的卫戍司令佩里戈尔伯爵已下令所有人——除了神父和修道院僧侣——拿起武器，共同防御本城，因为据说有一股盗匪乘坐两艘船，在塞特港口附近上陆，似乎打算纵火烧港。这真是个令人不安的消息。"我们没有找到可以同上述警报相互印证的史料，但它很可能与阿格德骚乱有关，而且盗匪来自海上似乎也很可信，因为毫无疑问，当年柏柏尔人袭扰整个地中海沿岸的海盗行径，仍然残留在民众的记忆之中。

5月下旬，博凯尔（Beaucaire）周围谣言四起，据说在赶集期间，蹂躏该省的各路匪徒，会纠集起来袭击商人：这也许是普罗旺斯骚乱对罗讷河右岸产生的后遗症。如果里布蒙（Ribemont）市郊的历史记录是可靠的，那么，笼罩皮卡第的骚乱局面给当地每一户小康之家都带来了"恐慌"，这在6月底爆发的恐慌中是非常典型的。闯入圣尼古拉（Saint-Nicolas）修道院的士兵强迫僧侣给他们送酒，然后开始大声喧哗。一名僧侣逃了出来，一路跑到城里，在大街上呼喊："盗匪来了！"当地居民成群出动，手持棍棒、叉子和镰刀，赶到修道院，从士兵手中救出僧侣。在7月1日和2日的里昂骚动期间，当地民众坚信自己遭到了盗匪的袭击。这不难解释：事实上，根据安贝尔-科洛梅斯的说法，从四面八方赶来的农民以为所有的封建特权都废除了，他们蜂拥而至，带来了自己酿造的葡萄酒或其他产品，交换必需品。他们还参与了袭击市政机关和城门的行动。

7月18日，书商阿迪在日记中如此评论某个里昂的女性亲戚写给他妻子的一封信："全城的青年，有3000多人，都拿起了武器抵抗盗匪闯入城市，保障公民的生命安全，"他还补充说，死伤了300多人，"其中里昂本地人很少，他们大都是盗匪，因为他们身上带着鞭笞伤痕或者烙印……他们据说有四五千之众，将周边城市蹂躏一空。"7月14日之后发生的暴动中，我们还会多次遇到类似的叙述语调。市政当局努力维护各自市民的良好声誉，担保他们从未参加骚乱，他们都是外地流窜来的匪徒的受害者。或者，当局声称自己完全有权武装起来，因为附近发生了多起恶性事件。这样说，是为了一旦受到巴黎当局的追究，方便自我开脱。为了说服轻信谣言的民众相信并不存在什么盗匪，上述两种做法毫无帮助。

不久，布尔格也爆发了恐慌。7月8日，该市市长和首席代表告诉临时召集的市镇参议会，恐慌已经在我市四处蔓延，原因在于昨天传来消息：一群大约 600 人的流浪汉，从萨瓦公国（duché de Savoie）进入法国境内，这群不法之徒正向里昂进发，一旦其中有人闯入我市作奸犯科，形势必将十分险恶。来自里昂的消息可能让布尔格的民众恐惧万分，但是，这一事件的导火索必定发生在法国与萨瓦公国的交界处，我们对其非常了解。几周之后，同一地区还发生了类似的事件。科纳尔研究了多菲内的恐慌，他指出，整个 7 月，该省民众都在担心来自萨瓦的侵袭。在这里，我们恰好看到了大恐慌爆发的第一个表现：恐慌很可能最初发生在蓬德博瓦桑（Pont-de-Beauvoisin）地区，穿过多菲内和比热（Bugey），远至布尔格，然后从该处传入特雷武（Trévoux），此地在 7 月份宣布召集守卫和紧闭城门。另一点也非常重要，那就是法国第一次出现了对外国人的恐惧心理。蒙彼利埃爆发的针对外国海盗的谣言可以除外，因为这很可能是实情。几周之后，民众开始谈论流亡贵族带来的随从。7 月初，很容易理解为什么谣言特别指出是萨瓦，因为在民众看来，这是一片荒野山地，这里的人贫穷而粗鲁，屡屡向法国输出饥饿和可疑的流浪汉。流浪汉即将大规模入侵的消息在多菲内和布尔格传播，这大概不是第一次：萨瓦本身也饱受乞丐和流浪汉的骚扰。1781 年至 1784 年，当地对流浪汉进行了大规模的搜捕，村民出动搜检森林，客舍老板则告发那些陌生人和没有旅行证明的人。因此，不难想见，那些被四处追捕，失去容身之所的流浪汉，很可能有部分进入了法国。

正是由类似的事件以及其他性质的事件引发的恐惧，合起来造成了大恐慌。大恐慌的独特之处，在于汇合成大恐慌的个别事件的数量，还有——我们将看到，这个数量不是很大——这些事件几乎同时发生并且迅速传播的特点。当然，7 月 14 日之后，各种骚乱猛增，并且在收获时节之前达到高潮，这是很自然的。不安情绪不断激化，结果，恐慌比以前更容易爆发和传播。然而，分歧在于，在上述所有解释要素之外，人们只是满足于找出另一种特别适用于 7 月下旬局势的解释。比较方法能够说明某些问题吗？在法国历史中，还发生过其他恐慌，不管是在大革命之前还是之后，法国之外也有一些。我们难道不能从中找到一个有助于理解 1789 年大恐慌的共同特征吗？

1703 年 9 月，在卡米撒派起义期间，一支 150 人的新教徒军队进入瓦布尔（Vabre）主教区，并从该地进入卡斯特尔（Castres）主教区，沿途焚烧了几个教堂并踩踏了当地。他们一直走到遥远的黑山边缘，然后转向圣蓬斯（Saint-Pons）主教区。这个恐慌的信号，它逐渐越过了塞盖拉（ségalas）地区，来到北边的塔恩（Tarn）和西边的图卢兹，或许蔓延到更远的地方。当时的历史记录表明，这次恐慌的外部特征与大恐慌非常相似：民众鸣钟示警，各村紧急向邻近村庄发出警报，请求他们提供支援。前来救援的军队被误认为是敌人，子虚乌有的事件通过信件四处传播。9 月 22 日，科德斯（Cordes）的民兵朝卡斯特尔进发："圣热内斯（Saint-Genest）或拉普西埃（La Poussié）民众目睹如此庞大的军队毫无秩序地携带武器前进，吓坏了，他们声嘶力竭地向拉普西埃的巴蒂涅（Batigne）家的儿子（当时还在地里劳作）呼喊，让他火速赶往雷阿尔蒙（Réalmont），告诉当地人：某些疯狂的暴徒闯了进来，烧毁了圣热内斯的教堂。当天晚上六七点，巴蒂涅家的儿子引起了巨大的混乱，所有人都挥舞着叉子、长矛、铁锹和棍棒等跑了出来。他们在市集上与民兵会合。市镇参议决定在门口堆积木材，阻拦敌人闯入。然而，没有任何事情发生。"

卡斯特尔的主教逃走了，但是总督代理比较沉得住气，他下令召集民众。在圣蓬斯，主教下令民众组建卫队。9 月 29 日，蒙特韦勒（Montrevel）元帅写信给陆军大臣报告：事态逐渐平息。但是，他补充说:"你不难看出,整个省多么容易陷入骚乱。"为什么这个地区如此敏感?因为当地民众相信,新教徒武装起来,不是为了自保,而是为了屠杀天主教徒,并且新教徒在西班牙王位继承战争中,与外国势力勾结反对路易十四。这就解释了为什么这次恐慌被认为源于某种阴谋,并且被改头换面来适应这种说法。这个先入为主的观念导致了"多地同日传出警报"。"这是误报,尽管如此,它迅速传到巴黎,局势已经失控。"恐慌通过这种形式保留在民众的集体记忆中,据说这要归罪于威廉三世的阴谋,尽管他早在1702年就去世了。到1789年,这次恐慌尚未被遗忘。8月1日,旺塔杜尔(Ventadour)公爵的法官吉龙特(Girondex),从讷维克(Neuvic)写信谈到利穆赞爆发的恐慌:"我欣喜地发现,这次恐慌同奥兰治亲王引起的那次恐慌十分相似。"顺便说一下,这也证明了1703年的那次恐慌超出了多尔多涅(Dordogne)的范围。同样,在阿让(Agen),圣阿芒的布东(Boudons)在1789年也提到,大恐慌就像是"la pâou des Higounaous,1690年的胡格诺派恐慌"。(原文如此)

让我们再往后推一个半世纪,1848年,巴黎宣告成立第二共和国。谣言四起,据说工人要用骚乱来回击骚乱。这些"均产分子"很可能会从农民手中抢夺土地和粮食。4月,香槟爆发了恐慌。6月,整整一个月都笼罩在不安之中。7月初,恐慌席卷了卡尔瓦多斯(Calvados)、芒什(Manche)和奥恩(Orne)诸地,一直到塞纳河下游。基泽尔(Chiselle)先生对奥恩省做了详细的研究。它就像是1789年恐慌的重演。

7月4日上午8点左右,在布尔西(Burcy)和维尔(Vire)之间,有位老妇人正往自家田地里走,突然瞧见道边有两名男子徘徊,这番景象吓坏了她:其中一名男子蹲在地上,显得十分疲惫和焦虑,另一名男子来回踱步,面目可憎。这时,有个管家的儿子骑马经过,老妇人连忙向他哭诉：这两人看起来和匪徒别无二致，后者表示同意，也吓坏了，快马加鞭赶到维尔，沿途到处呼喊：强盗来了！凡是看到过两人的人都认为他们是危险分子。

谣言四处流传，而且传得越来越快：在布尔西，人们说的是有两名盗匪。在普雷尔（Presles），人们说有10名盗匪，在瓦西（Vassy），盗匪的数目被传成300名，在维尔被传成600名，在圣洛（Saint-Lô）、巴耶（Bayeux）和卡昂，人们竟纷传3000名"均产分子"在维尔周边的森林中麇集、抢劫、焚烧和屠杀。当地的市长向各方发出求助，市长写信给多姆福伦（Domfront）的同僚说："坦什布赖的国民警卫队，只有150条枪，决无法抵御我所知道的敌人，而且各处的歹徒还在源源不断地加入他们。当务之急是多姆福伦的国民卫队全副武装并急行军赶到这里。"7个小时不到，方圆25里的地方都鸣钟示警。

在卡昂，市政当局果断采取行动。奥德内（Ordener）将军，当地驻军和国民卫队的司令，奉命出发，同时大约有3万人从四面八方赶来。但很快他们便发现这是虚惊一场，连忙安抚诺曼底已经采取动员措施的其他地区。事后进行了调查，由此我们了解了引发恐慌的真正元凶：两名男子都是本地人，面目可憎的那位得了精神错乱，另一位是他的父亲，当时正在照料他。原因和结果之间失衡到如此地步，使整个事件看上去像是一种政治上的操纵。治安部门非常乐意将罪过一股脑推到革命派头上，审判官对此也非常热衷。然而，由于恐慌几乎只会使反动势力得益，民主派就指责他们的对手要为此负责。

至少，9月17日，在香槟，纳皮亚·皮盖（Napias Piquet）如此评论4月骚乱中农民的作为："他们眼见自己被骗，他们从来都没遇见过这些穷凶极恶的工人，或者据说四处肆虐的劫匪。那些传播谣言的密探……妄图挑起一场内战。"但是，对我们来说，这是毫无疑问的。所有这些恐慌都源于对某个敌人的畏惧，巴黎的革命派来到"富裕的乡村，呼吁实行财产共有"，如果"善良的人民"也要负一定责任的话，那是他们由于害怕出现民主制度，所以大肆渲染巴黎发生的事件，这样更容易说服各省相信自己将遭受劫掠之灾。在这种情形下，一个老妇人的焦虑就足以引发整个社会对盗匪的恐慌。

因此，在1848年——正如在1703年——除了经济和政治环境引发的不安情绪，还有一种引发这些恐慌事件的心理：某个群体或者某个社会阶层，正在对全国大部分人民的生命和财产造成威胁，他们有时还同外国人勾结。正是这种普遍的恐惧心理，赋予了地方性恐慌事件（它们的起因和重要性各不相同）某种情感价值和传播动力。

在英国也是这样，1688年末，詹姆斯二世倒台后，民众相信，来自爱尔兰的野蛮和狂热之徒会来协助复辟，于是在"爱尔兰之夜"，全国各地都爆发了恐慌。1789年爆发的恐慌也是如此：地方性的恐慌几乎无法预料，这一点已经得到证实。但是，恐慌还存在某种"加剧因素"，那就是令第三等级忧心忡忡的所谓"贵族阴谋"，还有7月14日的起义给各省造成的焦虑不安。

第二篇

"贵族的阴谋"

第一章　巴黎和阴谋论

三个等级在凡尔赛举行会议，他们一开始就对按人头表决的程序争吵不休，整整一个半月，毫无进展。疑心病很快就出现了，人们认为：如果贵族和高级教士顽固地拒绝按人头表决，是因为他们觉得如此一来自己无法控制三级会议，所以希望促成三级会议的解散。王室也同他们穿一条裤子，王后和诸位亲王竭力说服国王罢免内克尔。早在 5 月 15 日，就有人担心会发生军事政变。我们找到了一份某观察员 5 月 15 日提交给外交大臣蒙莫兰（Montmorin）的报告，其中提到"人们普遍对会议的结果表示担忧"。"人们惊讶地注意到，每天都有军队抵达巴黎及其近郊。人们恶意揣测，大部分军队都是外国兵。" 5 月 21 日，"许多人担心三级会议将遭到解散"。6 月 3 日，"今天，公众传说三级会议不再开会了"。13 日，"教士、贵族和高等法院联合起来，敦促内克尔下台"。

6 月 17 日，当第三等级宣布成立国民议会时，人人都认为特权阶级不会妥协："预计贵族将会跨上战马。"第三等级开会的大厅短暂关闭，引发了网球场宣誓。不久，6 月 23 日，会议重新召开，这表明国王决心支持他们。路易十六的让步和三个等级的表面上的联合，都无法成功平息不安情绪。有人怀疑，这些都是用来拖延时间的诡计。大多数贵族对三级会议的冷淡态度和立场，不由得不让人相信，他们的让步没有诚意。7月2日，在巴黎，"人人都在谈论当局发动的政变，据说政府已经谋划了好几天，布罗格利（Broglie）元帅被指控参与了此事……有人估计近郊将会建立军营，还传说将有大量外国军队进驻，塞夫尔（Sèvres）和圣克卢的桥梁都布置了卫兵"。已有人开始谈论流亡。他们说，"阿图瓦伯爵希望，如果他镇压不了三级会议，就撤退到西班牙去"。从这个谣传，再到相信他将带着外国军队一同返回，其实不过咫尺之遥。7月9日，来自马赛的贵族议员表达得更加明确："有人恶意传播谣言，说军队的进驻是贵族的垂死挣扎。贵族计划对群众大肆屠杀。"

毫无疑问，士绅阶级确实发表了一些威胁言论。蒙洛西耶（Montlosier）回忆，某日，在凡尔赛宫的露台上，他听到一群人在闲聊，其中包括奥蒂尚（Autichamp）伯爵。他们聊起如果能把第三等级的杂碎统统扔到窗户外面去，一定非常令人开心："他们耍了我们一次，这次轮到让他们见识见识我们的刀剑无情了。"那些不太主张暴力的人也毫不掩饰自己的意愿，拉沙特尔（La Châtre）对老蒂博多（Thibaudeau）说："我们不会绞死你，我们只会把你送回普瓦捷。"第三等级以为对手狡诈而坚决，其实完全相反。当宫廷在7月11日愚蠢地罢免内克尔的时候，它还没有什么计划，而且它的准备工作还远远没有完成。但是，万一宫廷决定动手，如果巴黎不起来反抗，那么国民议会就破产了。民众没有看错这一点，不过，要解释清楚大恐慌，关键是贵族的策划和手腕给民众造成的印象，至于真相如何倒是其次。7月14日以后，人人都在谈论布罗格利元帅"血洗巴黎"的图谋，甚至还有细节。格尔萨（Gorsas）的《信使报》在8月13日和17日的两期大量报道了此类消息，据说将会对城市发起四面进攻，从蒙马特高地炮轰巴黎，然后有序推进和洗劫，罗亚尔宫归骠骑兵负责。似乎是在7月12日上午11点，弗朗孔维尔（Franconville）和萨努瓦（Sannois）居民就接到警告："星期日晚上到星期一，在此期间，如果他们继续给巴黎供给食物，人身安全将无法保障。"最后，据说"消灭我们的计划已经完全敲定了"。这些并非记者恶意造谣。他们只是汇总了 7 月 13 日和 14 日以来早已四处传播的消息：莱斯库雷（Lescure）公布的秘密通信将消灭日期确定为 7 月 23 日。由此可见，由贵族的阴谋引发的第一波恐慌，正是从巴黎开始的。选举人会议的会议记录就记下了好几次这类事件。7 月 13 日至 14 日夜里 2 点，有人宣布有 1.5 万人进驻圣安托万的福堡。14 日清晨，恐慌接连爆发：7 点，王家德意志禁军据说在王座周围设置路障，不久又谣传，王家德意志禁军和王家轻骑兵屠杀了郊区的民众。然后，驻扎在圣但尼的军队向拉沙佩勒进军。据传，在 8 点、10 点、11 点，有人看见轻骑兵和龙骑兵在圣安托万的福堡出没。14 日到 15 日的夜间也发生了类似的骚动。《半月纪事报》记载："谣传孔代亲王今晚准备攻入巴黎，计划屠杀 4 万人，或许 10 万人。"《巴黎年鉴》记载，午夜到一点之间，"轻骑兵，无疑只是在执行哨望任务，挺进到了街垒之前，引起了最大的恐慌。惊慌失措的群众十多次冲到市政厅前，警告当局袭击即将发生"。在圣雅克（Saint-Jacques）大街，阿迪目睹有五六百名法兰西卫队急行军赶来击退所谓的袭击。15 日上午 11 点，选举人会议再度陷入恐慌，因为巴黎某区派出探听消息的马车夫匆匆赶来宣布，他在圣但尼看到军队在准备发动进攻。

民众取得的胜利并没有让人安心。15 日午夜过后，许多人跑来向选举人会议控诉："国王的举动没有诚意。这些举动在替敌人的圈套打掩护，就是为了解除我们的武装，好更轻易地击败我们。"这样一来，谣言漫天飞舞。人们早就相信，有人在第三等级的会议厅秘密安放了炸药，不久，维祖耳（Vesoul）附近的昆塞（Quincey）城堡发生了爆炸（此事后面还要讨论），这一点就铁证如山了。很快，8

月2日至3日夜间，人们对阿图瓦伯爵马厩下的地道进行了一次公开搜查，据说这里是四通八达的密道的入口。由于法兰西卫队倒向民众一边，他们相信贵族会前来寻仇。7月18日和19日，有谣言说有人向他们投毒：其中一名士兵在街头突然感到胃部剧烈疼痛，认为自己就要死了，大批民众前来围观。这些事件使民众更加疑心，并导致了逮捕嫌疑犯的行动、谋杀富隆和贝尔捷的事件，以及营救贝桑瓦尔遇到的重重困难。这也解释了为什么国民议会和选举人委员会都认为，有必要建立一个管辖政治警察的调查委员会恢复秩序。

贵族开始出逃，似乎也证明了真的存在某种阴谋。阿图瓦伯爵、孔代亲王一家、波利尼亚克（Polignac）家族、沃德勒伊（Vaudreuil）伯爵、朗贝斯克（Lambesc）亲王、布罗格利元帅，都已逃出巴黎，无人知晓他们的行踪。据说，阿图瓦伯爵在西班牙或都灵。各省传来消息，显示逃亡现象越来越多。

人们四处搜捕高级教士、高等法院成员、贵族和三级会议代表（据说他们回来是为了图谋新的权力），民众怀疑他们想逃出法国，并不是毫无根据的，因为其中一些人确实是在边境附近被发现的，例如，在蓬塔利耶（Pontarlier）附近。7月31日，从圣布里厄寄来的书信也提到布列塔尼的士绅逃到了海峡群岛或英格兰。民众怎么能相信，这些流亡者到了那里会无所事事？一名贵族代表向克雷基（Créquy）侯爵夫人解释说："怎么能设想，诸位亲王会安心从王国，也就是他们的出生地和继承的财产所在地，遭到流放，而不打算牺牲一切来报仇雪恨呢？民众认为，他们有能力引来外国军队，会同贵族一道，图谋消灭巴黎和所有效忠三级会议的人。"流亡贵族带走了法国的黄金，用来收买雇佣兵。他们这样做简直轻而易举，有什么疑问呢？难道国王麾下没有人人憎恶的外籍军团在服役吗？难道历史上不满是关于在法国作战的德意志骑兵、德意志步兵和其他形形色色的雇佣兵的记载？其他地方不比法国好多少，那里的流浪汉随时准备接受雇佣。根据 7 月 8 日的《半月纪事报》，人们已经在谈论"6 万无孔不入的外国盗匪，据说已经从意大利、英国和德意志蜂拥而至，就是为了浑水摸鱼，阻碍三级会议的活动"。也许这是前面说过的蒙彼利埃和布尔格传来的消息引起的动荡。

此外，贵族流亡者能够在外国找到同谋，此事确凿无疑。显然，英国对干涉法国事务很感兴趣。只要法兰西民族的胜利受到玷污，法国人就愿意相信，这是圣乔治的骑士在背地里使坏。蒙穆兰的亲信在 7 月 1 日表示："大家都说，英格兰慷慨解囊，花费了巨额金钱贿赂了许多间谍四处作乱。"民众还相信，皮特的亲信也同某些贵族接上了头，打算摧毁法国海军，占领军事港口。有谣言说，一支英国分舰队正在海峡入口巡航，而且布雷斯特（Brest）将向该舰队投诚。到了 7 月末，这一传言引起了巨大的骚动，因为时任英国大使的多尔塞（Dorset）公爵选择在 26 日提出抗议，蒙穆兰在次日向国民议会转呈了他的信件。但是，谣言兴起还要早得多。因为多赛特公爵提到，在 5 月初，某些密谋分子——很遗憾未指名道姓——曾试图与他接触，讨论攻占布雷斯特的事情，而他立即通知了凡尔赛的宫廷：也许有些人轻举妄动了？不过，警报也有可能是从布雷斯特传来的，当地民众对海军当局不太信任。无论如何，几乎无人质疑这一谣言。资产阶级，同平民一样，也携带着学院灌输的历史记忆：君不见，亲王曾经将勒阿弗尔（Le Havre）交给英国人，将巴黎交给西班牙人吗？

最后，欧洲的其他贵族和专制君主，难道会对革命成功袖手旁观？几乎从一开始，法国人就相信，其他国家的人民会追随法国的榜样。8 月，到处盛传国外的革命已经爆发。因此，各国君主都热衷于协助流亡贵族，帮助他们再度给法国人民套上枷锁。此外，也不能忽略王室联姻的因素：西班牙和两西西里属于波旁家族；撒丁国王是路易十六两位弟弟的岳父；神圣罗马帝国皇帝和科隆选帝侯，是法国王后的兄弟。我们发现，在拉昂的巴伊司法区法官助理的儿子，高等法院律师迈利（Mailly）在7月26日向选举人委员会提交的检举信中，可以找到所有这些推论的痕迹。迈利声称，他的消息来自本省的一名三级会议代表，后者与某些宫廷人士有密切联系。这名代表警告说，一旦内克尔遭到罢免，他们就准备发动政变，而他本人的人身安全也难以保证。"他向我保证……贵族党远远没有认为他们已经被打垮了，比第一轮阴谋还要卑劣的第二轮阴谋正在紧锣密鼓地进行。他们打算集中力量，重新夺回巴黎，并收买外籍军团，趁着夜色，带领他们悄悄穿过森林，企图利用首都居民相信自己安全的过分自信的心理。如果可能，他们要用鲜血来洗刷第一次失败的耻辱。在这轮阴谋中，阿图瓦伯爵、孔代亲王、朗贝斯克亲王、布罗格利元帅会联手行动。"因此，早在1789年7月，民众就确信，本国贵族和外国势力勾结起来了，这个联盟的阴影将一直笼罩着法国大革命的历史。

于是，在7月下旬，无数引起全国动荡的原因，同所谓的"贵族阴谋"突然发生了化学反应，这就是大恐慌产生的决定性原因。

至于饥荒和物价飞涨，这些噩兆的后果很早就可以看到。由于民众深信，到处都在囤积居奇，而且政府、官吏、什一税征收人和贵族都参与了，那么，一旦政治和社会冲突开始恶化，民众也会很轻易地相信，阴谋者企图通过饥荒来消灭第三等级。

早在2月13日，书商阿迪就注意到，"据传，诸位亲王囤积粮食，显然为了推动罢免内克尔……也有人坚信，财政总监在国王的默许下，自己充当了一切垄断行为的主谋，并且，他还全力支持鼓励这种行为，以便为国王陛下更快更多地搞到钱，同时也为了支付巴黎市政厅的租金。"

7月6日，阿迪又提到这个问题，据说，"确定无疑的是"政府要为一切粮食囤积负责，下一个收获季节也会发生同样的事情，这是为了"一旦三级会议的一切努力都落空"，他们能够获得必要的资金。《真相报》很快就转变了立场，把这一切阴谋算到"民族复兴者"的敌人头上：一旦他们成功罢免了内克尔，"这个阴谋接下来就是要欺骗人民，不让他们看到损失的真相和惨重程度，手段就是开放一度封闭的粮仓并同时降低面包价格。"几个世纪以来，任何阴谋都比不上垂死的贵族反对人民的阴谋那样黑暗。但是，民众走得更远：他们指责贵族想报复人民，让人民忍饥挨饿。资产阶级虽然要冷静一些，但是，他们仍然怀疑，囤积大概是一个挑起骚乱的借口，骚乱一旦肆掠全国，日益增长的无政府状态也会损害革命的成果。

当民众听说不法之徒打算偷割田里的青苗、破坏收获，自然也会产生同样的想法。《巴黎革命报》嘲笑民众的轻信，但说服不了任何人，尤其因为危险并非空穴来风，正如我们看到的，当局自己就信以为真。普罗旺斯的一名贵族代表在7月28日写道："我们不知道，到底是谁应该为偷割青苗这样可耻的想法负责；民众只愿意相信，这是垂死的大小贵族和教士的阴谋，他们想要报复巴黎革命者对他们的无情打击，手段则是破坏庄稼、制造饥荒。另外一些民众担心，盗匪不过是军队伪装的，打算引诱和歼灭巴黎的自卫队。无论如何，这种损害都被看成是由大臣和贵族组成的阴谋集团造成的。"

于是，法国站在了大恐慌的悬崖边上：谣言四起，据说令人战栗的流浪汉加入了为贵族效劳的行列。众所周知，其中许多人逃到了巴黎，他们在巴黎的济贫工场劳动，特别是在蒙马特，他们在街道上和罗亚尔宫到处逛游。巴黎近郊也有大量的流浪汉，政府已经公开承认这一点，还以此为借口，为威胁国民议会的军队进驻作辩解。我们知道，这些流浪汉无非是被饥荒逼得走投无路的失业工人和农民，但是，所有人，包括国王和资产阶级，都不如泰纳对这些贫民了解得多，于是他们用了"盗匪"一词来称呼这些人，好像这些人是职业匪徒。有人可以轻易收买这些"盗匪"来挑起骚乱，好像这是不言而喻的。特权阶级和第三等级，都指责对方打算冒天下之大不韪。圣安托万的福堡骚乱期间，各方都在仔细寻找骚乱的制造者。资产阶级认为这是保王派的伎俩，宫廷却认为这是奥尔良公爵的阴谋。

骚乱在7月12日爆发后，一切都被归结为"贵族的阴谋"，民众相信，贵族打算收买盗匪来对付巴黎。书商阿迪在7月17日写道："卑鄙的阴谋正计划在7月14日至15日夜间，让3万人在盗匪支援下攻入首都。"此后，那些相信诸亲王会率领外国军队返回的民众，自然会认为，国内的盗匪同样可以被收买。迈利告发外国军队正秘密"穿过树林"进军时，他不仅让法国全体民众对阿图瓦伯爵带领军队回国的消息深信不疑，这是大恐慌期间传播甚广的谣言，还迫使这些民众相信，涌入森林的那些悲惨的流浪汉就是贵族的帮凶。在23日召开的国民议会上，主席宣读了来自各个城市的信件，各城"都在请求支援，以便赶走在乡间肆虐的盗匪，这些盗匪正以粮食短缺为借口到处挑起骚乱"。看来，就连国民议会自己也高调坐实了民众的怀疑。

于是，在巴黎和凡尔赛，引发大恐慌的主要观念逐渐成形。假设各省自己无法得出这样的结论，将是非常错误的。不过，所有目光都集中在国民议会和巴黎，所有的耳朵都在急切地倾听从那里传来的消息。因此，在巴黎四处流传的谣言，就显得十分关键。这些谣言迟早要传向全国。它们通过什么渠道传播？对我们来说，了解这一点非常重要。

第二章　消息的传播

有驿道连接的各大城市，如里尔、里昂和马赛，每日均可收到消息，或者一星期至少 3 到 6 次。每星期有 6 班邮车从巴黎赶往斯特拉斯堡，5 班邮车赶往南特，4 班邮车赶往波尔多，3 班邮车赶往图卢兹。在旧制度行将终结之际，在各条驿道上，邮车载着信件四处奔波。此外，信件还可以通过驿马，由一名驿夫和一名马车夫押送。邮车每小时能走 10—12 公里，从巴黎到奥尔良、桑斯、博韦、沙特尔、埃夫勒，大概仅需 6 小时，到亚眠、鲁昂和欧塞尔（Auxerre）需 14 小时，到沙隆需 15 小时，到瓦朗谢讷、图尔和卡昂需 20 小时，到讷韦尔（Nevers）需 22 小时，到穆兰（Moulins）、普瓦捷、雷恩、瑟堡、南锡（Nancy）需 27 个小时，到第戎（Dijon）需 29 小时，到加莱（Calais）需 32 小时，到马贡（Mâcon）需 41 小时。要花整整两天时间的是里昂（49 小时）、波尔多（53 小时）和布雷斯特（60 小时）。要花 3 天时间的是阿维尼翁（77 小时）、马赛（90 小时）和图卢兹。土伦和比利牛斯山区的城市则要花 4 天时间。在大型商业城市，批发商集资维持定期邮班，邮班次数可能更多，而且速度更快：勒阿弗尔通过 17 日的商业邮件知道了 7 月 14 日发生的事件，那是在凌晨 3 点。

除了上述渠道，消息若要迅速传播，只能通过专使或者加急。召开三级会议的消息在 36 小时内以每小时 13.5 公里的速度传到里昂，马不停蹄；攻占巴士底狱的消息，在 35 小时后就抵达隆勒索涅。邮差以同样的速度，可以在 54 小时内抵达布雷斯特。当然，路上也有各种延误，特别是在夜间，速度明显减缓。1791 年，一名要宣布国王逃跑了的邮差从莫城（Meaux）出发，在 6 月 21 日晚上 10 点抵达沙隆，22 日早上 8 点才到达巴勒迪克，显然每小时速度不超过 8 公里。但是，他在 9 点半离开巴勒迪克后，下午 2 点就抵达了图勒（Toul），每小时行进 14.5 公里。这种传递消息的成本显然非常昂贵，仅在特殊情况下使用。里昂的批发商集资向博凯尔市集上的伙伴传达 7 月 14 日和 15 日发生的事件，并请求他们为蒙彼利埃的商人做出同样的牺牲。老康朋（Cambon）在 21 日获悉上述消息，可能就是通过上述渠道。贝济埃（Beziers）当天收到了同样的消息。尼姆（Nîmes）是在 20 日晚上 8 点。政府也有内阁邮差，但是公众似乎只是在三级会议召开的头几个月享受过一次这种服务：当 7 月 15 日路易十六御临会议时，政府加急传递这一消息，希望能够预先阻止一切骚动。17 日晚 6 点，弗朗什-孔泰的卫戍司令朗热隆（Langeron）在贝桑松，通过内阁邮差获知了国王御临会议的消息，这一消息抵达雷恩的时间是同日早上 11 点。第戎、普瓦捷、利摩日（Limoges）可能通过相同渠道在同日获悉了这一消息。

小城镇收到消息的速度要慢得多。在布尔格，邮车是从马贡发出的。7 月 20 日，有记载表明，18 日（星期六）的邮件并未像往常一样在星期一抵达：当地骑警队长提议，今后在星期六也要寄送邮件。在索恩河畔自由城（Villefranche-sur-Saône），巴黎的消息是从里昂送来的。在勒皮（Le Puy），似乎通常需要 6 到 7 天才能收到巴黎的消息。维勒德伊关于 7 月 15 日事件的信件，直到 19 日才抵达凡尔登和圣迪耶（Saint-Dié）。卢昂（Louhans）在 21 日才获悉此消息，佩皮尼昂（Perpignan）和富瓦（Foix）两地到 28 日才收到。当民众焦急等待时，他们会求助于当地的志愿者，例如，马什库勒（Machecoul）派出两名居民去南特打探消息。探子在 9 小时内走了 46 公里，鉴于他们必须在南特至少停留 1 小时，这个速度丝毫不亚于特急邮差。私人也使用仆役来传递消息：大体说来，大恐慌正是通过这种渠道传播到全国各地的。

在 5 月和 6 月，能满足民众对消息的渴求的，只有邮局送来的信件。实际上，巴黎发行的报纸对三级会议的报道明显滞后：《法兰西公报》保持沉默，加拉（Garat）对此事的第一篇报道，要到 5 月 20 日才在《巴黎日报》上登出。当时确实发行了一些政治立场鲜明的报刊，但最初政府试图禁止它们发行，直到 7 月，这类报刊才开始迅猛发展。

在外省，巴黎的报刊发行量不大。杨格总是为此感到惊讶和抱怨。在蒂耶里堡（Château-Thierry）一家报纸也没有，从斯特拉斯堡（Strasbourg）到贝桑松也是如此。在弗朗什－孔泰的首府，民众只能读到《法兰西公报》。在第戎，"在城市广场上有一家破败的咖啡馆，在那里一张报纸被大家传阅，轮上一圈要 1 个小时。在穆兰，"搞到一头大象都比搞到一份报纸容易"。7 月 6 日，在普瓦捷，市镇参议会鉴于当时形势，决定购买"有关三级会议的最佳评论合集"。这种物品自然价格不菲。7 月 10 日，盖朗德（Guérande）的一位代表提醒自己的选民，这笔费用昂贵，并且，巴莱尔（Barère）的《晨报》在凡尔赛只要 6 利弗尔就能订一个月，在外省，加上邮费，总价要到 15 或 18 利弗尔。至于外省发行的报刊，似乎很不情愿转载巴黎报刊上的消息。《普瓦图通告》直到 6 月 11 日才开始报道三级会议。7 月 16 日，他们还在报道 6 月 10 日的会议。

与大革命前一样，消息主要来自私人通信和旅客的谈话。圣皮埃尔勒穆捷（Saint-Pierre-le-Moûtier）通过"众多的"私人信件，获悉了7月15日的事件。17日，一位巴黎金匠给沙勒维尔（Charleville）和色当（Sedan）两地带来了攻占巴士底狱的消息。沙托鲁当天从旅客口中得知这一消息。在奥克瓦的维托（Vitteaux），消息的传递者是一个本地裁缝，他连赶了两天两夜的路，将消息带给乡亲们。

在选举期间，各拜伊司法区举行的大会密切关注着各自选出的代表，同时他们也清楚，从凡尔赛传来的消息断断续续，而且相当滞后，因此采取了预防措施，规定选出的代表要及时反馈消息。有些地方甚至在陈情书中明确写下了这条要求，例如在图勒和布尔格。选民还经常从贵族和教士以及第三等级中选出一个常设委员会来负责通信，理由是代表们可能需要就陈情书没有涉及的要点回过头征求家乡选民的意见。事实上，这些通信委员会必须与三级会议代表保持联系，并向公众传达他们希望知道的一切。

尽管有些委员会确实未能发挥作用：圣让当热利（Saint-Jean-d'Angély）的市政当局抱怨说，自己从未收到过本司法总管区的委员会的任何报告，但是，总的来说，这类委员会履行职责的热情还是很高，外省委员会的做法，与巴黎人如出一辙：在巴黎，区大会和选举人会议在选举结束后并不认为使命就此结束，而是要求继续召开不定期会议。

在布列塔尼，这类组织最为卓越。不必为此感到惊讶，因为在1787年和1788年，贵族和高等法院成员为了对抗王权，早已在各地创建了通信委员会，这类委员会同时作为行动委员会，负责引导舆论和组织抵抗，正如科尚（A.Cochin）描述的那样：第三等级有样学样，尽管要承认，没有学得那么完美，也没有能在全部选区设立委员会。然而，在某些城市，这类委员会表现得积极主动，他们密切监督市政当局，甚或试图取而代之。在特雷吉耶（Tréguier），他们真的做到了这一点。圣布里厄的委员会则不那么成功,但也有很大的势力。在普罗旺斯,第三等级同贵族的冲突非常激烈,他们甚至建立了一个中央机关:位于艾克斯的公社委员会。那些没有设立通信委员会的辖区,代表写信向辖区首府的市政当局或者行政官,或向自己信任的人报告情况。在布尔格,拜伊司法区的法官助理迪普朗捷(Du Plantier)主动承担了这项工作。公众有时对这些自告奋勇的人不太信任。

在图勒,一个叫弗朗索瓦·德·讷沙托(François de Neufchâteau)的候补代表,鼓动选举人责备马约(Maillot),因为他没有直接向选举人报告,而是把信寄到了市政当局,但这个当局在陈情书中已应选民要求被罢免。如果代表们能写信向昂热(Angers)的文学之家或里昂的特罗(Terreaux)俱乐部报告情况,选民会更加满意。

除了这些半官方的陈述,还有一些同样重要的记载。老蒂托多(Thitaudeau)是普瓦图的代表,他在巴黎成天心惊胆战,一个字也没有送回来,而他的儿子,未来的国民公会议员,没有错过任何一次会议,他说:"我做了笔记,根据笔记我撰写通信,并发给了普瓦捷的一个朋友,让他在一个青年爱国者的集会上宣读。"

参加三级会议的代表寄回的通信,常常在市政厅或广场上被民众宣读。民众对这些信件非常好奇,常常急切地等待邮件抵达。在克莱蒙(Clermont),民众涌入西班牙广场,看着邮车进城,然后赶往市政厅。在贝桑松,朗热隆在7月17日接到政府寄来的邮件后,他前往城里的酒店,发现那里"挤满了当地人"。在多勒(Dôle),迈利夫人报告,19日,也即星期日,邮差到得很晚,大道上聚集了1100多人,情绪激动。7月10日,布雷斯特市政当局写信给本市代表说:"公众不停地折磨我们,他们渴望得到消息,总是怀疑我们隐匿了你们寄来的信件。"7月13日,在雷恩,总督写道:"当信使抵达时,如此多的民众闻讯而至,尽管大厅能容纳3000多人,事实上仍然非常拥挤，我们不得不进行加固，否则它可能无法承受全体听众的重量和走动，我们注意到，其中还有不少士兵。"如果市政当局未能及时传达收到的消息，民众就会自发前来索取：6月30日，在拉昂举行的一次行会代表大会上，一些民众要求了解凡尔赛发生的最新事件。市长不得不当众宣读他收到的信件。有时候，希望获得信件的人被允许转录复本，当然，能够印刷出来是最好不过：雷恩、布雷斯特、南特和昂热的委员会就这样做了，他们搜集的书信非常有价值。遗憾的是，他们办事拖拉，《南特通讯》的第一期在6月24日才公开发行。

7月，地方当局开始警惕起来。普瓦捷的总督禁止在布罗萨克公园（le parc de Blossac）公开宣读某位叫洛朗斯（Laurence）的选举人给自己兄弟寄来的信件。23日，在塔尔塔斯（Tartas），拜伊司法区法官助理禁止律师尚通（Chanton）向公众宣读当日的新闻，"鉴于目前王国的局势不容乐观，这样做是不合时宜的，除了煽动民众去挑起骚乱，甚至加入反叛，不会带来任何好处"。但是尚通没有遵行。8月9日，在隆维，检察官也抗议在7月23日公开宣读三级会议代表克洛德（Claude）的来信：据说这封信"充满了恶意"，因为该信针对的是"一无是处"的选民，而不是检察官本人或其他行政官。但是，就在类似抵制开始的那一刻，决定性事件已经发生。

把消息带到乡村地区更要困难得多。图勒的代表马约说："在我看来，让他们了解消息是办不到的。我们最多只能告诉他们，消息就在市政厅，他们可以自行前来阅读或者复制。联合起来的几个村子，或者某个司法官，可以指定一名村镇代表前往图勒获取复本，或者最好请求现居图勒的某个检察官或任何可靠的人，向本区内的各村分发复本。"乡村居民不太可能为此支付一大笔钱。但是，手写的通告不止一次在乡间发放：在布列塔尼周围也有一些在流通。10月26日，加拿（Gagnac）的本堂神甫在凯尔西（Quercy）写道："我们只能看到一份当地代表送来的破破烂烂的公告，其中没有多少内容。"然而，正是借助口耳相传的传统，农民才能对事态进展保持持续关注，尽管这样有诸多不便：他们来到集市打听消息，在这方面，参加拜伊司法区选举大会并同城市保持联系的教区代表一定发挥了重要作用。每当有重要事项宣布，他们就前往邻近的城市，要求提供详细信息：7月26日，几个村庄派出信使前往布里夫（Brive）市政当局要求得到更多信息。

从出席会议的当地代表的通信中，多少可以获知三级会议举行辩论的消息，除此之外，直到8月，一切消息只能通过私人信件和口头方式传播。还必须注意，并非所有的拜伊司法区都由指定的代理人来传递消息，并且，在最关键的时刻，这些人要么停止写信，要么他们的信件被截获。另一方面，私人信件的写信者经常传播那些道听途说的消息。鲁（Roux）侯爵将一封7月13日在凡尔赛写的信件转给了普瓦捷某个居民，信里说：米拉波和巴伊（Bailly）逃跑了；巴黎爆发了反叛，"反叛者成群结队前往凡尔赛，决定结束一切。他们遭到3.5万名士兵的拦截，司令官是布罗格利元帅，还配备了大炮。双方从清晨开始一直在交火，我们听到枪声炮声持续不断。在距离巴黎一法里开外的地方发生了大屠杀，特别是在外籍军官和法兰西卫队之间，大部分是逃兵"。据说这一切发生在7月13日！这封信是谁写的？是巴伦坦（Barentin）的秘书，修道院院长居约（Guyot）。这样一来，信件夸大国王军队的实力，想象巴黎陷入血与火之中，这难道值得惊讶吗？不过，这些信件其实只有少数人能读到。

1789年7月28日，在福雷（Forez）的沙尔略举行的当地民众大会的记录，向我们清楚地展示了消息的传播方式。旅店老板里戈莱（Rigollet）宣布，在他店里下榻的一位商人告诉了他许多关于盗匪的消息。大家便派他去请这位商人到场。此人是一名贩卖珠宝的零售商，在沙尔略已经 20 年，名叫吉罗拉莫·诺泽达。他作证说，自己从吕济（Luzy）来，经由阿鲁河畔土伦（Toulon-sur-Arroux）、沙罗勒（Charolles）和拉可莱耶特（La Clayette），这些地方的全体民众都"拿起了武器"；在沙罗勒，当局逮捕了一名携带 740 个金路易的盗匪，这是真消息；他又听说，波旁朗西（Bourbon-Lancy）来了 80 名盗匪，强迫该市支付赎金，这是假消息。

还有，"人们到处都在大肆谈论盗匪"。对于这一点，大家众说纷纭。沙尔略的一位商人说："就在 8 天前，在迪关（Digoin），我亲眼看到资产阶级自己组建了卫队。从维勒弗朗什（Villefranche）贩牛归来的一名沙罗勒村男子半道遭到袭击，盗匪用手枪朝他开了一枪，击中了他坐骑的腿，从他那里抢走了 100 个金路易。"另一位商人作证"听说外国人做过同样的事情"。另外几名出席会议的人谴责"形形色色的盗匪行径"，特别是在圣艾蒂安，有 600 名盗匪来袭，被当地驻军和民兵击退。

由此看来，不应该把所有账都算在专制制度头上。法国当时的经济和道德状况也有一定责任。绝大多数法国人只能依靠口耳相传的渠道来得到消息。他们中的多数人和新闻报刊有什么关系？他们不识字，其中还有五六百万人不懂法语。

但是，对于政府和贵族而言，这种消息传播方式比新闻自由还要危险。这种方式极大助长了虚假消息、扭曲和夸大事实，还有谣言的滋长。最冷静的人也不禁对谣言信以为真。在外省普遍的消息匮乏中，只言片语也会引发非同寻常的反响，最终成为民众深信不疑的真相。最后，谣言可能会传入某个记者的耳朵里，印刷出版，从而获得新的传播动力：《半月纪事报》宣称，波利尼亚克夫人在埃索讷（Essonnes）被处死；《真相报》报道，克莱蒙费朗（Clermont-Ferrand）

的民众屠杀了一个团的士兵;《南特通讯》报道,迈利元帅在自己的城堡中被斩首。

那么,大恐慌会不会是一个惊天的"虚假消息"呢?本书的主旨即在解释:为什么它看起来如此逼真。

第三章　外省对"阴谋"的反应：城市

来自凡尔赛和巴黎的消息在外省获得了怨气冲天的听众的青睐，这些人倾向于相信存在所谓的"贵族的阴谋"。

自然，大城市民众的思考方式和巴黎人没有什么区别，很快也变得满腹狐疑。5月20日，由奥尔良的沙特莱（Châtelet d'Orléans）提出的一份"文件"指责"诸亲王同贵族、教士和高等法院同流合污"，"攫取了王国境内所有的粮食，其意图令人发指，那就是通过制造普遍的饥荒，让一半人民死于饥饿，另一半反叛国王，最终阻止三级会议召开"。

在小城镇，贵族的势力可能更加醒目。民众可以更密切地监视他们：贵族对自己的优越感极为自负，顽固地抓着那些维持身份的荣誉特权不放，这些行径可谓一目了然。民众很难相信贵族会放弃特权，乖乖就范。正如在凡尔赛，贵族的许多言论让资产阶级也产生了疑虑，同时，资产阶级的言论也激怒了贵族。在隆勒索涅，据说某位高等法院推事说过："如果能绞死一半的居民，我们就会饶了剩下的人"；7月3日，在萨尔格米讷（Sarreguemines），佛兰德轻骑兵团的一个中尉高呼："第三等级都是一帮废物。我一个人就能杀死12个第三等级，然后绞死内克尔。"9日，在沙隆，杨格同当时带兵进驻巴黎的一名军官聊天，后者获悉国民议会将被解散，并毫不掩饰自己的欣喜:"有必要这么做,第三等级过于放肆了,应该好好教训他们一顿。"早在巴黎传来的那些消息似乎确证了阴谋论之前,所谓"阴谋"的观念早已开始滋生或者成型了。

很快,阴谋论据说是参加三级会议的各地代表的发明。6月15日,蒙穆兰的一名亲信在信中写道:"据消息灵通人士,参加三级会议的许多代表,特别是本堂神甫,对他们的所作所为进行了详细的报告,他们发出危险的信件,诱导民众反对贵族和高级教士。这种行为应该被禁止,我认为,这样做是明智之举。诚然,有些代表谨慎地派遣专人寄信,但是,不少人为了省钱,只使用普通邮政系统。"

事实上,当官廷开始为政变做准备时,代表寄出的信件遭到截获,至少部分如此:留存至今的通信,在7月份出现了一个断档。布尔格,从6月28日至7月26日没有收到一封信,当地代表波普鲁(Populus)认为是邮政审查造成的,但这其实是比较晚的情况了。7月13日,雷恩的总督小心地抱怨说:"向外省审慎地发出消息,让各地平静如常,这是极其重要的。目前为止,恰恰相反,从凡尔赛传来的一切消息都带有争论的色彩。我们甚至收到了极其鲁莽地发出的信件,其中充斥的错误无比令人震惊,正是这些信件在雷恩市政厅向大众公开宣读。"此处说的是什么错误? 7月14日后,溃败的贵族声称,三级会议代表合谋煽动民众暴动,这种说法曾经流行一时。正如第三等级在1789年坚信有一个反对自己的阴谋,19世纪迄今也有大量著作坚信:还存在一个平民的阴谋。这种看法很重要,因为城市的骚乱为配酿大恐慌做出了重要贡献,而且,一旦走上了这条路,人们就不会忘记把大恐慌归结为阴谋家的诡计。

实际上,保存迄今的通信没有一封是煽动骚乱的。当然,也许那些不利的证据已经遭到破坏。即便如此,也不太可能没有一封保存下来,或者提到它的所有记载都消失了。无论如何,我们不能将一个轻率的假设认作真相,这种假设与第三等级代表的品性、思想和政治策略格格不入。这些代表出身于优裕的资产阶级家庭,往往都老成持重,他们害怕街头的骚动,是为了保护本阶级的利益和他们的事业,因为民众的过火行为只能造成无益的损害。他们指望利用政府的财政困境和公众舆论的压力不战而屈人之兵,正如高等法院在前一年取得的成功那样。直到7月14日,他们都不主张武装起来,以防万一。他们的信件语气温和,尽管随着斗争尖锐化而逐渐激烈。例如,我们看到拉瓦勒的代表莫珀蒂(Maupetit)批评"多数陈情书提出的荒谬主张"和布列塔尼人的毫不妥协:"我们简直无法理解该省居民的激情。"

有时候,选民自己会鼓励代表表现得更加坚定和大胆。6月1日,布雷斯特当局就按等级表决的问题写道:"你一定看得出,这种表决方式是多么有利于贵族,他们已经长期压制着第三等级,你一定要毫不迟疑,竭尽全力来反对贵族势力坐大。"24日,又写道:"我们全体同仁都希望你们的会议通过一项决议,将那些背叛我们的事业、转身投靠特权阶层的人的名字公之于众。"收到这类敦促的代表勒让德尔(Legendre)非常尴尬地发现,通信委员会已经把他书信的很多内容公之于众:"信中包含的事实现在是、将来也会是准确的,但信中附上的评论却并非如此,有时,这些评论是率尔为之,传递给公众时必须非常谨慎,在此之前,你们要对我提供的材料进行仔细筛选,因为我没有时间来打磨、裁剪,甚至通读。"勒让德尔担心受到牵连,类似的告诫完全不能支持认为存在秘密的和煽动性的通信的观点。

但是,第三等级的代表尽管谦虚,却坚决不在按人头表决的问题上后退一步,而且正因为他们必须依靠舆论的力量,才觉得有必要向本区选民解释这一表决方式的重要性。6月3日,图勒的代表马约写道:"全国各省的代表与各自选民之间建立的这种通信,将塑造一种公共精神，对政府形成压力。"因此，他们反复强调，高级教士和贵族密谋保住他们的支配地位。马约接着说："我们需要这种支持，尤其是在目前的局势下，天地间两大势力（也就是主教和贵族）联合起来，密谋将人民永远置于被奴役和被压迫的地位。"5月22日，莫珀蒂同意："如果分为三个等级表决，那就会一事无成。"巴勒迪克的代表巴佐什（Bazoche）在6月3日声称，第三等级很快就会宣布自己是国民议会："这无疑是无奈之举，但如果我们接受按等级表决，就等于心甘情愿地套上了枷锁，等于让我们永远受制于贵族的压迫，等于让我们承认旧日的奴役是合理的。"

这是一个致命的错误？当然，在某个总督看来，确实是如此，在所有反革命分子的眼中同样如此，但是，对于第三等级来说，这是不言自明的真理。他们的言辞是否不够谨慎？可能有点：这些言论是战斗的号召。无论如何，我们可以肯定，这些言论非常容易助长"贵族的阴谋"的观念，关键就在于此。这里面并没有什么马基雅维利主义的色彩，会议代表写出的是他们的心声，而且，他们大抵是正确的。

从6月20日开始，由于三级会议面临解散的威胁，局势还可能更糟，代表们请求各自的选民给予他们坚实有力的支援。但是，这一次不存在动用武力的问题。他们只是请求选民向三级会议提交请愿，由会议公之于众，并呈送御览。提交的请愿很多，但没有精确的统计。我们检查了其中的300份，可以将它们分为4组：第一组是关于6月23日国王御临会议，以及对17日通过的第三等级成立国民议会的决议，时间跨度是从6月25日到7月7日；第二组，从6月29日到7月13日，关于三个等级共同召开会议，表示支持此举；第三组，从7月15日到20日，表达了因罢免内克尔和武装政变的威胁而引发的义愤；第四组，受到攻陷巴士底狱和国王妥协的激励，于7月18日开始，一直持续到8月10日，甚至更晚，向国民议会、路易十六和巴黎人民表达本省的祝贺和感谢。

这些文献主要来自城市和市郊,但并非仅仅来源于此。比起 1788 年底向国王递交请愿书要求实行"双倍代表名额"和按人头投票(这是各市政当局组织的),它们展现出了更加多样的运动形式。有时,市政当局确实试图保持自身在这方面的垄断地位。例如,在昂热,市政当局拒绝召集全体居民,显然是担心自身权威受到质疑和削弱:当局独自起草了 7 月 8 日的请愿书。但是,7 月 7 日,民众还是举行了受到市政当局明令禁止的集会,并且,在 16 日的另一次会议上,民众宣布:市政官员的请愿书作废,他们递交的请愿书才是唯一合法的。

市政当局几乎总是希望扩大自己的阵营,选择吸收少数知名人士加入。但是按上述方式扩大的市政当局只通过了 36 次决议。14 次来自临时集会的拜伊司法区选民,144 次来自本地的"三个等级",106 次来自"公民"。总之,300 次中共有 250 次反映了广大居民的意见。在大多数城市,大批民众赶来签名请愿。7 月 19 日,在隆勒索涅,共聚集了 3260 名居民,其中有 1842 人在请愿书上签字。小城市、市郊和村庄有时只是照抄大城市(例如格勒诺布尔和里昂)寄来的请愿书副本中开列的条款,但这一事实并不影响上述判断。

20 日关闭第三等级开会的大厅,以及 23 日国王御临会议,造成了巨大的轰动,进一步加强了这种效应。政府将国王的演说和他宣读的两份宣言,一并寄送各地总督,授意他们公开宣读,并在各教区张贴,地方当局为此深受震动。穆兰的总督告假,而在默朗(Meulan),检察官对分发印刷品提出了抗议,因为他担心这会加剧动荡。在格兰维尔(Granville),张贴好的通告被撕了下来。在布列塔尼,民众的反应尤其激烈,该省请愿书的措辞也比递交国民议会的激烈得多。蓬蒂维(Pontivy)的各村"极为沮丧地获悉,王权已经用武力解散了国民议会,禁止议员进入祖国的圣殿"(6月28日),迪南(Dinan)的民众宣称:"只有可恶的收买和有意愚弄陛下,才能实现这一点。"在拉尼永(Lannion),民众的反应更加激烈,6月27日,市政当局、贵族、资产阶级和平民,"陷入悲伤和沮丧的沉默之后,奋起谴责那些懦弱的伪君子出卖了祖国,为了一己私利,企图将宗教和一位仁慈的陛下的公道玩弄于股掌之中"。

三个等级的联合会议受到民众的热烈欢迎,并使紧张局势有所缓和。但是,随后的消息却引发了更大的民愤。早在7月7日,在洛林的蒂奥库尔(Thiaucourt),民众开始担心"在巴黎和凡尔赛之间集结的军队限制了会议的自由"。所有文献都证明,罢免内克尔的消息一传开,就引发了广泛的"震惊和沮丧"。和巴黎人一样,外省民众认为,三个等级的联合只是一种花招,正如在7月27日,蓬塔穆松(Pont-à-Mousson)当局宣称的:"贵族假惺惺地与爱国者开会,不过是一种卑鄙的手段,"旨在麻痹国民。

民众的反应迅速而激烈,而这一次,无法再指责三级会议代表或巴黎的报纸。当然,国民议会的惊讶和激动情绪也非常强烈。布里夫的代表马勒(Malès)承认:"当我上星期六(7月11日)写信给你的时候,我还远远不曾想到那些对我们产生威胁的危险。滥用保护权的花招,加上波利尼亚克分子的频繁聚会,让我对新的挫折忧心忡忡。但是,我这辈子也想不到,三个多星期以来他们谋划的这个阴谋如此卑鄙,竟让我们措手不及。内克尔在星期六晚上就失踪了,没有任何人起疑,直到星期日早上,我们才知道他被迫逃往外国。就在这天,谣言四起,据说我们的人身安全也岌岌可危。人们盯着我们,就像盯着即将被投入监狱或者送上绞刑架的犯人。"

面对危险,代表们表现得很勇敢,他们不打算束手待毙,很有可能,其中一些人前往巴黎,同巴黎的爱国者商议武装起义的事宜,但是，通过邮件或者私人信使公开号召起义，则是另一回事。此外，局势如此多变，几乎没有什么闲暇来写信（马勒的信是在 18 日写的）。信件投递也被暂时中止了。布尔格的代表波普鲁写道："这并非坏事，因为，这些消息只会在外省引发恐怖和绝望，"我们可以肯定，波普鲁并不赞成同僚的激烈行动。直到 15 日，在国王御临会议和危机得到解决之后，代表们才能向各自亲友传递消息。在收到罢免内克尔的消息和 7 月 15 日的消息之间，有那么两三天时间，各省完全自行其是。然而，许多城市还是采取了预防措施，防止可能发生政变并支援国民议会。我们应该明确指出这一重要事实。一般来说，"市政"革命被认为始于攻占巴士底狱的消息传到外省之日。实际上，外省的行动，尽管在效果上必然不及巴黎，却几乎是与巴黎同时开始的，并且也不可能受到巴黎的鼓动。

首先，第三批请愿书送到了凡尔赛。这一次，请愿书的措辞带有鲜明的革命气息。17 日，一天前在里昂召开的三个等级的大会宣称，国王的大臣和参议，"无论处于何种级别、状态或者职务"，是当前和未来困境的罪魁祸首，如果国民议会遭到解散，他们将停止纳税。20 日，在尼姆，市民大会宣布"那些专制主义的走狗和贵族的爪牙，那些将军、军官、外国人或者本国人都是祖国的耻辱和叛徒，他们竟敢将保卫法国的枪口对准法国人"。他们号召在尼姆出生的人，"如在军中服役，绝不要遵从企图让同胞喋血的残暴命令"。小城镇的反应也很激烈：汝拉（Jura）的奥热莱（Orgelet）的居民在 19 日宣布，"他们已准备好在第一时间采取行动"保卫国民议会，"不惜牺牲和平、财产，甚至一切，即便流尽最后一滴血"，也要向罪人"连同他们的人身和财产⋯⋯展开坚决报复"。

关于纸面上的记载就说这么多，最终的判断标准还是实际的行动。第一步是剥夺地方当局协助政府的一切资源，例如，在南特、布尔格和沙托贡蒂耶，民众扣押了全部的公共基金，还占领了火药库或军火库。在里昂，民众计划驱逐当地的驻军，不过，驻军宣誓支持国民。16日，在勒阿弗尔，民众坚决反对向巴黎输送谷物或面粉，"因为他们担心，这些补给会送到仍然在巴黎附近驻扎的军队手中"。15日，在翁弗勒尔，民众谣传轻骑兵团就要开始征收粮食，于是，他们被逐出了港口，据说搭载骑兵团的一艘船遭到射击，被迫撤到港外。另一方面，各地组建了民兵部队，不受民众信任的市政当局，要么被掌握实权的委员会架空，要么干脆被取代。在蒙托邦（Montauban）、里昂、布尔格和拉瓦勒，情况就是如此。

19日，马什库勒（Machecoul）教区的各城镇选出了一个办事局，下令组建民兵，以便"在形势需要的时候率先拿起武器"。从14日开始，沙托贡蒂耶就组建了民兵，"为的就是支援危急中的民族"。第一步就是订立联盟协议，沙托贡蒂耶向"兄弟"市镇，包括昂热、拉瓦勒、克朗（Craon）写信，呼吁"确定日程表，好让沙托贡蒂耶的居民前来与你们集会，支援凡尔赛的代表和保卫祖国"。在马什库勒，民众要求委员立即与"南特的兄弟"进行协商。布尔格的委员会向乡村各教区发出呼吁，请他们一接到警报，就派兵来援。

最严重的事件发生在雷恩和第戎。在雷恩，当地的卫戍司令是朗热隆。15日，当他得知内克尔被罢免的消息后，立即将守卫增倍，同时向维特雷（Vitré）和富热尔（Fougères）两地求援。16日，当地居民召开大会，组建了民兵，占领了公共金库，并中止纳税。许多士兵也加入了骚乱。枪支贮藏处遭到洗劫，就连大炮也被抢走了。17日，巴黎传来消息，朗热隆只好让步：他承诺不会调动驻军，放弃求援，赦免参加骚乱的士兵。19日，军火库遭到入侵，部队也向民众投诚了，朗热隆被迫撤离该市。在第戎，局势甚至更糟，15日，罢免内克尔的消息传来，民众占领了城堡和火药库，组建民兵，最后，逮捕了当地的卫戍司令古韦尔内（Gouvernet），将全体贵族和教士软禁。在其他地方，例如在贝桑松，7月15日的消息及时抵达，才勉强阻止了骚乱爆发，当地青年"高声叫喊，说是要在夜里杀死高等法院的所有成员。"

当然，谨慎小心常常占上风，忘记这一点，就容易低估攻占巴士底狱带来的"过电一般的"影响。7月15日，当杨格在南锡得知人民爱戴的内克尔垮台时，他注意到，消息造成了"相当大的"轰动，但是，当他打听民众打算如何应对时，却被告知："必须等待巴黎的行动。"阿布维尔的市民也认为有必要观察事态如何发展，然后才向巴黎的民众宣布：他们彼此休戚相关，"如能共同襄助国事，与有荣焉"。在塞纳河畔沙蒂永（Châtillon-sur-Seine），国王代表在21日召集民众通报了事态进展，并且坦陈："鉴于三级会议的成功前途未卜……市政官员害怕向诸位转达那些令人震惊、而诸位又急于四处传播的警报。事实上，他们一心一意只在谋求保全国家。"

在最初的激动之后，各地当权的委员会也有所收敛。在沙托贡蒂耶，民众一旦获悉国王与国民议会达成谅解，就开放了公共金库，取消了那些过分的要求。在布尔格，农民骚乱刚出现苗头，当地就赶紧向各乡村宣布，不需要他们的支援，并让他们一定要保持冷静。在某些地方，骚乱也遇到了抵制，即便是在攻占巴士底狱的消息抵达以后：在都兰地区的利勒-布沙尔（L'Isle-Bouchard），骑兵司令兼维莱讷（Villaines）市长夏尔·普雷沃·德·圣西尔（Charles Prévost de Saint-Cyr）亲自前来邀请教区代表批准他本人起草并提交国王和国民议会的两项请愿，同时宣布，他将组建一支民兵，似乎还保证，他拥有三级会议的"授权"。然而，圣吉尔教区的代表拒绝服从，还在凡尔赛公开谴责他。但是，上述例子仍然可以表明，这确实是一场广泛的民族运动。

这场运动的发生先于攻占巴士底狱。但是，攻占巴士底狱保住了运动的成果，还进一步扩大了它的影响。只要国王承认第三等级的胜利，人民的敌人就会成为国王的敌人，民众就可以合法地打击一切反革命的支持者。正如在巴黎一样，这些人被认为是危险分子，企图卷土重来。据说，他们阴谋占领某个省，然后将之作为攻击首都的跳板，一旦他们成功将国王挟持到该地，局势将一发不可收拾。在这种情形下，流亡贵族和外国军队也会趁势而入。因此，有必要严加提防。

7月22日，马什库勒委员会的一名成员告诫民众大会："不要被和平与安宁的表象迷惑，不要因为秩序的暂时恢复而得意忘形。一个恶毒的阴谋正在威胁要毁灭法国，这个阴谋极度危险，因为它甚至在王座四周徘徊。尽管我们取得了令人欣慰的成就，但是，一旦允许人民的公敌有机可乘，法国就会永远失去复兴的良机。我们要始终对大臣、贵族和高级教士三位一体的专制保持警惕。"

当时，各代表还能够掌控局势，他们变得越来越大胆。有些代表局限于支持已经采取的预防措施：波普鲁给布尔格市政当局写的信就是如此。但是，也有人希望即刻就推翻贵族和并恢复秩序，对此，他们提出了意见，指出有两种达到目的的途径：向国民议会递交声援请愿书，以及组建民兵。例如，7月15日，巴纳夫（Barnave）向格勒诺布尔的朋友写信说："那么，该做些什么呢？两件事：向国民议会提交多份请愿书，同时，组建一支资产阶级的民兵……富人最热心公益。巴黎的民兵大部分都是从良好的资产阶级公民中征召的，这样一来，公共秩序就可以得到保证，因为这支武装对暴政形成了强大的威慑。必须抓紧时间，在全省各地宣传这类观点……对这一运动竭力襄助，我就指望你所在城市的热情了。各省都掀起了同样的运动，贵城也要协调一致。"布莱（Boullé）是蓬蒂维的代表，他在20日回信说:"我自豪地看到,同胞们的举止配得上自由,也随时准备捍卫自由,同时他们一刻也不曾忘记,放纵是对自由最危险的滥用。我们要继续禁止一切暴力,同时尊重个人的权利。如果你认为有必要保障自身安全,就必须组建一支资产阶级的民兵:各城都迫不及待地希望组建国民卫队,谁不会因成为祖国的士兵而自豪?……如果国家需要,你应在第一时间做好准备。种种危险仍未消失……我们当中还有叛徒活动……继续与本省其他市镇保持联络。通过联合,通过互助,你们会成功地消除所有灾祸。"

如果不考虑撰写这些信件的日期——特别是巴纳夫的那封——很容易看出,爱国的代表独自肩负起了在外省推动革命运动的责任。但是,在这一阶段,他们无非是鼓励支持,并且毫不掩饰:7月18日,马蒂诺(Martineau)向国民议会建议,各地都要组建民兵,几天后,米拉波建议重组市政当局。国民议会未采纳他们的提议,但是,康布雷齐的一名代表莫尔捷(Mortier)写信给勒卡托(Le Cateau)的公民时,仿佛提议已经得到了批准:"现决定,在全国各地组建从诚实公民中征召的国民卫队,不再解除乡村居民的武装,也不再以任何方式骚扰他们。这是一种所有公民都有权享有的自由……所有武装起来反对贵族的人,都将保留他们的武器,同时也将保留他们为民族和国王效劳的忠勇。"

在阿尔萨斯,贵族代表蒂尔坎(Turckheim)男爵和弗拉克朗当(Flaxlanden)男爵声称,他们的一些同僚已经毫无顾忌地建议采取攻势。蒂尔坎声称,他手头掌握的信件"呼吁各省的代表全力与领主和神父进行斗争,否则将失去一切"。后来,调解委员会自身也公开谴责贝尔福代表拉维(Lavie)和盖塔尔(Guettard)的书信。我们再想想,富隆和贝尔捷被杀后,巴纳夫在国民议会上发布的著名演说:"难道这些鲜血是如此纯洁,甚至还要为流血感到愧疚吗?"或者想想罗兰（Roland）夫人给博斯克（Bosc）的信："如果国民议会不砍掉这两个杰出的头颅，或者勇敢的德西乌斯（Décius）不将他们的头颅斩落，你们所有人就都是疯子……"

在代表们的通信中，如果读到比蒂尔坎更加激烈的言论，我们丝毫无须惊讶。根据杨格的说法，他就听到了关于阴谋最危险的言论。7月24日，在科尔马（Colmar），他正在当地的一家旅馆用晚餐，听到有人扬言："王后有个即将付诸实施的阴谋，即用炸弹炸掉国民议会，同时调兵进入巴黎屠杀人民。"有一名军官对此表示怀疑，当即被"众人的抗议"压了下去："这封信是一个代表写的，我们见过他的信，证据确凿。"

和巴黎一样，一系列事件持续引发了民众的不信任感。从巴黎郊区返回营地的驻军，让民众十分不安。许多城镇干脆拒绝他们入内。民众拒绝向军队提供补给，还羞辱他们，向他们扔石头。例如，23日在沙隆，王家的德意志禁军受到的待遇非常糟糕，26日在丹城（Dun），民众觉得在队列中认出了朗贝斯克的辎重，于是围住士兵不让离开，直到国民议会下达准许令。17日在色当，布罗格利元帅抵达之后就爆发了骚乱，使其不得不撤出该城。外省目睹大批逃离巴黎的贵族和教士，他们要么举家搬迁，要么流亡国外。那些离开凡尔赛的代表备受质疑：民众认为这些人正在抛弃国民议会，从而逃避三个等级合并的后果，好秋后算账。因此，7月26日，修道院长莫里（Maury）在佩罗讷（Peronne）被捕；7月27日，卡洛讷修道院长在塞纳河畔诺让（Nogent-sur-Seine）被捕；7月29日，努瓦永的主教在多勒被捕；7月30日，拉沃吉翁（La Vauguyon）公爵，也是7月11日大臣之一，在勒阿弗尔被捕。巴黎也许让外省深受震动，而外省在加剧首都的恐慌方面也不甘落后。一切涉及贵族里通外国的阴谋论都能说明这一点。

8月1日,《法兰西爱国者报》刊登了波尔多的一封来信,日期是7月25日,其中写道:"3万西班牙人正在威胁着我们,而我们准备好了欢迎他们。"一名委员会委员从布里扬松(Briançon)写信给国民议会议长:"我们获悉在凡尔赛和巴黎发生的一切不幸和骚动,我们也了解到,国民议会正在受到威胁,而首都则毫无防备。我们的惊慌和恐惧远未消失。尊敬的议长大人,我认为,我有义务进行质询,并获悉当前事态的发展。我相信,如果我获得的报告是真实的,前大臣向撒丁国王陛下请求的那2万皮埃蒙特人,正是为此目的而被国王议政会征集的,而他为此落泪,无疑是出于歉疚。目前警报迭传,本城只有一名上校戍守,我们担心这会进一步加深威胁我们的灾难和不幸。"前面提到过,阴谋出卖布雷斯特给英国人的谣言,很可能源自布列塔尼。7月31日,《南特通讯》宣称,一名叫德·塞兰(de Serrent)的男子在维特雷被捕:"他是烧毁圣马洛的阴谋的实施者,该城总督与敌人的通信由此曝光。"

民众指控贵族叛国,而贵族对此义愤填膺,特别是在布列塔尼。大多数情形下,贵族和教士都公开否认宫廷有任何反对国民议会的意图,积极参加一些会议来起草支持国民议会决议的请愿书,同时,也非常乐于在民众提交的请愿书上签名。埃尔贝(Elbée)在博普雷欧(Beaupréau)就是如此。一些贵族拒绝和本阶级同流合污:例如在南特,拉布尔多内-布瓦舒林(La Bourdonnaye-Boishulin)元帅子爵就是其中之一,他后来被选任为南特民兵团的上校。在雷恩,迪普莱西·德·格勒讷丹(du Plessis de Grénédan),南特高等法院的推事,发表了这样一封信:"我从未拥护贵族的那些已经遭到严正谴责的原则,恰恰相反,我全力抨击这些原则。"因此,该城接纳了他,还授予他"公民冠"。

几乎在所有省份,城市骚乱和农民反叛都促使大资产阶级欢迎他们的浪子回头，还允许他们进入常设委员会。他们常常还受命指挥民兵，例如在南特：3月，卡拉曼在普罗旺斯看到那种妥协，到7月下旬至8月上旬，变得更加明显。但是，在布列塔尼，和解并不太成功：贵族和教士在1月和4月的宣誓遭到了公然否定。同时，他们被置于当局的监护之下，但是被看成是"不属于这个民族的人"，"遭到了一致的孤立"，例如在若瑟兰（Josselin）和马什库勒。此外，小资产阶级、手工业者和平民断然拒绝大资产阶级的屈尊俯就。在南特，7月18日，几名贵族获准加入当地的委员会，随即在民众的抗议下退出；在富热尔发生了同样的事，在布尔格也是如此。在接下来的数月中，市政生活的一个特点，就是平民阶级坚持不懈将贵族驱逐出所有公职，而且往往颇为成功。

出于所有这些原因，许多城市在7月14日之后，追随那些在危机高潮时勇敢表明立场的城市。7月20日，在昂热，民众攻占了城堡，封锁了公共金库。21日，在索米尔和卡昂，民众也占领了城堡。在里昂，卫队被派往皮埃尔-恩西泽（Pierre-Encize）驻扎。在布雷斯特和洛里昂（Lorient），民众密切监视着海军当局，严密守卫着军火库。26日，富瓦的各市镇拒绝服从当局的立场，只承认"国民议会表决通过的法律"。在各地，民兵涌入城堡，解除城堡的武装，一如巴黎人在市郊的所为。国王的代表并没有进行任何认真的抵抗。但是，由于这一切都会带来一些动乱，有些人的处境岌岌可危。19日，在勒芒，下令禁止佩戴革命派徽章的骑警队长几乎被愤怒的民众杀死。21日，在艾克斯，从马赛来的一队人马，领头的是博塞特（Beausset）的修道院长和圣维克托的议事司铎，他们释放了在3月骚动中被捕的囚犯，当地的总督逃之夭夭。

由于上级政权遭到打压，或者束手无策，旧制度下成立的市政当局不堪重负。各地方当局本来希望保留资产阶级民兵，并且只武装富人，巴纳夫就是这样建议的，然而，他们不得不招募所有的志愿者。市政当局的警力变得徒有其表，民兵和群众成了主角。法国全境遍布着一个由委员会、民兵和没有获得授权的监察官组成的严密网络。有好几个星期的时间，信息流通的困难程度堪比共和二年监察委员会当权的岁月。这一局面导致了上述那些人被捕。在圣布里厄克，民众对嫌犯住所进行了搜查，被判定为反革命势力的文学之家遭到解散。第三等级的成员更加紧密地团结起来。佩戴革命派徽章成为强制性义务。南特甚至禁止那些被认定"背叛了人民的事业"的平民佩戴革命派徽章。

一切陌生人，都会被天真地问道："你拥护第三等级吗？"19日，这句话差点就让一个前往勒芒的贵族家庭遭到灭顶之灾。当时他们路过萨维涅（Savigné），当地人向他们提出了这个严肃的问题，这家的一名女仆把头从马车窗口伸出来，轻率地回答说："不拥护！"这个可怜的女孩显然对局势一无所知，大概连第三等级是什么都糊里糊涂。但是，在19日晚上，孔帕罗·德·隆格索勒（Comparot de Longsols）相当顺利地通过了塞纳河畔诺让（Nogent-sur-Seine）。听到外面的喧哗声，他向车夫打听，后者回答说："武装的民兵在朝我们吼叫：来者何人？如果不回答：第三等级！我们就等着被扔到河里吧。"

孔帕罗是一个识时务的人，他接受了这个友好的提醒。杨格随后也经历了同样的事情。两人都没有因小失大。在1789年，尽管民众疑心重重，但他们并不苛求表示顺从的表面形式。因此，被当成"爱国者"过关还不太困难。

尽管市政当局竭力适应变化的局势，但对不能在本地居民中进行自由选举，民众依然耿耿于怀。因此，民兵的组织和指挥权被委托给了那些经由选举产生的委员会。很少有城市像贝济耶那样，市政当局还幸存了相当长一段时期。相反，在一些城市，市政当局在骚乱中被一扫而空：7月21日在瑟堡，22日在里尔，27日在莫伯日（Maubeuge）都是如此。在这种局面下，"常设"委员会继承了原属市政当局的全部权力。但是，这种情况比较极端。虽然我们无法一一详细统计，似乎还是能够确定，大多数市政当局仍然发挥着职能：其中一些在骚乱中幸存下来，如在瓦朗谢讷或瓦朗斯（Valence）。更常见的是，他们成功回避了正面冲突，要么是在民众的示威前低头，如在克莱蒙和波尔多，要么主动降低面包价格来阻止骚动，如在滨海佛兰德。但是，他们迟早还是要被迫与委员会分享权力，最终销声匿迹。

这些骚乱很多是因面包价格高昂而引发的：7月的第二个星期，粮食骚动空前激烈。在佛兰德、埃诺和康布雷齐地区的几乎所有城市，都可见粮食骚动。22日夜晚，在亚眠附近，押送粮食的护卫陷入了一场激战。18日，在香槟地区的诺让和特鲁瓦，19日在奥尔良地区的奥尔良和博让西也爆发了骚乱。在勃艮第地区，17日是欧塞尔，19日是奥克松，20日是圣让德洛斯恩（Saint-Jean-de-Losne）。还发生了一些谋杀案，在图尔，一名叫吉拉尔的商人在21日死于非命。在巴勒迪克，另一个叫佩利塞尔的商人在27日被杀。

巴黎周边地区最为动荡：17日，普瓦西的一名磨坊主被带到圣日尔曼（Saint-Germain）处死。18日，在同一城镇，国民议会的一个代表团费尽唇舌，才救出了一名来自皮瑟（Puiseux）的农民。17日，谢夫勒斯（Chevreuse）爆发骚乱。在德勒（Dreux）和克莱西-恩-布里（Crecy-en-Brie），骚乱发生在20日，在乌当（Houdan）是22日，在布勒特伊（Breteuil）和沙特尔是23日，在朗布依埃（Rambouillet）是25日，在莫城是26日，在默朗是28日至29日夜。法国南部也不再平静。7月27日，图卢兹经历了类似的骚乱后组建了民兵。

除了降低面包价格，几乎在所有地方，民众都提出了其他诉求，这些诉求在普罗旺斯 3 月骚动期间就出现过：要求取消入市税，停止征收盐税、商品税、印花税和交易税。兰斯（Reims）的商税局长在 7 月 24 日报告，"半个月以来，我们这里骚乱频仍。民众威胁焚毁邮局，在该处办公的税吏已经搬离，也不敢在家安睡"。

显而易见，这场"市政革命"与大恐慌之间有或多或少的直接关系。一方面，巴黎的起义和城市的骚乱将恐慌传入农村。另一方面，这些事件鼓励农民揭竿而起，而农民反叛进而又成为恐慌的起因。

第四章 外省对"阴谋"的反应：乡村

关于"贵族的阴谋"的消息，通过我们已知的渠道，从城市传播到乡村。但是，农民对此有些什么想法或者发表过什么意见，我们一无所知，因为农民不会把这些写下来。一些本堂神甫在教会登记簿上写的评论，显示出他们赞成市民的立场，我们不妨认为，他们教区的民众也持同样的观点。在曼恩，他们的意见表达得最直白。埃里耶尔（Aillières）的本堂神甫写道："贵族阶级，即高级教士和显贵，用尽了一切手段，一个比一个卑劣，却不能摧毁无数号泣者和受压迫者的改革事业。"苏里涅-苏-巴隆（Souligné-sous-Ballon）的本堂神甫写道："许多大贵族和其他占据国家要津的人，图谋将王国的所有粮食运输到国外，从而让全国陷入饥荒，以便对付三级会议，中断会议并使之无果而终。"布吕隆（Brûlon）的本堂神甫后来拒绝对教士公民组织法（Constitution Civile du Clergé）宣誓，1790 年 1 月 2 日，他在回顾上一年发生的事件，特别是罢免内克尔的时候评论说："有个该死的阴谋企图杀害那些对制定宪法最热心的会议代表，并且在发生反叛的情况下，监禁剩下的代表以控制各省。王后、阿图瓦伯爵和其他几位亲王，外加波利尼亚克家族和其他见风使舵的要人……所有这些人，我敢说，还有另外一千多人，正在密谋摧毁国民议会。"

在安省档案馆保存迄今的一份手稿中，比热的某个居民指出：他听说王后正密谋摧毁全体第三等级:"她给自己在奥地利维也纳的兄弟,也就是神圣罗马帝国的皇帝写了一封信,求他派5万大军来消灭我们拥护的第三等级,在信的最后,她指示她的兄弟将送信的特使处死。幸运的是,这位可怜的信使在格勒诺布尔被第三等级逮捕,她的书信也被截获。"同一位编年史家还依据在瓦尔罗梅(Valromey)流传的副本转抄了另一封信,这封信据说是在某个弗莱歇(Fléchet),即巴黎的青年党领导人的身上搜到的,书信来自阿图瓦伯爵:日期是7月14日,"望你忠实执行我们达成一致的计划,且必须在今晚11点到午夜之间完成。作为青年党的领袖,你应率领他们在上述时间向凡尔赛进发。届时,我必会率领3万绝对忠诚的人马前来汇合,助你消灭拥挤在巴黎城内的20万民众。如果出现意外,有人不愿立即无条件服从,则当场格杀勿论"。这封伪造的信件无非进一步加强了报纸宣扬的阴谋论的可信程度,我们在贝桑瓦尔关于洛内(Launey)和弗莱塞勒(Flesselles)谋杀事件的备忘录中可以找到一些线索。目前尚没有发现其他例证,但可以肯定的是,许多类似的故事都是口耳相传的。

  既然拿起了武器,城市和乡村就等于公然承认:确实存在一个针对第三等级的阴谋。7月18日,在布尔格,当局决定向各教区发出号召,在接下来几天里,一些教区派来了他们的人马。在塞纳河畔巴里的拜伊司法区,选民于7月24日召开了会议,组建了一个委员会。他们决定在每个村庄都要组建一支民兵,该决议立即得到了实行。8月1日,巴耶的拜伊司法区也试图组建一个委员会,反对7月25日省会当局设立的委员会。在多菲内,巴纳夫的友人主动出击,组建了由三个等级组成的调解委员会。8月8日,高等法院的总检察长在报告农民反叛时写道:"上个月19日,我们将命令发送给本省各城镇及公社,号召他们拿起武器。这是我们所有不幸的根源:各地民众都拿起武器,并建立了资产阶级的民兵。"在艾克斯,市政委员会以普罗旺斯的骚乱为由,在7月25日敦促司法官员组建民兵。

但是,不少事件清楚表明,农民并不总是要等这样一番呼吁,才开始与市民展开合作。7月24日,夸尼(Coigny)公爵在卡尔瓦多斯省的滨海韦尔(Ver-sur-Mer)被捕。26日,贝桑瓦尔在维勒诺被捕,都是农民所为。边界附近的村庄也加强警戒。勒芒附近萨维涅的村民在18日阻截了德蒙特松(Montesson)和德瓦塞(Vassé)的出逃,二人都是三级会议的贵族代表,村民将他们的马车推到了河里。许多类似的插曲都显示出,乡村处于草木皆兵的警惕状态。因此,7月26日,杨格在杜河畔利勒(L'Isle-sur-le-Doubs)附近受到两次拦截,8月13日在鲁瓦阿(Royat),19日在蒂埃(Thueys)又遭到两轮盘问。在利勒附近,他被命令戴上革命派徽章:"有人告诉我,这是第三等级的命令,如果我不是领主,就必须遵守。但是,如果我是一个领主,伙计,会发生什么事?会发生什么事?他们厉声回答说:'你会被绞死,因为你罪有应得。'"不过,这只是口头说说,他们并没有绞死任何人。

下面这个观点恐怕是错误的:乡村的民众之所以对"贵族的阴谋"深信不疑,仅是由于从凡尔赛和巴黎传来的消息。在农民知悉三级会议召开的那一刻起,他们就对贵族起了疑心,尽管这种怀疑还有些朦胧。在国王的呼吁中,他们觉察到了摆脱枷锁的信号,并且从未相信领主阶级会束手就擒,这根本是违背他们本性的。即便民众不大熟悉历史,却很熟悉传说。他们隐约记得"盗匪"这回事,并且从未忘记历史上扎克雷、乡巴佬和赤脚汉和其他穷人对领主的反抗,无不以喋血收场。正如圣安托万的福堡的民众在巴士底狱的阴影下恐惧颤抖,敢怒不敢言,农民也看到,一座城堡正在从地平线上升起,自不知多少世代以来,这座城堡就在他们祖先的心中激起了憎恶,或者不如说是畏惧。某个时期,城堡的轮廓会柔和一些,碉楼上的大炮也沉默了很长时间,城堡里的甲胄长出了锈斑,里面没有了士兵,只有奴才。但是,它毕竟矗立在那里,有谁知道里面发生了什么?从那里还会冒出恐怖和死亡吗?民众从最微弱的线索中看出了贵族正在纠集人马,准备一举"粉碎"第三等级。

在法国东部,这些忧虑都得到了某些独特证据的证实。在洛林,布罗格利元帅下令解除各市镇的武装。梅斯的总督在7月16日将这项命令下达各地,当布罗格利元帅17日逃到色当的时候,他立即下令在附近地区实施这项命令。这项命令无疑酝酿于内克尔被罢免的那段动荡时期,尽管目前还很不清楚这是否是一个政变阴谋的前奏,但是民众对此深信不疑。

在弗朗什-孔泰,昆塞城堡的情况变得更加严峻。7月19日星期日,在维祖耳举行攻占巴士底狱的大型庆典之后,卫戍部队的士兵与一些当地居民趁夜前往梅迈(Mesmay)的城堡,坚持说他们受邀前来庆祝最近的事件。无论如何,城堡的仆人友善地接待了他们,向他们提供了饮食。午夜一过,他们动身离去,刚刚穿过花园,一桶火药在地窖里爆炸了:整座建筑被炸得粉碎,5人死亡,多人受伤。这其实是一场意外:很可能某个醉鬼因为酩酊大醉,或许乘着酒兴打算找点藏起来的现金,举着火把跌跌撞撞闯进了地窖。但是,民众只听到了一声召唤:有人设计谋害第三等级了!在巴黎,在国民议会内部,最初没有一个人对此表示怀疑。因此,这起事件在全国引发了轩然大波。在弗朗什-孔泰,它成了农民起义的信号,造成了东部和东南部的大恐慌。虽然历史学家很少讨论这一事件,它其实可算1789年7月最重大的事件。

农民一旦深信贵族正在密谋反对第三等级,他们便不再满足于仅向城市资产阶级提供支援。有一种确定的手段,足以让他们报仇雪恨，那就是攻击敌人希望维系的封建制度：农民拒绝支付封建贡赋税，好几个省的农民纷纷起来要求废除封建特权，销毁文契档案，甚至烧毁城堡。他们认为，这样做就是响应国王和国民议会的号召。正如我们看到的那样，他们从三级会议召开一事中得出结论：国王希望改善他们的处境，并且已经批准了他们的请求，贵族的阴谋显然阻碍了王权和国民议会实现他们的意图。但是，司法当局在7月15日宣布，路易十六同代表达成了和解，并且在17日对巴黎的革命表示了赞许。因此，民众相信，国王谴责了密谋者，那么，摧毁密谋者的特权，就等于顺从国王本人的意愿，国王甚至已经颁布诏令，为自己的子民伸张正义。这些诏令据说真实存在，只是没有被公开，是被别有用心的人藏匿了起来，连本堂神甫都不准公开向民众宣读。这种掩饰是阴谋的一部分，所有反叛的农民都对此深信不疑。

在多菲内，早在7月中旬，民众就在痛斥那些"藏匿国王诏令"的当局，据说国王希望他们烧毁城堡。在阿尔萨斯，谣言四处蔓延，说国王允许农民起来掠夺犹太人，夺回由贵族从农民那里窃取的权利。在马孔内的莱兹（Laizé），"骚乱分子宣称，他们的进军秩序井然，并且他们只有8天时间来洗劫所有的城堡，因为他们错失了良机，在整整两个星期里毫无作为。"有时候，他们的言论天真得让人发噱。在圣奥恩（Saint-Oyen），农民向资产阶级说："他们还有大事可做。"在圣让勒普里什（Saint-Jean-le-Priche），某人慷慨陈词：我们不应该无所事事，"摧毁从这里直到里昂的城堡，还需要投入大量精力"。在洛林和弗朗什-孔泰的边界，特里科尔诺（Tricornot）男爵试图遣散他遇到的一支骚乱队伍，狂怒的民众告诉他："老爷，我等乃奉国王诏令行事，白纸黑字的诏令，不过您别害怕，您的名字不在我们手里的名单上，如果您需要帮助，我等随时乐意效劳。"在诺曼底博卡日的拉内（Rânes）城堡，因不得不对昔日的主人动粗，暴动者欷然道:"面对如此善良的领主,我们表现出极大的同情,一方面是迫于严厉的命令,一方面是因为国王陛下希望我们如此行事。"

农民怀疑:贵族隐匿了国王的诏令,因为国王是反对贵族的,这一点无须更多解释。但是,这种怀疑如何一步步发展成了确信?某些迹象表明,这要"归功"于某些人,与其他人相比,他们更加大胆,往往具有公职身份,如村镇代表、征税员和巡检,或至少具有准公职身份,例如拜伊司法区的大会代表,他们的抱负或个性往往能将他们推上领袖的地位。在马孔内,几名遭到起诉的人声称,他们只是服从了理事和税吏的命令;一名吕尼(Lugny)的葡萄种植者保证,是从佩罗讷来的某个叫迪富尔(Dufour)的人命令他加入游行,此人宣称自己奉命行事,手里还挥舞着一张印刷品,如果他不干,就会遭到逮捕。7月29日,巴鲁瓦(Barrois)的雷维尼(Revigny)发生的骚乱,要"归功"于两名警察中士,根据刑事法庭的判决,"二人滥用职权",打着国王的幌子,宣称国王命令他们平价出售从领主处征集来的粮食。在摩泽尔河(la Moselle)谷地的圣莫里斯(Saint-Maurice),一名骚乱分子被判有罪,罪名是"向公众散布谎言,说自己收到了一封全权授权书"。在阿尔萨斯,有一伙骚乱分子推举了一个系着蓝色绶带的织工当头头,人们以为他是国王的兄弟。

更有甚者,在萨尔格米讷,一名来自萨尔路易(Sarrelouis)的骑警遭到市长和其他证人的指控,罪名是宣称自己"收到了命令,允许每个人在未来6个星期内,收回自己被篡夺的财产",那些租用了领主偷窃的公有地的农场主,其人身安全应得到保障,至于其财产,"人人均可洗劫之"。这些说谎者完全是自欺欺人吗?或者他们只是对偶然听来的话做了歪曲?他们完全是不怀好意吗?这么说不太准确。根据不同的具体情形,上述几种解释中的某一种很可能是对的,更有可能的是,几种解释都有道理。

为了支持自己的说辞，骚乱分子多半会把一份印刷或手写的通告，递到那些目不识丁的农民眼前。农民很难识破这种圈套。在马孔内，某个来自布拉尼（Blany）的葡萄种植者，后来被绞死，人们发现他居然携带着1718年和1719年枢密院颁发的法令，这些废纸是他从别处偷来的，大概是为了煽惑不明真相的群众。在格罗讷河畔萨维涅（Savigny-sur-Grosne），某个葡萄种植者交给一个农民一本从城堡内偷来的书，坚持认为里面"包含了国王的诏令"。"旁观者好奇地翻开这本书，发现只是一本关于拉博姆-蒙特维勒（La Baume-Montrevel）房屋诉讼的小册子，这促使他对那个被唤作萨洛尼（Sologny）的人说，如果没有更好的诏令，那么他最好安分守己。"

在所有骚乱地区，据说都有以国王的名义印发的伪造通告流传。由此也可以看出谣言产生的渠道。不过，毫无疑问，一些说谎者自己起草或者请人起草了这些手抄通告。在马孔内，佩罗讷的本堂神甫报告，他看到过"一张大字书写的通告，上面写着：'以国王之名，本国全体人民均有权进入领主城堡，收回地籍簿，如果遭到拒绝，可以打砸抢，不受任何惩罚'"。根据吕内某公证人的说法，持有这份通告的人叫马齐耶（Mazillier），以贩卖私盐和烟草为生，来自圣让古-德西瑟（Saint-Gengoux-de-Scissé），后来在克吕尼被绞死。

克吕尼和马贡当局均宣称拥有一份受到指控的通告的副本。勃艮第的卫戍司令古韦尔内听到过有人在谈论这份通告，当局也获悉了此事。但是，我们迄今尚未发现这份告示。我们偶然找到了一份措辞相似的通告，却不能考证准确时间，很可能是在7月和8月的农民反叛期间，甚至在此之前，因为通告的日期写的是1789年4月28日。它被贴到了博勒佩尔（Beaurepaire）教堂的大门上，附近的教区也遭了殃，如布雷斯（Bresse）和卢昂附近地区。一个名叫加亚尔（Gaillard）的人受到指控，他是隆勒索涅一家盐仓的雇工，曾经因为偷盐被判过刑，他拒绝说出那个写通告的人的姓名。但是，从通告文辞鄙俗，还有许多拼写不规范来看，大概出自某个村塾先生之手，要么就是加亚尔自己写的。

关于通告的谣言四处传播，途中又经过好事者的添油加醋。克吕尼的公证人不久就确认，佩罗讷的本堂神甫见到的那张通告，已经成了印刷品。古韦尔内似乎认为，这张通告是某个公证人四处张贴的。他指的大概是吉罗（Giraud），后者是克莱塞（Clessé）的一名公证人，曾经当过骚乱分子的首领。这样一来，贵族党就将农民反叛同阴谋联系起来，不久之后，骚乱分子也开始指责他们的对手搞阴谋。认为国民议会和全体城市资产阶级一手策划了这些农民反叛，这是站不住脚的。我们只需提醒读者注意下述事实：国民议会对破坏封建制度并不积极，而城市资产阶级自身往往拥有封建特权，所以积极参加镇压行动，有时还显得相当冷酷。当然，也有可能某些资产阶级一时糊涂，煽动了农民反叛。

对克吕尼修道院的袭击，可能是由马贡的居民挑起的。研究安省法国革命史的专家谢弗里耶（Chevrier）找到了一份似乎是在7月14日之后散播的小册子，小册子号召农民揭竿而起："第三等级诸君，如果你们不尽心尽力破坏和烧毁贵族的城堡，消灭这些威胁你们生命的叛徒，贵族一定会让你们后悔不迭。"在蒙蒂尼亚克（Montignac）的佩里戈尔，拉贝尔蒙迪（La Bermondie）指控拉科斯特（Lacoste）医生（他后来成了国民公会成员）7月19日站在布道台上发表了煽动性言论："我要向诸位宣读几份来自首都的文件，这些文件揭发了多数贵族参加的阴谋，这将使他们永远蒙羞。现在，人人平等，我可以代表国家向诸位保证，这些人正在巴黎人民的刀下瑟瑟发抖，这让我们有可能追随那些处死贝尔捷、富隆、洛内等人的先驱。"其他一些人似乎也向民众宣读了假冒的信函，据说"此信污蔑国王，说他悬赏 10 万法郎要王后的人头"。

但是，这种指责最有道理的地方在于，确实有很多乡村的资产阶级站在了暴动分子的前列。如若阿诺（Johannot），他是圣阿玛尼谷地地区的韦塞尔兰（Wesserling）一家工厂的经理，后来是上莱茵（Haut-Rhin）督政府的长官；还有拉罗谢特（La Rochette），吕弗克（Ruffec）附近的南特伊尔（Nanteuil）的前步兵军官，吉博（Gibault），他是勒梅尼勒（Le Mesnil）的尚波（Champeau）的领主，该地位于诺曼底博卡日的布里尤兹（Briouze）附近。他们的行列里甚至还有贵族，如埃诺的韦尔谢莫格雷（Verchain-Maugré）的领主德萨尔-多里蒙（Desars-Dorimont）。

卷入其中的这些人都宣称自己是被强力裹挟，也许多数人的确如此，但其中有些人的态度却非常可疑，不过，我们无法确定他们究竟心甘情愿到何种地步。在诺曼底博卡日的拉索瓦热尔（La Sauvagère），一个名叫拉里戈迪埃（La Rigaudière）的铁匠，同时也是市政官员，还有他的儿子，马塞堡（La Ferté-Macé）的一名律师，似乎非常热衷于充当临时领袖。本堂神甫指控拉里戈迪埃曾经扬言："他们打算烧死拉库隆克的文契保管员，如果找不到此人，那就烧毁该地和沃热瓦（Vaugeois）的城堡，也许再加上修道院。"当拉里戈迪埃被捕时，他的妻子鸣钟示警，煽动农民去解救他。

这些人对领主抱有某种仇视，并不奇怪，上述事件也不是一个特殊的个例，因为即便不考虑极端的情况，也有不少人被指控为了报一己的仇怨而煽风点火。

在同一地区，在圣伊莱尔-拉热拉尔（Saint-Hilaire-la-Gérard）、达武（Davoust）两兄弟（其中一人是牧师），当地总督指责他们要为骚动负责。据说，他们妒忌自家的表妹，即市长夫人，尽管她不如他们富有，但在教区中威望很高。在洛林德语区的利克桑（Lixheim），一名市政当局的军官指控拜伊司法区的法官总助理在宣读一封关于巴黎发生的谋杀事件的信件之后喊道:"如果利克桑的资产阶级有种,也会这么干!"在阿尔萨斯的盖布维莱尔(Guebwiller),情形则逆转了,拜伊司法区控告行政官乃至教士会议,因为双方在争夺司法权。在弗朗什-孔泰,贝陶库尔特(Bétaucourt)冶金场的特许商人,认为瑞塞(Jussey)的某些心怀嫉妒的资产阶级要对破坏工场的行径负责。在布雷斯,沃纳(Vonnas)的本堂神甫被怀疑参与了对贝奥(Béost)城堡的劫掠,该城堡的领主起诉了他。在卢万河畔沙蒂永(Châtillon-sur-Loing),领主揭发某个助理法官为了谋害自己而"收买小民之心"。圣通日(Saintonge)的拜涅(Baignes)农场总管指出,骚乱让他深受其害,而主谋是当地的鞣革工,以及拉沃吉翁公爵雇来采伐圣梅格林(Saint-Mégrin)林地的工人。据说,这些人因为欺诈行为遭到了诉讼,所以起了报复之心。

所有这一切都看不出任何统一策划的痕迹。有些人言辞鲁莽,这在攻陷巴士底狱后是非常容易理解的,而且,在所有农民反叛中,例如1358年法国的扎克雷起义,1381年英国的农民起义,1525年阿尔萨斯、施瓦本和弗朗科尼(Franconie)的农民战争,都可以依稀看到资产阶级,甚至贵族和神父的影子。他们和农民并肩作战,动机却是五花八门,其分歧之大实在没有统一策划的任何可能。

在1789年7月的农民反叛中,这些煽动只能引发某些短促的活动。参加反叛,农民有自己的理由,这些理由还非常充分。

第五章　农民的反叛

这一轮反叛与春季的骚乱并无本质区别：7月14日的事件让洪流变得更加汹涌，它却不是一切的根源。饥荒和失业，比以往任何时期都能引发反叛。最激烈的反叛发生在马孔内周边的山区、诺曼底博卡日、弗朗什-孔泰的高原，还有桑布尔（Sambre）的草原地区，也就是那些"土地贫瘠"，或者至少粮食产量很低的地区。

就像春季一样，反叛者常常袭击国王的税吏和官员，或者特权阶层，更常见的是二者皆受其害。在厄尔（Eure），反叛者坚持将面包价格降低到每磅2个或2个半苏，并中止缴纳商品税；在佩尔什东岭，栖居在森林中的居民、伐木工和铁匠，在冬季第一声反叛的信号响起之时，就蠢蠢欲动了，7月15日在莱格尔，骚乱大起，并从该地向东蔓延；19日，韦尔讷伊（Verneuil）农场的税务局遭到洗劫；20日，在诺南库尔（Nonancourt），22日和23日在韦尔讷伊，两地的市集都爆发了骚乱。皮卡第也是如此。

自5月的骚乱以来，车队和店铺便不断遭到抢劫，如今又变本加厉。税务局、盐仓、烟草仓库均被洗劫一空。在阿图瓦和皮卡第之间的边境关卡，一分钱的税都收不上来。阿登（Ardenne）的局势也是如此，默兹河（la Meuse）谷地诸城首当其冲。但是，在这些地区，尽管反叛者也拒绝缴纳什一税和封建贡赋，但他们并不袭击城堡。在曼恩,情况就完全不同了,该地不但武装反抗缴纳盐税和商品税,也袭击当地领主。在埃诺,饥荒驱使反叛者袭击了当地的修道院。在弗朗什-孔泰、阿尔萨斯和马孔内,反叛基本是针对封建制度的。

7月风潮与春季骚乱之间明显的不同,便是前者鲜明的反封建特征,这一特征也受到了贵族的阴谋和巴黎革命的明显影响。虽然刺激常常来自城市的骚乱,但是,在许多村庄也可见民众勇敢地站出来反抗贵族,呼吁革命。鉴于国民议会还未曾讨论什一税和封建特权的问题,资产阶级也从未说过打算诉诸武力来剥夺这些权利,更没有说拒绝赎买,农民开始自行其是。

另外还要注意,那些饱受反叛之害的地区与相对平静的地区之间,并无可信的截然分界。对封建特权的敌意到处可见,在那些未曾发生反叛的地区,民众也进行了消极抵抗,这种拒绝缴纳贡赋的做法也摧毁了旧制度。7月29日,莱昂(Léon)的主教宣布,他教区的民众一致同意不再缴纳什一税,至少不再足额缴纳。大臣回信告诉他:"很不幸,这次反叛不止波及贵教区,其他许多地方也是一样。"在普罗旺斯、多菲内、布列塔尼、皮卡第、瓦隆佛兰德(Flandre wallonne)、康布雷齐等地,自然延续了7月14日之前采取的消极态度。阿图瓦人拒绝缴纳各类封建贡赋,正如阿图瓦市镇参议会8月1日的决议清楚地表达的那样。在香槟也是一样:"民众自认为免除了纳税的义务。"蒂伊西(Thuisy)的卫戍司令在7月23日写道,"许多教区已经打成一片,决心采取激烈措施确保不再缴纳赋税"。21日和22日,雷内蓬(Rennepont)侯爵被迫签字正式放弃茹安维尔附近的罗舍(Roches)和贝桑库特(Bethaincourt)的一切封建特权。圣于尔班-勒莱-圣迪济耶(Saint-Urbain-lez-Saint-Dizier)修道院在月底遭到入侵。在圣梅内乌尔德(Sainte-Menehould)附近的汉斯(Hans),当皮埃尔伯爵——他后来在瓦雷讷(Varennes)事件中被农民杀死——收到了纵火的威胁。在巴黎地区，领主及其代理人怨声载道。19日，布里孔德罗贝尔（Brie-Comte-Robert）的拜伊法官和市长来到选民大会请求援助。第二天，克莱西-恩-布里的拜伊法官被迫逃离。27日，瑞维西（Juvisy）的领主前来控诉维里（Viry）和奥尔日河畔萨维涅（Savigny-sur-Orge）的税务官指示爪牙对他进行骚扰。17日，奥尔日河畔埃皮奈（Épinay-sur-Orge）的领主下令屠杀他养的鸽子以安抚民众。7月28日，在博斯（Beauce），莫雷勒（Moreille）的本堂神甫写道："当居民听说咸与维新的谣言以后，就开始拒绝缴纳什一税和实物地租，还以为新的法律允许他们这样胡来。"

在大恐慌的历史中，诺曼底博卡日、弗朗什-孔泰、阿尔萨斯、埃诺和马孔内的武装反叛，最值得关注。就广度和激烈程度而言，这几起反叛远远超过其他骚乱。反叛者照例被冠以"盗匪"的名称，这极大地加剧了普遍存在的恐慌心理。最后，弗朗什-孔泰和马孔内的反叛，构成了恐慌的直接原因。

博卡日的反叛酝酿于城市的骚乱，这类骚乱在佩尔什西部和诺曼底平原上愈演愈烈，主要是因为传来了攻占巴士底狱的消息。20日在卡昂，市集上的小麦被限价买卖。21日，反叛者占领了城堡，盐税和商品税收入被劫。蒙塔涅也发生了类似反叛。21日在马梅尔（Mamers），22日在阿让唐（Argentan），骚乱相继爆发。另外，法莱斯（Falaise）早在17日和18日就率先揭竿而起，而且激励了博卡日的反叛。19日，瓦西（Vassy）伯爵听说自己的产业受到威胁，专程自凡尔赛赶回，结果遭到袭击，其领地也陷入一片火海。然而，在奥恩河以东，没有发生严重的事件。维莱卡尼韦（Villers-Canivet）修道院受到掠夺的威胁，但是法莱斯民兵保全了它。27日和28日，在罗内（Ronay），农民闯入了城堡，烧毁了一些文契，关闭了鸽舍，但没有发生抢劫。在奥恩以西，局势急转直下。塞格里（Ségrie）

侯爵在咄咄逼人的附庸面前被迫出逃。7月22日，他逃到法莱斯后，不得不签署了一份放弃所有特权的文件，才让自己的城堡免遭焚毁。在克莱西（Clécy）避难的瓦西伯爵，在22日和23日迭遭袭击。他的文契档案被毁，不得不在27日宣布放弃自己的特权。在蒂里（Thury），阿尔古（Harcourt）公爵的城堡遭到了部分洗劫。24日和25日，在鲁瓦罗河（Noireau）谷地的卡利尼（Caligny），奥扬松（Oillamson）侯爵眼睁睁看着他的城堡被洗劫，文契档案被烧毁。骚动没有继续向西蔓延，但是，反叛遍及了整个南方地区。从23日至25日，奥恩河、弗莱尔（Flers）和马瑟堡沿线的城堡都遭到了围攻：迪尔塞（Durcet）、圣但尼、布里尤兹（Briouze）、赛里斯（Saires）、利尼翁（Lignon）、拉内。

一般说来，只要交出文契档案，反叛者就不会造成太大破坏。骚乱主要发生在马瑟堡以西和以南地区。24日和25日，在拉库隆克（La Coulonche），来自安达内（Andaine）森林的伐木工和铁匠前来索取文契，他们将城堡搜了个底朝天，然而一无所获。在26日，也即星期天，蒙特勒伊（Montreuil）伯爵通过拉库隆克和拉索瓦热尔的本堂神甫宣布，他愿意放弃一切封建特权，但这无济于事。他必须交出拉库隆克的文契，得到的让步只是被保证文契会被封存起来。27日，在拉索瓦热尔，沃热瓦（Vaugeois）城堡遭到洗劫，伯爵不得不交付赎金，他的文契也被付之一炬。随后，就在同一天，两个村庄的农民集体前往库泰尔讷（Couterne），在这里，从四面八方赶来的农民加入了叛乱队伍：弗洛泰（Frotté）侯爵被迫交出他的文契，并在一份正式声明上签字放弃自己的权利。

在拉莫特-富凯（La Motte-Fouquet），局势更加恶劣：法尔科内（Falconer）侯爵在几年前购置了土地，然后圈占了周围的公用地，并且不让民众进入森林采伐，远近居民对之深恶痛绝。27日和28日，农民在焚毁了他的文契并例行迫使他宣布放弃封建特权之后，还不满足，对这位手无缚鸡之力的老人及其宾客横加骚扰，并将他推到火堆旁边，差点把他烧死。

骚动也蔓延到了塞（Sées）：在卡鲁日（Carrouges）和圣玛丽拉罗贝尔（Sainte-Marie-la-Robert），勒维努尔（Leveneur）为了保命，只好放弃了他的所有封建特权。但是，29 日，在圣克里斯托夫-莱雅若莱（Saint-Christophe-le-Jajolet），8 月 2 日，在圣伊莱尔-拉热拉尔，反叛者重新掀起了烧毁文契的运动。骚乱还越过了马耶讷河（la Mayenne），进入了芒什博卡日，一直到科埃夫龙（Coévrons）：28 日，库泰尔讷的叛军反复袭扰马德雷（Madre）和圣于连迪泰尔鲁（Saint-Julien-du-Terroux）。30 日，几个村庄的农民闯入沙尔希涅（Charchigné）的欧特维尔（Hauteville）城堡，强迫领主交出赋税和文契档案；后来证实，这是在拉赛（Lassay）的反叛中被焚毁的第 9 份文契档案，之前几起事件我们尚不清楚。

最后一次事件似乎是从 8 月 3 日开始的：当天，马耶讷的司法官拉雷特里（La Raitrie）及时赶到，勉强保全了拉赛附近的布瓦-提波尔（Bois-Thibault）城堡。不过，盐仓仍然受到严重威胁：8 月 3 日，方丹-丹尼尔（Fontaine-Daniel）的伐木工抢劫了马耶讷的仓库。5 日至 6 日夜，拉赛周边的农民闯进了城镇，企图抢盐。即便是在农民反叛地区以外，也无疑存在许多骚动。栋夫龙寄往巴黎某报的信件宣称：“这里所有的农民都拿起了武器，”并指出，在莫尔坦（Mortain）和坦什布赖，反叛者已经批准征收属于奥兰治公爵的贡赋。再往东，格里厄·当内瓦尔（Grieu d'Enneval）夫人，面对财产遭到洗劫的威胁，不得不免除萨普（Sap）教区 3000 利弗尔的债务，这是她赢得一场围绕教堂祷告座席的诉讼后，教区欠她的费用。7 月 26 日，就在卡昂郊区，阿弗内尔（Avenel）先生分到了朗维尔（Ranville）沼泽的地产，眼睁睁地看着自己的房子遭到部分破坏。

第二天，反叛者又夺走了他圈占的公用地。即便不曾发生任何暴力行为的村庄也坚持不肯再缴纳封建贡赋，或者想缴纳多少就缴纳多少。圣玛丽拉罗贝尔的本堂神甫曾经在27日帮助保全了勒维努尔的城堡，他指出："有些教区集体拒绝缴纳足额的什一税，甚至为此签署了会议决议。其他人坚持决不缴纳任何一种什一税。"在上曼恩也是如此：在勒芒郊区，农民集体拒绝缴纳封建贡赋。22日，在特罗榭（Teloché），夜间甚至爆发了恐慌，而当天早些时候，一支反叛者队伍来到城堡附近，显然是打算图谋不轨。尽管如此，博卡日的农民反叛尚不如东部那么严峻，因为这里未发生焚烧城堡的激烈举动。

前面已经提到，在弗朗什-孔泰，农民的反叛自1788年底开始就风起云涌了，因为贵族和高等法院疾声反对第三等级的宣言，抗议国王授予第三等级"双倍"代表名额。同时也因为，当地的封建制度非常顽固，在阿蒙（Amont）的拜伊司法区，有上百个处于领主永久管业权下的村庄，这里就是反叛的中心。贝桑松的高等法院尽其所能支持贵族要求封锁公用地和森林的活动。

孚日山区的饥荒很快就引发了多起反叛，但首次向南蔓延，可能早在7月14日之前。不管怎么样，在19日，一群富日罗勒（Fougerolles）的伐木工，得知攻占巴士底狱的消息后，来到吕克瑟伊莱（Luxeuil），洗劫了当地的税务局。民众要求市长交出在当地温泉疗养的贵族，市长不得不通知他们在24小时内离开城市。同时，在维祖耳，反叛丝毫不逊于贝桑松：16日，前来出席第二天会议（旨在赋予三级会议代表更多权力）的"士绅"，遭到了民众的围堵和辱骂。在城门口，梅迈，昆西的领主、高等法院推事和著名的"抗议者"，遭到了民众的痛斥，有人甚至打算去摧毁他的城堡：他吓坏了，在17日连夜出逃。局势显然十分严峻，但是，过了两天，什么也没有发生。当地的封建制度，正如在法国其他地方一样，就要平静地寿终正寝了。然而，19日午夜，一切都发生了改变，维祖耳及附近村庄的居民被前面提到的昆西城堡的爆炸声惊醒。一小时之后，城堡就燃起了熊熊火焰，到了20日，梅迈的全部财产被付之一炬，总价达到20万利弗尔。21日，整个地区都陷入了动荡。

弗朗什-孔泰的反叛尚未得到任何系统的研究，我们没有把握做出一个令人满意的描述，因为在该地不曾举行如马孔内和多菲内那样的司法或行政调查。我们收集的信息很不完整，而且大多数情况下都没有注明日期。因此，我们无法一一追踪反叛的动向。但可以肯定的是，它从维祖耳向周围各个方向蔓延。

显著的事件发生在东部：似乎在21日，索尔西（Saulcy）城堡遭到了焚毁，这是除昆西城堡外，唯一一幢遭到焚毁的建筑。21日和22日，卢尔（Lure）的修道院遭到洗劫，当地居民冷眼旁观。23日，直到他们自己的安全也受到威胁，他们才有所行动。比泰恩（Bithaine）修道院也受到了袭击。8月3日，索尔克斯（Saulx）、蒙特瑞斯坦（Montjustin）、莫朗（Mollans）、热内弗努伊勒（Genevreuille）、弗朗什维尔（Francheville）和沙特努瓦（Châtenois）的城堡也遭遇了不同程度的暴力袭击。在该地区，反叛没有越过瓦农河（l'Oignon）：贝尔福的驻军将之镇压了下来。罗尚博（Rochambeau）匆忙派遣这支军队的指挥官洛（Lau）伯爵在23日指挥一支骑兵分队平定了周围的村庄。

在北部，整个地区直至索恩河（la Saône）和科内河（le Coney）都发生了反叛。沙尔莫瓦勒（Charmoille）城堡被夷为平地。21日，克莱蒙-托内尔（Clermont-Tonnerre）夫人居住的沃维莱尔（Vauvillers）城堡、麦勒隆库特（Mailleroncourt）城堡、圣玛丽城堡均遭到摧毁。吕克瑟伊莱的修道院于21日被洗劫，克莱尔方丹

（Clairefontaine）修道院和佛法尼（Faverney）的几个修道院，方丹（Fontaine）的隐修会要么被破坏，要么支付赎金得免。在丰特努瓦堡（Fontenoy-le-Château），文契保管所也遭到洗劫。

起义从孚日威胁到了洛林：23日，在莱瓦达若（Le Val-d'Ajol），文契保管所遭到洗劫，领主的锯木厂被捣毁，埃里瓦尔（Hérival）的修道院在同一天遭到入侵。各村决议要求勒米尔蒙（Remiremont）的修女会放弃所有封建特权。这座城市选择了自我防卫，并派人去埃皮纳勒（Épinal）征集部队。然而，农民却突破了城市的防御，不过没有造成任何破坏。

在弗朗什–孔泰这一侧，这就是全部动荡的终点。在科内河另一侧，索恩河的上游，达尔内（Darney）的文契保管所，弗拉贝库特（Flabécourt）和莫里泽库尔（Morizécourt）修道院幸免于难，这要部分归功于拉马什（Lamarche）的资产阶级：暴力活动没有继续蔓延。但是，在西边，反叛似乎更加普遍。索恩河畔西的城堡是博弗雷蒙（Bauffremont）公主的产业，也遭到了彻底踩躏。在索恩河和瓦农河之间，拉沙利特（la Charité）修道院和弗拉斯内（Frasnes）城堡也遭到破坏。反叛继续向谢尔略（Cherlieu）修道院和阿芒斯河谷地蔓延，费比洛（Fayl-Billot）附近的博略修道院的修士，不得不放弃正在进行的诉讼，并放弃公共牧场使用权：这样一来，反叛就直抵朗格勒（Langres）的大门口。

在第戎方向，某些简短的记载表明，反叛没有造成任何破坏。但是，格雷（Gray）的民兵和驻军不得不巡视以防止发生骚乱：科尔内（Corneux）修道院和里尼修道院纷纷请求他们派人支援。杨格在第戎与两个出逃的领主共进晚餐，他记下了席间的谈话："他们对本省的某些地区，也就是自朗格勒到格雷沿线的描述，十分恐怖，被烧毁的城堡数量并不多，却有五分之三都遭到洗劫。"

最后，在南边的瓦农河谷地，阿维耶（Avilley）城堡被毁，再往南，杜河畔利勒（L'Isle-sur-le-Doubs）的三王修道院下属的村民洗劫了这座修道院。这就将反叛推进到了杜河（Doubs），并在利勒和博姆莱达梅（Baume-les-Dames）之间越过了该河。26日至29日，里略夸桑（Lieu-Croissant）和圣恩修道院，拉绍（La Chaux）和朗特南（Lanthenans）的隐修会遭到一群本地农民的袭击，后者向他们索要文契，但是并没有造成太大的破坏。反叛穿过奥尔南（Ornans）的高地，并转向东南，最终进入杜河上游谷地，该地的蓬塔利耶在21日已经爆发了抵制入市税的骚动，成了反叛的温床。

早在23日，维伊拉方（Vuillafans）就出现了骚动。25日，在瓦尔当（Valdahon），送往贝桑松的领主文契遭到劫掠和焚毁。不久，马米罗尔（Mamirolle）城堡也遭到洗劫：这些产业原属瓦尔当夫人，她之前因为与一名火枪手的风流韵事而名噪一时，这名火枪手后来成了她的丈夫，并引发了她与她的父亲莫尼耶（Monnier）侯爵的争吵。在28日和29日，穆蒂耶奥特皮耶尔（Mouthier-Hautepierre）的修道院遭袭。

最后，在29日，6000名反叛者从山上下来，侵入了维伊拉方和尚特朗（Chantrans）。当地负责保管领主文契的公证员成了受害者。同时，杜河上游的穆特（Mouthe）的隐修院，在27日至28日夜间也遭到袭击，再往北，圣玛丽修道院也受到严重威胁。最后，在31日，蒙特邦瓦（Montbenoit）的修道院的附庸农民来到蓬塔利耶，要求获得当地保管的文契。

弗朗什-孔泰的反叛比博卡日的更加多种多样：反叛者不仅迫使领主和他们的公证员交出文契，并破坏了领主法庭关于文契诉讼的档案，还盯上了领主垄断的许多磨坊、锻铁厂和锯木厂了，因为这些设施损害了农民对森林的使用权：莱瓦达若的锯木厂，贝托库尔

（Betaucourt）的锻铁厂，孔福兰代（Conflandey）的锻铁厂专用的水库，都遭到破坏。但是，最重要的是，暴力行为变得严重多了，并且更加频繁地针对人身。逃亡的贵族往往很难从武装的乡间择路逃生。库蒂夫龙（Courtivron）侯爵，克莱蒙-托内尔的父母，还有戈捷（Gauthier）夫人，当时都在吕克瑟伊莱的温泉疗养，在他们的信件或回忆录中，还有拉利-托兰塔尔（Lally-Tollendal）根据其父母和朋友的讲述写的一封"致其选举人的信"，都描述了逃亡贵族经历的艰难苦痛，这些描述可能有些夸张，但读来无不令人动容。

拉利-托兰塔尔陈述的事件尤其富有戏剧色彩：利斯特莱（Listenay）夫人和她的女儿一起逃出了遭到焚毁的索尔西城堡。安布利（Ambly）骑士被拽到一堆粪肥中，头发和眉毛也被扯得七零八落。离开吕克瑟伊莱不久，蒙特苏（Montessu）夫妇就遭到逮捕，那些绑他们回城的民众威胁要把他们扔进池塘。蒙瑞斯坦被吊在一口井上，反叛者在下面讨论要把他吊多久。除了利斯特莱夫人的出逃这一个例子，我们掌握的文献尚不足以对这些叙述进行准确地认定。拉利-托兰塔尔的记载毫无疑问是可信的，但他自己并非亲历者，我们甚至不能确定他的消息来源。克莱蒙-托内尔公爵夫人突然遇上沃维莱尔的反叛，还不算太糟糕：她躲入了一个干草堆，一队骑兵在打死打伤20个农民后，才把她解救了出来。库蒂夫龙坚信，反叛者打算找到她并且杀死她，但这并非确凿的事实。总之，尽管爆发了许多起骚乱和暴力事件，却没有一起杀人事件。据说在普隆比埃（Plombières）发生的可耻事件，其真实情形非常令人怀疑。根据当时的一份小册子和《市镇日报》上的一篇文章，有三名为罢黜内克尔而欢欣鼓舞的女士在城市浴场被捕，反叛者强迫她们在广场上赤身裸体地跳舞。

正如说过的那样，贝尔福的驻军成功地维持了城内秩序，还成功地使杜河直到孚日山脉的周边地区保持某种安定。在南部的代勒

(Delle)和北部的日罗马尼(Giromagny),都可以看到驻军的分队。他们甚至推进到了多勒(Doller),并维持了马斯沃(Masevaux)的安定。马斯沃的女修道院院长也逃到了贝尔福。莫尔施维莱(Morschwiller)的施魏格豪森(Schweighausen)城堡,就是奥布基尔希(Oberkirch)男爵夫人的父亲瓦尔德纳(Waldner)的财产,也遭到了侵占。但是,弗雷德里克-尤金(Frédéric-Eugène)亲王,也是他的兄弟符腾堡(Wurtemberg)大公的蒙贝利亚尔(Montbéliard)摄政,最应该对洛伯爵的举动表示满意。洛伯爵和他的夫人多萝泰·德·普鲁士(Dorothée de Prusse)在埃蒂佩(Étupes)的城堡里瑟瑟发抖。这并非没有理由,因为他领地内的农民非常乐意效仿弗朗什-孔泰人。23日,他们摧毁了索尔诺(Saulnot)的盐仓。在蒙贝利亚尔也是警报不断。一队法国军队在当地驻扎。尽管如此,革命的动荡仍然难以阻挡。在蓬德鲁瓦德(Pont-de-Roide),圣莫里斯城堡遭到洗劫。从该地,反叛沿着波朗特吕(Porrentruy)的边界,一直蔓延到阿茹瓦(Ajoie)。穿越山脉抵达北边,蒂尔河(la Thur)谷地也受到了威胁。7月26日,坦恩(Thann)农场的经理"整整三天都担惊受怕,据说"孚日山里来了一帮盗匪,人数多达900,针对全体修道院和农场雇工大肆抢劫、偷盗,杀人放火,云云。"尽管语言不通,弗朗什-孔泰的榜样可能引发了上阿尔萨斯的反叛。然而,在阿尔萨斯,反叛的时机也成熟了,反叛始于下阿尔萨斯,自北向南蔓延。我们有理由相信,邻省传来的消息不过是给这个势头火上加油。

1787年的法令设立了省级大会,并允许各地区自己选出市政当局,而此前,市政当局一直是由领主或少数特权阶层任命的。受此影响,阿尔萨斯的各城市陷入剧烈的动荡。贵族和市政寡头强烈反对这项改革。

1789年6月3日,国王只好决定:王室直辖各城的统治维持不变，其他地方的市政当局由选举产生，哪怕只是形式上的。在那些新设市政当局的地方，必然会发生当局同原有行政官的尖锐冲突。这些封建体制下的官员，声称自己拥有某种模糊的行政权力，而这种权力在旧制度下并未明确加以规定。7月14日之后，资产阶级——在民众或多或少的公开支持下——利用这种冲突为自身谋利。在斯特拉斯堡，一场可怕的反叛在7月21日爆发。25日在科尔马也爆发了示威。包括萨韦尔讷（Saverne）、阿格诺（Haguenau）、巴尔（Barr）、奥贝奈（Obernai）、凯塞尔斯贝尔（Kaysersberg）、曼斯泰（Munster，该地的行政官在25日出逃）、布赖萨赫（Brisach）和于南盖（Huningue）在内的诸小城镇也相继爆发反叛。在乡村地区，并没有发生严重的饥荒，尽管如此，对物价飞涨和王室捐税的抱怨仍然非常激烈。和别处一样，农民也不打算继续缴纳什一税，而且他们对领主、领主的仆役和守卫都非常怨恨。特别是在山区，森林的开采和使用权争夺激烈，局势剑拔弩张。正如前面指出的那样，从春天开始，反叛的发酵激起了恐慌，卫戍司令斯坦维勒（Stainville）元帅禁止一切非法集会。他不久就去世，继任者罗尚博直到7月才到任。城市的骚乱最终冲决了抵抗，成为农民反叛的公开信号。

迪耶特里克（Dietrich）是当时斯特拉斯堡的资产阶级革命派领袖，同时，自1771年开始，又是布吕什河（Bruche）谷地的班德拉罗什（Ban-de-la-Roche）的领主，他的领地下辖8个村庄。25日，有人告诉他，他在罗托（Rothau）的城堡面临威胁。同一天，圣玛丽奥米雷（Sainte-Marie-aux-Mines）和奥尔贝（Orbey）谷地的农民，进入里博维尔（Ribeauvillé），在那里，双桥公爵的代理人里博皮埃尔（Ribeaupierre）伯爵遭到了围攻。26日和28日，在萨韦尔讷（Saverne）附近，圣让德舒（Saint-Jean-des-Choux）的修女也遭到了袭击。不久，在布克斯维莱尔（Bouxwiller），拉佩蒂特皮耶尔（La Petite-Pierre）和阿格诺附近，都发生了反叛。在阿格诺，纽因堡（Neubourg）修道院请求保护。再往南，昂德洛（Andlau）、马尔巴克（Marbach）和马穆蒂埃（Marmoutiers）的修道院也发出了求援。在整个地区，倒是没有发生任何破坏。28日，迪耶特里克不得不屈从于他的附庸的主张。科尔马的调解局在许多地方十分活跃，并帮助签订了许多协议：双桥公爵对一切请求来者不拒。但是，上阿尔萨斯南部的情况有所不同。费什特河（la Fecht）谷地的形势要激烈得多：从25日至29日，曼斯泰上演了一出反叛大剧，其影响波及整个谷地，例如，27日在维奥瓦尔（Wihr-au-Val）。在圣阿马兰（Saint-Amarin）谷地和桑德高（Sundgau），爆发了一次真正的暴动。26日是个星期天，在马尔梅尔斯帕克（Malmerspach），一名当地人在弥撒结束后，出现在教堂门口，向民众通报巴黎发生的事情。不久，他们出发去袭击米尔巴克（Murbach）修道院，还有当地卫队以及税务局的房舍。27日，劳赫河（la Lauch）上游谷地的农民袭击了洛唐巴克（Lautenbach）的文契保管所。反叛也在坦恩爆发，当地资产阶级，不但不支持行政官，反而起来反对他。反叛随后从谷地进入盖布维莱尔：教士会集体出逃，他们的仆从签署了农民强加的协定。之后，就轮到了桑德高。反叛的策源地似乎是在南盖郊区的村庄：由于各地领主的文契在27日和28日都被送往该地，埃辛根（Hesingen）和朗斯帕克（Ranspach）的农民试图中途阻截。在27日至28日夜间，布洛茨海姆（Blotzheim）的农民洗劫了犹太人的房屋。

最严重的事件发生在29日和30日的伊尔河（l'Ill）谷地，阿尔特基克（Altkirch）的南边：伊尔辛根城堡（属于蒙茹伯爵），卡尔斯巴赫（Carspach）城堡和伊尔茨巴赫（Hirtzbach）城堡（属于雷纳克男爵）遭到彻底破坏。29日晚，在费雷特（Ferrette），当地的拜伊法官热拉尔（Gérard）的房舍遭到纵火。在圣阿玛林和桑德高谷地，特权阶层并非唯一的受害者：反叛者四处迫害犹太人，捣毁他们的房舍，将他们赶出村庄，当然，也没有忘了先逼他们免除一切债权。这可以说是阿尔萨斯地区反叛的特点。罗尚博的军队和刑事法庭迅速镇压了这场新的"农民战争"，但是，已经无力挽回封建制度，也无法继续催缴捐税和保护森林。

埃诺的反叛不是特别有名，但也很严重。在蒙塔涅郊区，城堡修道院遭到了来自四面八方的袭击，不得不满足骚乱分子的一切要求。在斯卡尔普河（la Scarpe）谷地，马尔谢讷（Marchiennes）、弗利讷（Flines）和维克瓦涅（Vicoigne）也发生反叛。在桑布尔河以南，马鲁瓦耶（Maroilles）修道院在29日遭到洗劫，利耶西（Liessies）和欧蒙（Hautmont）的修道院也差点遭到同样的命运。但是，由于康布雷齐自5月以来一直有驻军防守，任何骚乱都无从产生，因此，反叛波及的地区有限。尽管如此，什一税或是实物地租的征收也无法继续。

马孔内的反叛，剧烈程度还要超过弗朗什-孔泰。这个案例十分复杂，不过，我们可以依据保存迄今的法庭文书获悉详情。在这一地区，选举对三级会议的影响，以及资产阶级革命派的活动都表现得非常突出。该省当时还保留了一个由主教主持的省级三级会议，其中，代表第三等级的，只是马贡、克吕尼和圣让古勒罗亚尔（Saint-Gengoux-le-Royal）三地的代表。

早在1789年1月，资产阶级就要求以多菲内的榜样来重组会议。但是，会议中一些代表选择站在贵族一边，贵族拒绝接受任何改革，除非以一般方式召集的三个等级能够达成一项协议。在这方面，马贡的大多数助理法官都支持检察官波莱特（Pollet），而他与新任命的市长梅尔（Merle）意见不合。梅尔正在竞选成为三级会议代表。双方的冲突很激烈，都竭力在教区选举中赢得多数。马贡的民众支持市长。3月18日,民众在拜伊司法区选举期间,包围了省级三级会议,打算杀掉波莱特。最后,梅尔成功当选。毫无疑问,城市的资产阶级革命派和教区代表之间形成了密切的合作关系。农民把波莱特当成了替罪羊。

7月14日之后,城市的骚乱激增,马贡的民众对此非常了解。19日,马贡成立了自己的委员会。20日,民众聚集起来,拦截过路的粮食。23日,民众再次聚集起来,出发去捣毁前市长当吉(Dangy)在弗拉瑟(Flacé)的宅邸。在蓬德沃(Pont-de-Vaux),19日到21日连续发生多起反叛,农民要求废除入市税。在沙隆,同样的原因引发了20日的反叛。

整个地区——山坡上的葡萄园和草场——都陷入了饥荒。26日,科尔马坦(Cormatin)的领主德佐特(Dezoteux)联合了乌克塞勒(Huxelles)地区各村庄的村长,并采取措施控制和限制粮食的流通,特别是粮食的输出。27日,在马贡和里昂之间,维勒弗朗什附近的蒙格里(Mongré)城堡里搜出了已经霉变的粮食,随后,该城堡被洗劫一空。民众的愤怒在很早的时候就已经转向什一税。在司法调查期间,克莱塞(Clessé)的本堂神甫宣称自己"确信附近所有教区的反叛,首先源于摆脱什一税的愿望"。

就在反叛爆发前几天,他教区的一名居民便拒绝缴纳什一税,并当着别人的面向他宣布:"他不想再缴什一税。现在到处都在反抗什一税,如果本堂神甫执意收缴,他就会把神甫连同房子付之一炬。"21日,马贡的委员会起草了一份通告,提醒当地农民:在等待国民议会做出决定期间,他们无权拒缴什一税和封建贡赋,而他们正打算这样做。

在骚乱期间,一些征收什一税的本堂神甫激起了民众的极度憎恶,阿泽(Azé)的一个箍桶匠甚至在好几个场合说过,"我们用不着什么神甫！"这是一种相当罕见的表态，而且似乎"吓坏了他的许多同伴"。封建特权同样受到了抵制。贵族代表蒙特维勒豢养了一群猎狗，在当地臭名昭著。在不少教区，公然显露出的怨恨，主要针对领主圈占公用地的行为：甚至可以说，这类冲突正是反叛的导火索。

此外，马孔内的农民很可能受到了邻近地区榜样的激励，这种榜样也许来自弗朗什-孔泰地区，但几乎可以肯定来自布雷斯地区。早在 18 日，布尔格及邻近地区的农民就威胁到了沙勒（Challes）城堡，布尔格的民兵不得不赶来保护。20 日，马贡的主教不得不向布雷斯的罗米内（Romenay）教区（他在当地拥有一座城堡）许诺：免除贫穷雇工的私人债务。但是，民众还不满意，结果反叛仍然停不下来。在 28 日，他只好做出进一步让步。

最后，大恐慌已经在弗朗什-孔泰和布雷斯的南部流行了起来：它于 26 日从布尔格蔓延到马贡，越过索恩河。27 日晚，沿河各教区都组建了卫队，防止盗匪进入该省。特别是在瑟诺赞（Senozan），欧坦主教的兄弟塔列朗（Talleyrand）的总管将农民集合起来，整夜守夜。清晨，听说山区涌出一大群反叛者，这名总管赶到马贡求援，当他下属的农民看清受到威胁的只有领主的城堡之后，就四散而去。不久，他们就同闯入者站在了一起。28 日和 29 日，四面八方都传来了求援声，希望能沿索恩河设置武装巡查，阻止盗匪渡到河对岸，诱惑或胁迫顽固的农民加入反叛。同样，在马孔内，最初爆发的大恐慌，特别是多菲内的大恐慌，导致了乡村的骚乱。但是，反叛的爆发要早于恐慌，在 26 日的星期日就开始了，此前就有谣言称，伊热（Igé）发生了反叛。

从 21 日开始，农民就要求领主归还圈占的井泉。由于领主执意不肯，农民采取了行动，26 日的弥撒结束后，捣毁了几堵墙和一个毗邻的谷仓。早就迫不及待的维尔泽（Verzé）民众加入了他们的行列。后来进行的调查揭发了几位带头闹事者：烧酒贩子潘（Pain），原领主守卫普罗塔（Protat），还有库尔图瓦（Courtois）及其女婿。库尔图瓦原是贝尔泽勒沙特尔（Berzé-le-Châtel）的马车夫，没受过什么教育，拼写纯靠语音，但颇有产业。一些记载表明，他由于同某个要人发生争执而遭到监禁，心怀怨恨。当天午后，民众相约赶往城堡，向领主提出新的要求。但是领主已经逃走了，结果城堡遭到洗劫。同一天，在多芒热（Domange），克吕尼修道会的城堡也没有逃脱劫数。

第二天，整个山区都爆发了反叛。维尔泽、伊热和阿泽等地的民众袭击了下列城堡后继续北上：拉福雷斯蒂勒（La Forestille）在沃苏维尔泽（Vaux-sur-Verzé）和沃苏拉内斯（Vaux-sur-Aynes）两地拥有的城堡、瓦兰（Vallin）在圣莫里斯的城堡。其中一部分人来到皮隆尼，该地遂成为骚乱的中心地带。另外一大部分人蹂躏了巴西（Bassy）的修道院农场，并进入圣让古德塞西。午后，从四面八方赶来的反叛者赶往克吕尼，蒙特维勒在当地拥有的城堡被烧毁，反叛随后蔓延至维尔，反叛者在当地时间晚上 9 点冒着瓢泼大雨抵达，他们焚毁了存放在公证处的地籍簿，然后破门而入，殴打本堂神甫并勒索赎金。

28 日，一部分山民涌入索恩河畔的葡萄园和农场，同时，大部队则继续北上。在南方，维尔的反叛者在捣毁本教区的城堡后，继续沿着弗勒维尔（Fleurville）和圣阿尔班（Saint-Albain）一路肆虐。破晓前，克莱塞的反叛者出现在拉沙勒（La Salle），当地的本堂神甫遭到了虐待，他的房屋被洗劫。伊热及其周边的反叛者穿过莱泽，在当地摧毁了日夫里（Givry）城堡。最终，他们在瑟诺赞会师：塔列朗的壮丽城堡很快就燃起熊熊火焰，从马贡都能眺望到彼处的浓烟。在北部，吕尼的反叛者前往蒙贝勒（Montbellet），捣毁了梅尔塞

（Mercey）城堡，并烧毁了马尔方丹（Malfontaine）城堡。一些人甚至闯入了于希济（Uchizy），当地的埃居尔（Écuyers）城堡也被烧毁。随后，反叛者进入法尔热（Farges），将主教塔付之一炬。在维拉尔（Villars），圣菲利贝尔-德图尔尼（Saint-Philibert-de-Tournus）农场也遭遇了同样的厄运。图尔尼（Tournus）陷入恐慌。反叛者在俄泽奈（Ozenay）转向西面，当地的城堡也被洗劫一空。夜间，反叛者成群结队露宿在群山之中，北至巴勒雷（Balleure）城堡，南至克吕齐耶（Cruzille），在中部则穿过了诺布勒（Nobles）、普拉耶（Prayes）和利斯（Lys）。反叛者沿途勒索酒食，但并未造成明显破坏。最后，他们在 29 日抵达科尔马坦。

就在这一天，反叛几乎产生了更大范围的影响，因为，那些烧毁瑟诺赞的反叛者出发前往克吕尼，当地修道院是整个地区最大的地主。这个计划似乎来自维尔和圣阿尔班。在后续的调查过程中，这两个村庄相互推诿责任，两方都声称自己是在对方强迫下参加反叛的。

最耸人听闻的谣言如下：马贡的民众正朝着克吕尼进军，目的是保卫第三等级免受外国军队的袭击，据说，司法官科唐贝尔（Cortambert）正带着大炮赶往该地，同时命令所有村庄派出支援。维尔的民众声称，他们接收的命令来自圣阿尔班的邮政局长布瓦罗（Boirot），所以，这个计划很可能源自马贡。农民自然立即希望"尽自己的一分力量"，铲除僧侣。就是最温和的人，也不禁会想"尝尝修道院食堂的伙食"。数千名男子杂乱地穿过森林，进入格罗讷河谷地。但是，当地已经组织好了抵抗。图尔尼的民兵挺进到俄泽奈。傍晚，在科尔马坦，德佐特不得不将酒食和钱物分发给陆续抵达的农民，否则他们便威胁要纵火。夜幕降临后，德佐特决定诉诸武力，他很可能得到了图尔尼资产阶级的支持，于是下令向农民开火，后者迅速溃散。

在克吕尼，市政当局还组织了一支民兵，派遣他们出城，在大道上设立路障，并向反叛者开火。反叛者一败涂地，多人被俘。尽管如此，在29日到30日夜间，那些更顽固的叛党仍然发动了小股袭击：其中一些人从克吕尼来到瓦郎热（Varrange）城堡和布特阿旺（Boute-à-Vent）城堡。科尔马坦的农民前往萨维尼（Savigny），在那里他们渡过格罗讷河，进入塞尔西（Sercy）。凌晨时分，他们的出现让圣让古勒罗亚尔陷入恐慌，随后，民兵赶来驱散了他们。这帮人原打算向塞讷塞（Sennecey）进军，毫无疑问，一旦得手，整个地区直至沙隆都将陷入动乱。

与此同时，反叛区域延伸到了马孔内南部和博若莱（Beaujolais）。26日，在克雷什（Crêches）的年度弥撒节上，民众聚集在一起，人情汹汹。同一天，在莱讷（Leynes），民众捣毁了德纳普（Denamps）出租的旧学校，此人是拜伊司法区的法官助理。这个榜样很快即被皮埃尔克洛斯（Pierreclos）的农民效仿。

8日，维尔泽反叛者采取了决定性的行动：晚11点前后，他们捣毁了波莱特位于科隆日（Collonges）的房屋，并于29日继续南下，沿途招纳当地的农民。埃塞尔多（Essertaux）城堡遭到洗劫。同样，在维基松（Vergisson），里维尔松（Reverchon）资产阶级的产业也遭到同样的厄运。苏卢特里（Solutre）的反叛者烧毁了当地的修道院，达瓦伊埃（Davayé）的反叛者践踏了本地的隐修院，沙瑟拉（Chasselas）的反叛者洗劫或烧毁了当地的城堡。

在西边，反叛蔓延至贝尔泽勒沙特尔（Berzé-le-Châtel）和皮埃尔克洛斯，两座属于贵族皮埃尔克洛斯的城堡被毁坏。30日，反叛向两个方向继续发展：一方面，圣普安（Saint-Point）城堡受到破坏；另一方面，普伊（Pouilly）和福瑟（Fuissé）的城堡也遭了难。31日，反叛继续：在南部，如里耶（Jullié）和沙西尼奥勒（Chassignole）的城堡遭到破坏，蒂镇（Thil）的城堡被烧毁。

在马孔内地区，谣言已经传入皮埃尔克洛，据说：盗匪已经来到特拉马耶（Tramayes），马上就要扑向皮埃尔克洛。这肯定是关于科尔马坦和克吕尼的谣言的回响：反叛者之间也开始互相散播恐慌。但是，他们趁着进入求援城镇的机会，闹得天翻地覆。他们捣毁了马孔内的税务局，向本堂神甫和贵族勒索赎金，拆毁风向标，这是反叛的最后一幕。民兵和骑警已从四面八方冲入该地区。

在所有这些省份，大批农民即刻或在随后数月内遭到逮捕。各地的资产阶级都与特权阶级组成了联合委员会，积极镇压农民反叛，尽管他们自己也难辞其咎。在埃诺、阿尔萨斯和弗朗什-孔泰，军队接管了维持地方秩序的任务。在诺曼底博卡日和马孔内，同样的任务交给了市镇的民兵。但是，各地进行司法诉讼的情况各不相同。在埃诺、博卡日和弗朗什-孔泰，似乎没有太多的处决。诉讼旷日持久，高等法院最终只好终止了刑事法庭的活动。在阿尔萨斯，法官迅速绞死了许多农民，或者将他们遣送至苦役船。在马孔内，资产阶级自身负责惩罚这个所谓的"第四等级"。在马贡，图尔尼和克吕尼，资产阶级设立了临时法庭，草草绞死了 26 名农民。在沙隆和马贡的刑事法庭处决了 7 人。

在城市中，民众对于这些草率的处决极为不满，7 月下旬在拉吉洛蒂埃尔（La Guillotière），这种不满引发了严重的骚乱事件：当时，国民卫队从里昂完成镇压行动，回途路过该地。马贡的档案保存了各次民众抗议活动的记载，这些抗议活动虽然没有发展到反叛的程度，但是同样激烈。小资产阶级、手工业者和城市工人无法接受下述事实：面对贵族阶级，大资产阶级破坏了第三等级的联盟，以便继续从奴役农民中获利。他们迫不及待地要展开报复了。

每一起反叛活动都有自身的特点，但是，它们之间共同的特征多于表面的差异。一如春天发生的骚乱，7月的反叛也被归咎于盗匪。但是，尽管有些流浪汉难免落草，绝大多数都不是犯罪分子。我们了解参与马孔内反叛的是什么人，因为有大批人被捕：他们是仆役、葡萄园雇工、分成制佃农、手工业者和小店主、自耕农、农场主、磨坊主、烧酒商，还有不少是地主。在被捕者当中，还有一名校长，几个执达员，几个领主守卫，两名城堡管家，此外还有吕尼的档案保管员、阿泽的公证人的兄弟。拜伊司法区的居民代表、征税员和三级会议代表经常站在反叛队伍的最前列，而且不是被裹挟的。真正的盗匪活动十分罕见：在马孔内，人们只报告了两起拦路抢劫马车的案件。毫无疑问，在捣毁城堡的过程中，并非所有人都能抵制住顺手牵羊的诱惑，其实这些物什值不了几个钱。他们经常索要金钱，因为，既然他们自视是为国王效劳，岂能白干，甚至反而赔钱呢？吃吃喝喝是免不了的，毕竟，人不能靠空气生存。但是，这些反叛的农民并不结伙抢劫，他们负责破坏，这是他们心中的头等大事。

尽管农民确信，上头下了命令，他们只是奉命行事——我们已经解释了其中的原因——但是，这里面绝没有什么阴谋。反叛具有明显的无政府主义特征，既没有策划，也没有领袖。毫无疑问，有些地方出现了领头人，若没有他们，任何集体行动都是办不到的。但是，他们的权威很不稳定，一直非常弱小。根据在马孔内地区进行的审讯获得的证词，我们可以在一幅地图上标出那些遭到指控的反叛者的流动路线，并且不难发现，这些线到处交叉，显示有小股人群在该地区随机流动，在那些名气足以吸引他们的城堡周围才汇聚在一起。向克吕尼的进军是唯一的例外，但是可以肯定，最终一定会有人想到袭击这座大修道院的主意。当时的一些人，很快就了解到所谓的"命令"是谣传，并竭力探寻背后的真相，他们没有错。显然来自德佐特的一份报告总结说："幸运的是，在这群人当中，没有一个人受过足够的教育,或者足够有头脑,能够领导这些仓促起事的人。"沙隆的拜伊司法区的刑事法官助理审判了24名囚犯,他也得出了类似的看法:"除了抢劫,或者他们自视正当的放纵,背后别无其他的动机。他们聚集起来,共同目的是破坏城堡和房屋,焚毁地籍簿以便拒缴地租。当然,不妨补充一点,他们也是被常见的仇富心理煽动起来的,随着总体局势日趋激烈,这种仇恨也日渐增长。但是,在我们看来,可敬的国民议会正在调查的那种隐秘的冲动,在他们中丝毫不见踪迹。"这个判断应该是公正的。

对农民而言,摆脱间接税、什一税和封建特权这些封建压迫是当务之急。由于封建压迫的程度在各省和各教区之间差别很大,而且封建制度包含了各种形态,反叛者的诉求也多种多样,这里无法详细讨论。总之,不妨说反叛者的目的在各地都是一致的。有人可能会认为,这些农民居然相信只要焚毁农场的办事局,将贪官污吏赶走,就可以废除盐税和商品税;或者只要迫使领主公开放弃封建特权,烧掉地籍簿,就可以废除什一税和封建特权,这太天真了。

事实表明,这种想法并没有多大错,恢复已被摧毁的事物,并不容易。此外,很明显,比起贪欲,农民更渴望为过去受到的侮辱复仇,至少这两种感情不相上下。这也说明了,为什么他们要求退回罚金和诉讼费用,为什么他们要毁掉法庭的卷宗,虐待和驱逐领主的守卫以及官吏。我们还知道,农民宣称他们看到第三等级遭到抵制,才起而惩罚特权阶层,并且他们袭击的基本上都是特权阶层的房屋:家具扔到窗外摔得粉碎并被付之一炬,门窗被捣毁,屋顶也被有条不紊地拆毁。其实,纵火要简单有效得多,但是农民担心火势失控,蔓延别处,所以不大经常使用。

人们常常以为,这些是集体疯狂的表现,其实不是。民众总是用自己的方式伸张正义。例如,在1792年,利特里(Littry)的一个矿工被一个领主守卫打死，他的一群工友井然有序地来到领主的宅邸和农场，挨个捣毁或纵火焚烧，但事先疏散了其中的佃农和仆役，以免伤及无辜。一切农民反叛都采用了类似的手段。甚至，直到中世纪末期，佛兰德的资产阶级还拥有烧林权，只要他们中有人受到冒犯或者他们的特权受到侵犯，他们就通过焚毁对方的房屋来报复。

然而，驱使农民的不仅是仇恨。从与马孔内反叛有关的证词中，我们不难看出某些强烈的民俗色彩：反叛者身上洋溢着节庆的惬意，还有粗鲁的谈笑间透露出的狡黠的淳朴。民众很乐意放下手头的劳作，在外无所事事地转悠一天，就像去逛市集一样。去看看别处发生的热闹，对他们来说是一种消遣，尽管在当时可能不太正常。有时候，整个村庄都倾巢而出，村镇代表带头，后面紧跟着一帮要人，有时还敲锣打鼓。整支队伍里没有几条枪，却有大量的农具或棍棒，权当武器，年轻人尤其多：他们在革命运动中一直扮演着重要角色。有人大喊："第三等级万岁！"队伍抵达本堂神甫的居所或领主的城堡后，他们总是索要吃喝，尤其是酒水。有人把从地窖里搜到的酒桶，拖进院子砸碎，这样人人都可以尝上一口。有时，他们会闯入酒窖寻找珍酿，不过，大多数时候，他们的口味没有这么精致。面包和葡萄酒已经足够了。最挑剔的人才多要一个煎蛋卷或一点火腿，有时候他们还会把鸽舍里的鸽子都杀了煮着吃。如果领主在场，并且同意放弃他的封建特权，大多可以全身而退。但是，如果他不在，那么事情就会变得非常糟糕，特别是当夜色降临，反叛者喝得醉醺醺的时候。但就算在这种情形下，领主的代理人也可以请求宽纵一些时间，好找领主签名。威胁和暴力还时常混杂着说笑声。在科隆日，马孔内的民众赶到波莱特的乡间别墅，一路兴致勃勃地高喊"我们去炖了这只鸡"（译者按：法文中小鸡"poulet"与"Pollet"的发音近似）。他们有时候还会穿上可笑的服饰：把床单、窗帘或钟罩系在腰上，革命徽和彩票卡别在一起。极少发生伤风败俗之事：针对女性的袭击一点也没有，也没有流血事件。泰纳提到的"嗜血和兽性的恶棍"并没有出现在这里。

这些农民反叛事件，在废除旧制度的根基，即封建特权和什一税方面，起到了重要的历史作用。但是，我们不能回避对它们加以描述。它们与"贵族的阴谋"的谣言密切相关，没有这种谣言，大恐慌是难以想象的。另一方面，在好些地区，农民的反叛成为大恐慌的直接原因：例如在法国东部、东南部和中部一些地区，大恐慌源自弗朗什-孔泰和马孔内。最后，确定农民反叛发生的日期非常重要，这有助于重构大恐慌的确切面貌。与人们经常强调的观点相反，我们认为：大恐慌并没有引发农民反叛，大恐慌发生之际，反叛早已开始了。

第六章 恐惧盗匪

有关"贵族的阴谋"的谣言已经引起了恐慌,而人民的胜利本身,远远无法平息他们对秋后算账的忧虑。第三等级对阴谋的反应引发了城市和农村的骚乱,这些骚乱反过来加剧了不安。首先,随着收获季节临近,对流浪汉的恐惧达到了顶峰,结果,地方性的恐慌事件日益增加。另一方面,骚乱既散播又坐实了对盗匪的恐惧,让民众相信,盗匪与贵族有所勾结,而这种看法在巴黎早已流行开来。

在首都、多个城市和几个大省发生的悲剧事件,无疑极大地刺激了民众的想象力,使得更多人的内心受到恐惧的触动。报刊上经常刊载的私人信件,夸大了恐怖效果,口耳相传的谣言又煽风点火。

"民众心中的愤怒,是无以言表的",7 月 15 日,一个巴黎商人在信中写道,这封信刊登在 18 日的《南特通讯》上:"我们要让 20 个家伙人头落地,说到做到。我们发誓要复仇,南特的朋友们,我们比你们更快乐,因为我们会将复仇付诸行动。"23 日发表的另一封信写道:"来自这个藏污纳垢之地的 100 多名密探,被愤怒的人民处死,他们被吊在路灯上,另外一些人就在自己家的台阶上被砍头,他们的尸体被拖到街上肢解,然后扔到河里或大道上。"在瓦尔罗梅,贝洛(Bellod)指出:"7 月 14 日,第三等级的民众在巴黎屠杀了许多贵族,并将他们的首级带到巴黎和凡尔赛各街区和广场示众。"除了杀人,还有抢劫城堡和纵火。在那些保持平静或大抵安定的地区中,即便是那些最拥护革命的人,也不由得担心,总有一天自己也会卷入这种过激行为。

在大恐慌期间,各地警报频传,恰恰是由于害怕邻近城市的骚乱或者周边地区的农民反叛殃及池鱼。在一些地方,谣言蜂起,说邻近省份的爱国者会成群结队赶来,协助镇压贵族,就像1788年布列塔尼人在雷恩,或者7月14日马赛人在艾克斯的所作所为。这个消息让某些人欢欣鼓舞,却让绝大多数人陷入恐慌。7月24日,恐慌笼罩了杜埃:据传,布列塔尼人来了!17日,从鲁昂寄给格尔萨的《信使报》的信写道:"据说有5000至6000名皮卡第人,带着铁棍和长矛赶来支援我们。"26日,蒙巴尔(Montbard)组建了一支民兵,目的是"抵御当局以支持第三等级为借口招来的盗匪"。在诺曼底博卡日,农民的反叛也引起了深切的不安。东部和东南部的恐慌,其根源则是弗朗什-孔泰的反叛,以及由马孔内的反叛在福雷引发的反叛。恐慌不断繁殖:民众在自己吓自己。

各城市竭力在城墙之内以及周边的乡村地区维持治安或者恢复秩序。由于只能各自为政,各城市开始彼此合作,也同辖区内的村庄合作。但是,在一个问题上最难达成一致:粮食供应。这个问题比以往更加迫切。由于上级权力机关缺席或者无能为力,不能贯彻自上而下的仲裁,一旦爆发冲突,便容易恶化成内战,这也播下了恐惧的种子。特别是在巴黎,当地的粮食供应引发了严重的不安。选举人会议派出专员在市集上采购,并且派人四处征集粮食:7月16日,尼古拉·德·博纳维尔(Nicolas de Bonneville)赶往鲁昂。同一天,另外两支征粮队前往桑利(Senlis)、圣但尼、克莱尔(Creil)和蓬圣马克桑克(Pont-Sainte-Maxence)。21日,桑泰尔(Santerre)前往维克桑(Vexin)执行任务。25日,另一支队伍前往布里孔泰罗伯。

民众的敌意显而易见。运粮车队需要巴黎民兵护送。还有一些队伍奉命搜查据说囤积了小麦的城堡,保护磨坊和粮店:19日,他们来到了科尔贝(Corbeil),搜查了舒瓦西勒鲁瓦(Choisy-le-Roi)和沙马朗德(Chamarande)两座城堡。27日,布里耶纳伯爵夫人在利穆尔的城堡,还有拉布里什伯爵夫人在阿尔帕容(Arpajon)附近的城堡也遭到搜查。有人报告,蓬图瓦兹囤积了大量粮食。18日,巴黎派遣卫队护送专员前往当地。一听到这个消息,当地人情汹汹,民众武装起来,抵制征粮。21日在埃唐普的形势更加糟糕:三天前,巴黎派遣专员来到该地,要求居民用小麦交换面粉。突然,一些旅客传来消息,说一支队伍,连同反叛的农民,正朝着城镇进发。这个消息引起了真正的恐慌。当地民众鸣钟示警,武装起来,决意要"英勇保卫家园",当然包括当地的粮食。后来,民众得知巴黎民兵只是来护送即将到来的车队,事态得到平息。事实上,民兵最后还是要求当地无条件交出200袋粮食。据说27日还有另外一支队伍前来,这个消息引发了新一轮动荡。

此外,巴黎征粮队对圣日耳曼居民的盘剥,引发了蓬图瓦兹的首轮恐慌。由于当地的市政厅一无所有,从15日开始,他们只好抢劫来自普瓦西的粮食运输车。16日,他们前往普瓦西市郊,拦截了40多辆运输马车。同时,他们还搜查了商人和磨坊主的货栈。17日,一名磨坊主在圣日耳曼被处死。同一天,一名来自皮瑟的农民遭到绑架。骚乱从维克桑南部蔓延至默朗和蓬图瓦兹。早在17日,恐慌就在蓬图瓦兹爆发:谣传有五六百人正朝蓬图瓦兹进发,"索取头颅"。"当地全体居民惊恐万分,躲在家里,彻夜不敢安睡"。18日,巴黎的专员抵达,进一步加剧了骚乱。萨利(Salis)步兵团经过此地,及时平定了骚乱。各个地区无一能够免受巴黎征粮队的骚扰,无论这些队伍是井然有序还是杂乱无章,都在乡村地区引发了警报。在香槟,大恐慌似乎在诺让、蓬和罗米伊南边的村庄首先爆发。20日，在这些地方爆发了市集骚乱。另外，农民进入城市市集，往往引起后者的警惕。26日，在沙乌斯（Chaource），面临"粮食短缺引发的邻近村庄的威胁"，当地采取了防范措施，这标志着大恐慌的爆发。

现在，我们来看看城市骚乱的最主要后果：7月14日之后，有谣言说，由于市政当局采取了防范措施，盗匪团伙（现已是万夫所指的罪魁）为了逃避镇压，决定化整为零，分散到各省活动。这个谣言不仅仅在巴黎散播。法国西南部，例如波尔多，也被当作盗匪集散中心，但是，首都的局势比其他城市都要恶劣。在大恐慌的诞生过程中，这个谣言发挥了关键作用。那些将大恐慌视为一架精密机械产物的人——尽管没有任何证据——也主张，盗匪外流的消息是有人蓄意放出的。

然而，我们已经证明，相信巴黎及其周边地区有"盗匪"出没，这是一个非常普遍的看法。国王需要以盗匪为借口召集军队，资产阶级需要盗匪作为组建民兵的合法理由。我们知道，出于政治原因被认定具有严重危害的所谓盗匪，其实是巴黎的流动人口，主要由失业工人组成，包括蒙马特济贫工场的工人，一些巴黎郊区以走私为生的小民，最后，还有这个大都市随处可见的流浪汉，他们或成群结队，或孤身一人，在城市周围游荡。7月24日，选举人会议下令搜查各大采石场，因为谣传这些地方窝藏盗匪。30日，一支分遣队前往梅尼蒙坦（Ménilmontant）搜查盗匪。31日，一群蒙马特的工人在蒙梭（Monceaux）平原上遭到追捕。《半月纪事报》报道："谣言说，有很多居心叵测的人甚至是盗匪在巴黎游荡，我们在圣安托万的福堡逮捕了几个小偷。"7月27日至30日的《巴黎年鉴》也报道："夜间，无数在革命时期获得武器的流浪汉，在巴黎城墙的周围组成了走私大军，走私违禁物品并在郊区出没的强盗团伙也随之壮大。"

除了走私违禁品，他们还触犯了什么普通刑律？骑警的出警记录记载了一些犯罪行为。7月14日上午10点，没穿短袍的迪弗雷纳（Dufresne），在下库蒂勒（Basse Courtille）遭到几人的抢劫，他们随后还抢劫了其他人。16日，默伦的一名律师乘坐敞篷马车来到巴黎，途中遭到拦截并被抢劫。21日晚，4名躲在一块小麦地里的男子袭击并抢劫了圣但尼的本堂神甫。选举人会议在一封致埃夫勒市政当局的信件（此信后面还要继续讨论）中宣称，有许多假冒巡逻队的人在附近出没，十分可疑。此外，肯定还有许多此类事件未被记录下来。尽管不必过高估计这种不安情绪，也不能不承认，巴黎街头尤其是郊区发生的骚乱，对此一定有推波助澜的影响。这里有国王的军队驻扎，但逃兵人数相当可观。市集骚乱，加上类似圣日耳曼居民派出的队伍，都吓坏了农民。

无论如何，在7月14日之后的两周时间内，巴黎郊区的所有教区都只回荡着一声呼喊：从首都出逃的可疑分子已经占据了本地。这几乎总是当地民众呼吁进行武装的唯一原因：例如，7月14日在斯索（Sceaux），16日在叙雷讷（Suresnes），19日在戈内斯（Gonesse）和桑特尼特卢昂布里（Santeny-en-Brie），21日在舍维伊（Chevilly）和拉伊（L'Hay），22日晚在马库锡（Marcoussis）。马库锡村的决议特别有趣："据传，自巴黎市组建资产阶级民兵以抗击当地的游民大军以来，大量可疑分子逃离了该市，分散到邻近的乡村。为了抵御他们的入侵，制止他们破坏秩序和实施抢劫，各教区，包括从巴黎直至蒙莱里（Montlhéry）大道附近的教区，为了保卫家园，特组建资产阶级民兵。"马库锡村距巴黎20多公里，并不曾受到从巴黎逃散的盗匪的滋扰，但是，不难解释在22日晚该村为何如此担惊受怕：奥尔日河附近的村庄早已惶恐不安，就在当天清晨，一群骚乱分子在富隆的家里抓住了他，把他拖到巴黎杀死。

在某些地方，这类恐惧心理已经引发了真正的警报。在布日瓦尔（Bougival），引发警报的是领主本人——梅姆（Mesmes）侯爵。他的城堡管家警告他，城堡可能有不虞之灾，并且邻近的各教区也害怕他们的家园和庄稼被"据传遍布当地的盗匪蹂躏"。7月15日，侯爵从凡尔赛宫连夜赶回，在傍晚5点左右命令教堂执事鸣钟示警，集合居民。本堂神甫同这位领主有过诉讼争执，竭力反对，喊道："身为国王军队的中将，跑来煽动平和的百姓，岂不令人羞愧！"梅姆侯爵或许被唬住了，只好告诉赶来的民众："可能"有些犯罪分子从巴黎逃到了本地，因此有必要警惕陌生人。

同一天，在索城，一名男子因涉嫌"多方骚扰和恐吓教区"而被捕。他曾是洛林的马尔维尔（Marville）的一名纺织工，也是一个老逃兵，持有日期为4月28日的通行证。据说，他"在前胸上挂一块白色哔叽，上面的十字架图案颇类似于慈悲兄弟会的标志"，他向居民乞求施舍时声称："他自己，加上其他几人，被推举出来为七八名散布在乡村地区的布列塔尼人乞求一点食物……他们来自圣克洛公园，在那里，清晨8点的时候他们抓住了王后。他本人就大力参与了此事，王后已经被带往一个安全之所。他补充说，他身上还带着一把手枪……他保证第二天还会回来。"此人后来辩解说，自己只是想要引起民众的同情。但是，就这么一个人，仍然足以让整个城市陷入恐慌。

25日，在巴黎北部的维勒塞克（Villers-le-Sec）——该地两天后爆发了大恐慌——出现了一种原因不明的恐惧心理：一个当过零售商的男子，当时住在巴黎的五钻大街，他跑到市政厅宣布，自己的教区受到了"盗匪的威胁"，当局授权他征召一支20人的队伍，并允诺提供食宿。选举人会议面临着无休止的代表上访，都是来请求支援或者要求批准武装的。27日上午，"在做了更积极的调研工作后"，他们尝试恢复郊区的秩序。可惜，就在同一时间，大恐慌爆发了。

关于盗匪的谣言越传越远，很快就传入邻近巴黎的各省。17日，谣言突然袭击了塞纳河畔巴尔。20日，谣言传入塞纳河畔蓬（Pont-sur-Seine）。21日，传入奥布河畔巴尔（Bar-sur-Aube）。22日，传入托内尔。26日，传入约讷河畔蓬、埃尔维（Ervy）、沙乌斯和圣夫洛朗坦（Saint-Florentin）。20日，埃夫勒也听到了谣言。

正如巴黎郊区的形势一样，各地的骚乱进一步加剧了这一谣言，因为市政当局非常乐意将骚乱归罪于外来陌生人，以便开脱责任。事实上，巴黎正是这样做的。同样，7月21日，圣日耳曼市政当局向国民议会派遣了一个代表团，辩解说，他们与索瓦日（Sauvage）的杀人事件无关，因为"这是一撮携带武器的陌生人干的"。沙特尔也将23日的骚乱归罪于同样的原因。这些地方的总督毫无异议地认可了这些理由，还协助谣言进一步传播。

奥尔良的总督在26日的信中提到沙特尔的骚乱："一群从巴黎逃出的盗匪激怒了本地民众"，他还补充说，杜尔当（Dourdan）的选举"遭到了一群因畏惧惩罚而从巴黎逃出的盗匪的滋扰，混乱不堪"。24日，亚眠的总督指出：皮卡第的民众是"被巴黎驱逐的盗匪激怒"的。前一天晚上，盐税总督也表示担忧："你们从巴黎赶出的强盗"可能会造成新的麻烦。27日，特鲁瓦的市长和调解局毫不迟疑地向沙隆的总督和调解委员会报告：盗匪确实存在。他们并未在当地制止谣言的传播，只是向巴黎的选举人会议要求解释。他们获得了答复，但是肖德龙先生对香槟的大恐慌做了详尽的研究，却始终未能发现恐慌的根源，于是他怀疑这可能是一起阴谋：巴黎市政当局在爱国代表的默许下，公开宣告"盗匪离开了"，以便激励外省的民众拿起武器——当谣言传来，他们往往也确实这样做了。

写信向巴黎咨询的不只是香槟的民众，埃夫勒也这样做了，迪布勒伊（Dubreuil）先生发表了该地在 7 月 24 日收到的答复。这封来自选举人会议的书信，只是概述了我们提到过的事实，并表达了巴黎一带普遍存在的忧虑："你也知道，这个首都总是充斥着无业游民，他们总喜欢躲避外省邻居的目光。特别是这个阶级的人一有风吹草动就奔向武器库，不惜一切手段夺取武器，从而让恐慌变得更加可怕。早些时候，我们在各区的分部无法避免与那些既无职业也无恒产的人混杂在一起。我们很快就感到，有必要对各区真正的居民进行列表分类，以便我们按部就班地收缴某些人手中的武器，这些人最有可能滥用它们。在人口众多的大都市，这个计划已经尽可能加以执行，但还有待贯彻。非法巡逻队仍然存在，最轻微的骚动都会让我们的广场挤满各色人群，大都不是本地公民。无疑，大群流浪汉逃离巴黎后，化整为零，但是，我们希望，对于各省来说，他们并不那么可怕。"

自然的结论就是，各城市也要组建民兵，而村庄不行，显而易见，如果选举人会议有意散播恐慌，他们不会以这样的口气写信。

除了邻近巴黎的各省，谣言的传播主要通过旅客，以及私人或官方的通信和报纸。在香槟地区，18 日，在约讷河畔新城，市政当局的检察官也提到了"流浪汉"可能引发的危险，因为他刚刚目睹了巴黎发生的事件。我们已经看到，旅客如何将对盗匪的恐惧传播到沙尔略。《南特通讯》在 25 日公布了一封书信的摘录，信中将巴黎的动荡归罪于英国人，还有同英国人勾结，企图"烧毁巴黎最宏伟建筑的歹徒……英国人及其无数同伙已经逃到了乡村地区，打算继续从事恐怖的破坏活动。在普瓦西的圣日耳曼昂莱（Saint-Germain-en-Laye），他们大肆污蔑清白无辜的公民，指责他们囤积粮食"。可见，当局也为传播恐慌推波助澜。根据沙托贡蒂耶的委员会的报告，曼恩的恐慌是由沙特尔和勒芒两地的市长引发的，前者告诉后者："大批盗匪已经逃出了巴黎，蔓延到各省市"，后者连忙警告本地的本堂神甫。在一些地方，可疑人员的出没仿佛证实了关于盗匪的谣言。22日，有5人在埃夫勒被捕，其中有一名屋面工，他是诺曼底本地人，刚从巴黎返回。8月5日，日索尔（Gisors）附近的一位女士写道："我知道你们摆脱了蒙马特的盗匪，有些经过本地，我们抓住了几个。"其中一人告诉某个圣路易骑士："他是米拉波派来的，一共有500多人，散布在各省刺探消息。"在沙罗勒，局势更加严峻。26日，一名马车夫被捕，他参与了13日对圣拉扎尔的抢劫，弄到700路易后立即逃之夭夭。

毫无疑问，各省爆发的骚乱在当地也引起了恐慌，这与巴黎的情形相似，进程也差不多。7月9日，里昂市的助理法官公开宣布："我们如今目睹自己的城市遭到盗匪的袭击，这些盗匪企图在王国各地煽动动乱，结果被驱赶至此，但到我们这儿后继续图谋不轨。"毋庸置疑，安贝尔-科洛梅斯接受的恰恰是革命的号召！

如果说，盗匪逃离巴黎的说法一直不断，例如29日在图勒，30日在福卡尔基耶，那么，我们还注意到，随着距离越来越远，谣言中盗匪的来源也越来越不明确。19日，在隆勒索涅，据说盗匪是"从首都被驱逐出来的"；20日，在福雷的圣日耳曼拉瓦勒（Saint-Germain-Laval），据说盗匪"在各省蔓延"。30日，在讷韦尔，据说盗匪"遍布各处"。在图勒，据说盗匪来自巴黎"和其他一些地方"。还有一个佐证：22日，在瑟米尔（Semur），"一听到盗匪团伙在本省到处制造混乱的消息"，居民便自发集结起来。这里没有提到巴黎，这个消息来自第戎和欧坦，正是在7月19日和20日奥克松和圣让德洛发生骚乱之后。之后，谣传被判刑的囚徒加入了"盗匪"的队伍。确实，在吕克瑟伊莱、皮埃尔恩西泽和艾克斯等地，骚乱分子闯入了监狱，更不要说攻占巴士底狱了。29日，图尔市政当局通知布莱诺（Blénod）当局："谨告知，大批盗匪从巴黎和其他地方越狱。"这又导致大恐慌期间谣传苦役船上的囚犯也集体逃跑了。

最后，有人还提到了经过各省的外籍军团。其实，这些军队是国王召集到巴黎附近驻扎的，后来被遣送回原驻地。但是，在民众看来，这些军队是跟着盗匪的脚后跟到来的，而且他们同欧洲各国的专制君主借给阿图瓦伯爵的军队之间几乎没有什么区别。

既然民众坚信有盗匪出没，盗匪仿佛真的在各地现身了，例如在巴黎周边也爆发了恐慌。20日，在韦尔讷伊，在莱格尔的骚乱发生之后，谣言四起，说有600名武装反叛者正在进发，距此不过一里地。26日，在塞纳河畔吉埃（Gyé-sur-Seine，），几个陌生人的行迹便足以"引发恐慌"。在克拉姆西（Clamecy），29日上午，也就是大恐慌席卷该地的几小时前，有人说艾扬（Aillant）河谷的一些农场被盗匪纵火烧了。其实，火灾很可能是偶然引发的。28日，在希农堡（Château-Chinon），代表报告："大批盗匪和流浪汉，要么从监狱逃脱，要么被王国的各大城市驱逐。我们甚至看到好几伙盗匪躲到了本市周围的密林中。"22日，在布里夫，市政当局将7月14日的事件通报给当地居民，同时警告："圣塞雷（Saint-Céré）和博略附近也出现了盗匪。"这就是说，谣言是朝南传播，而不是朝北；如果巴黎是谣言的唯一来源，才会出现后一种情况。

我们无须假定，传布谣言是革命派深思熟虑的谋划。这却不等于说，在各地煽动武装民众的演说家没有故意推动谣言的传播。他们相信盗匪真的存在。而且，他们也对这类消息加以利用，或多或少有意地用来达到自己的目的：在诸多对他们的指责当中，这部分我们可以认为属实。

一开始，有些人不知道局势会如何发展，便巧妙地用这种危险来为武装民众辩解。例如，17日，布尔格市政当局就是这样向该省的卫戍司令古韦尔内解释当地居民在前一天晚上未经同意采取的严厉措施的。同样，24日，沙托贡蒂耶的委员会也不失时机地利用大恐慌，为他们在18日颁布的相当激进的法令做辩解。另一方面，通过号召组建民兵，他们不仅可以抵制贵族，也可以控制民众，巴黎就是如此，但这一点不容易证实，因为民众要么在现场，要么不乏获取消息的渠道。"盗匪"的出现恰逢其时，正好迎合了那些力图稳定秩序的防范措施。

最后，"盗匪"也可能被用来应付上级部门，或者说服那些对非法武装犹豫不决的公民。在推动组建民兵的过程中，各地的领袖根据不同局势进行了多种多样的考量。19日在隆勒索涅，一名大会成员对盗匪只是一笔带过，却极为严厉地声讨贵族，因为他认为贵族更加有罪，也更加危险。相反，23日在欧坦，主要的忧虑是平民的反叛："组建（民兵）是最明智的举动，我们必须准备好击退共同的敌人，更重要的是扼杀反叛的苗头，一旦有这种迹象，就要向卖国贼和骚乱分子展示我们拥有武器，而且决心使用武器。"

在奥尔良河谷地的圣但尼-德约泰（Saint-Denis-de-l'Hôtel）村的代表认为，迫不得已武装民众的诸般理由都很有道理，而他的看法似乎代表了资产阶级的普遍立场，包括大资产阶级和小资产阶级、城市资产阶级和农村资产阶级。31日，他宣布："自本月13日首都发生革命以来，公民认为自己的人身和财产均受到了威胁。他们之所以恐惧，原因在于：（1）那些或真或假的报告，这些报告在猛烈的风暴降临那一刻就公之于世，风暴当时险些将首都夷平，正是巴黎这个伟大城市的爱国公民采取了有力举措来消弭风暴。整个法国都深受风暴的震撼。（2）自首都逃出的大群盗匪，他们将恐慌心理散布到各省，绑架人民作为人质。（3）持续过久的饥荒，引发了各种谣言和民众的愤怒，如果不从源头上制止，将会十分危险。"

但是，无论如何，在民众心目中，对贵族的恐惧和对盗匪的恐惧总是如影随形。这极大地推动了贵族阴谋论(已在巴黎甚嚣尘上)与盗匪恐惧心理的合流。这与 1848 年的恐慌有着显而易见的相似之处,全国各地都害怕反叛者前来威胁自己的财产和生命。风声鹤唳、草木皆兵,警报肆无忌惮地传播,只是因为人人都在等待着警报响起。然而,1789 年的恐慌要更加刻骨铭心,影响深远。这是因为整个第三等级都觉得自己岌岌可危,觉得反叛者受了阴险贵族的煽惑,充当了国王的外籍雇佣军和流亡贵族招来的邻国军队的帮凶。而且,威胁不仅来自巴黎,还来自各大城市。另一方面,在 1789 年,当时法国的经济和社会环境,饥荒和流浪人口规模,比起 1848 年,都更加有利于地方性恐慌的爆发,进而形成了大恐慌。这也说明,这种现象一旦大规模爆发,就会发展成为全国性事件。

第三篇

大恐慌

第一章　大恐慌的特点

对盗匪的恐惧在冬季行将结束之时首次浮现，7月中旬以后达到高潮，并逐渐蔓延到全国各地。尽管这种恐惧心理引发了大恐慌，但对二者必须有所区分。

大恐慌具有自身的特点，例如：此前，盗匪来袭只是一种可能，令人担惊受怕，后来却成了确凿无疑的事情，仿佛看得见摸得着。一般来说，对盗匪的恐惧会伴生某种恐慌，但也有例外，有时民众只是一味防御，或者警告组织起来的民兵保卫秩序或者抗击贵族。然而，这类警报并不是新生事物，我们已经多次提到这一点。大恐慌的特点是，这些警报传播得非常迅速，而且范围极广，不局限于一地。在这一过程中，警报又造成了新的印象，仿佛真有盗匪出没，同时也引发了新的骚乱，加速了事件进程，甚至让警报如同接力一样逐级传递。

对盗匪的恐惧也可以如此解释：民众轻信盗匪来袭，正是因为这在他们的预期之中。恐慌潮的数量并不太多，却覆盖了法国大部分地区，由此造成了大恐慌无处不在的印象。恐慌潮的蔓延都很迅猛，由此造成了大恐慌在各地"几乎是在同一时刻"爆发的印象。其实，这两个印象都是错误的，它们无非反映了当时人的感受，以及人们之间的以讹传讹。一旦相信大恐慌在各地同时爆发，就必然要相信，明显有奸细在故意挑拨，归根到底，是有阴谋。

革命派立即将之当作"贵族的阴谋"的新证据：有人打算恐吓民众，以便复辟旧制度，或让民众陷入一片混乱。31 日，莫珀蒂写道："警报几乎是在同一天传遍了整个王国，就像是某个阴谋的延续，构成了将整个法国推入火坑的邪恶计划的一环。怎能想象，若非有人故意散播，警钟怎会几乎在同一天的同一时刻在各地敲响？"8 月 8 日晚，有人在国民议会宣布，波尔多据说逮捕了一名信使，此人刚穿过普瓦图、昂古莱姆和吉耶讷，沿途宣告盗匪来袭。一名议员惊呼："邪恶的同盟还未被彻底粉碎，反叛领袖逃散各处，有可能死灰复燃。据我们了解，部分教士和士绅卷入了此事。各村社一定要严加防范。"

7 月 28 日，国民议会组建了一个调查委员会着手调查。9 月 18 日，该委员会写信给圣弗卢尔（Saint-Flour）拜伊司法区，通报马西亚克（Massiac）爆发的恐慌及其后续骚乱："看来，几乎在同一天各省都有人挑事，这让我们相信，有一个预谋已久的阴谋，尽管根源尚不清楚，但有必要加以揭发。"8 月 10 日的通告也公然支持这种说法："国家公敌眼见无法用暴力专制来阻止民族复兴和重建自由，似乎炮制出了通过制造混乱和无政府状态来达到这一罪恶阴谋的目的。他们不择手段，在同一时期，甚至就在同一天，在王国各省散布虚假警报，宣布子虚乌有的外敌入侵和盗匪来袭，以便肆意为非作歹，危害人民财产和生命安全。"革命者丝毫不曾料到，就在他们谴责贵族的阴谋的同时，也无意中为大恐慌的爆发做了准备。

事实上，局势的发展变得不利于贵族，大恐慌促使民众拿起武器，引发了新一轮农民反叛。俗话说，受益者常是始作俑者（Is fecit cui prodest）。于是，反革命阵营谴责对手，认为他们应该承担责任。9 月 25 日，杨格在都灵的一家餐馆吃饭，席间听到几个流亡贵族谈论最近发生的骚乱，便问："这些暴行究竟是谁干的？是农民还是盗匪？对方回答说，肯定是农民，但是一切罪恶的源头是国民议会某些领袖的阴谋，还有某个大人物的资助"，他们口中的大人物是指奥尔良公爵。"国民议会一旦驳回米拉波伯爵的提议（他希望请求国王恩准组建民兵），就向四面八方派出信使送去警报，说盗匪团伙在贵族的挑唆下四处流动，烧杀抢掠，敦促民众为自卫而立即拿起武器。从王国各地获得的消息来看，人们相信，这些信使是同一时间从巴黎出发的（杨格在一个脚注中提到，后来他在巴黎确证了这一点）。此外，还有人假传国王及其参议的命令，煽动民众烧毁贵族的城堡。因此，仿佛着了魔一样，整个法国一下子就武装起来，庄稼汉则犯下了令王国蒙羞的暴行。"我们很早就在当时的文件中找到了这种说法。

1790年1月24日，德龙（Drôme）的蒂莱特（Tulette）的本堂神甫，在教区登记簿上写道："7月29日，在同一天同一时刻，整个王国到处都响起了警报，这是那些国民议会派出的使者的杰作，他们一心想武装民众。"拉利-托兰塔尔在《致选举人的第二封信》中也采用了这种说法。那些持反革命立场的历史学家，例如博利厄（Beaulieu）和蒙加亚尔（Montgaillard），在他们的著作中，还有在形形色色的大革命回忆录中，都采用了这个说法。此后，一代又一代人采信了它，不加任何检验。博尼奥（Beugnot）在回忆录中提到，他试图"寻根溯源"，他质询了科隆比（Colombey）的农民：究竟是谁把恐慌传到舒瓦瑟尔（Choiseul）的？这个农民坚称自己的消息来自蒙蒂尼（Montigny）的某个居民，博尼奥估计，再问蒙蒂尼的人，结果也是大同小异。于是，他放弃了，转而相信阴谋论。其实，他应该从一个村庄到另一个村庄，一直追溯到弗朗什-孔泰。但只有当局才能着手进行有计划的调查，廓清疑云。在1848年就是这样做的。这并不意味着，当局完全忽视了可能的敌对活动。

5月和6月，多起阴谋被揭发，当局每次都试图廓清真相。例如，5月8日，当局逮捕了一名来自巴黎的男子，据说"此人非常可疑，还发表了诽谤和煽动言辞"。21日,皮伊塞居(Puységur)部长提醒警察总监:"这人很可能只是一名流浪汉,不值得大惊小怪,但是,他也可能受到某些阴谋策划者的利用。"他下令派遣一名经验丰富的警察前往莫城对他进行审讯。该名囚犯被移送至沙特莱(Châtelet),6月10日,部长承认:"无法从此人的供词中得出预期的结论。"因此,政府的疏忽似乎被过度夸大了。

在农民反叛和大恐慌期间,那些传播假消息和所谓的命令的人也受到了调查。正如前面提到的马孔内骚乱:答复都不足以得出类似结论。但是,毫无疑问,当局进行的调查是毫无章法的。因此,今天我们更难就这类调查得出恰当的结论。尽管如此,在力所能及的范围内,我们能够收集和对比大量当时的政府文件。在面对接二连三发生的事件时,当局来不及将这些材料一一归档。至少在某几个地区,我们有可能追溯到触发恐慌的源头性事件,弄明白恐慌的传播方式和传播路线。

据说(这种说法迄今仍然流行),在1789年,大恐慌是一种普遍现象,因为人们将它与对盗匪的恐惧混为一谈。承认有盗匪并且随时可能来袭是一回事,而想象盗匪真的出现却是另一回事。第一种状态很容易向第二种状态转化:否则就难以解释大恐慌是如何发生的。但是,这种转化并不必然发生。如果说所有法国人都相信有盗匪,大恐慌却并没有在法国所有地区爆发。几乎整个佛兰德、埃诺、康布雷齐、阿登都未见大恐慌爆发。洛林也几乎免疫。大多数诺曼底人都没有感受到恐慌,布列塔尼也几乎没有任何迹象。梅多克(Médoc),莱斯朗代(les Landes)和巴斯克(basque)地区,下朗格多克(Bas-Languedoc)和鲁西永(Roussillon)几乎不曾遭受恐慌袭击。在爆发了农民反叛的地区,如弗朗什-孔泰、阿尔萨斯、诺曼底和马孔内,也不存在大恐慌,充其量有个别地方传出了警报。但是,这种由来已久的混淆在人们头脑中是如此根深蒂固，以致于试图对这一现象进行客观分析的著作家也难免受到影响。因此，他们的研究遵循了错误的方向，他们的努力也得不偿失。

对盗匪的恐惧在很大程度上来自巴黎——我们已经指出，巴黎不是唯一的渊薮——于是，他们得出结论：大恐慌也来自同一地方。他们不去根究各地那些引发大恐慌的事件始末。肖德龙先生对香槟南部大恐慌的研究就是如此。其实，只要对比一下相关的日期就不难得出结论："地震中心"就在本省，不在巴黎。结果，许多著作家都认为，大恐慌的爆发，是以巴黎为中心，像涟漪一样渐次传开。事实上，恐慌的震中有好几个，其传播方向往往也是不规则的。在法国北部，从克莱蒙和苏瓦松传来的恐慌朝着巴黎进发，而在南部，香槟的恐慌引发了加蒂讷（Gâtinais）的恐慌。

人们还坚信，大恐慌是在各地同时爆发的。这种观点更加站不住脚。我们无须苛责那个时代的人，他们毕竟缺乏信息，但是，我们今天已经掌握了充分而且非常准确的资料，可以得出确凿无疑的结论。莱莫日和普瓦图的恐慌，始于20日的南特。本省东边的曼恩的大恐慌，始于20日或21日。弗朗什-孔泰的大恐慌始于22日，蔓延至东部和西南部。在香槟南部，大恐慌始于24日，克莱蒙和苏瓦松的大恐慌始于26日。在西南方向，大恐慌于28日离开了吕弗克，于8月4日传到普罗旺斯的巴尔若勒，同月6日又传到了比利牛斯山脚下的卢尔德。

一旦仔细研究大恐慌的起源和传播机制，阴谋论就经不起推敲了。许多文件都提到了传播恐慌的人群，他们没有什么神秘之处，只是真诚地相信自己带来的消息。有些人，例如博尼奥，宣称这些人只是受人指使，因此，根究他们的来源就可以证明阴谋的存在。但是，人们恰恰难以追溯到一个唯一的来源。据说源点的数量不超过10个，但极为分散。这样一来,有计划地派出信使这种说法,如何让人信服?

最后,赞成阴谋论的最根本理由在于:有人认为,大恐慌确实对反革命逆流有利,还有些人认为,大恐慌催生了民众武装和农民反叛。很明显,大恐慌并未对贵族有利,尽管它毫无疑问加速了民众武装,引发了新的农民反叛。但是,在这两方面,大恐慌并不是唯一动力。以下事实是毋庸置疑的:自从民众开始害怕流浪汉,他们就开始武装自己;当贵族阴谋论甚嚣尘上以后,这个进程加速了,但这都早在大恐慌爆发之前。资产阶级从未打算武装农民。诺曼底博卡日、埃诺、弗朗什-孔泰、阿尔萨斯,甚至马孔内的农民反叛,都早于大恐慌的爆发。多菲内的农民反叛,或许是唯一在大恐慌之后发生的事件。在农民反叛和大恐慌之间,除了多菲内,没有什么迹象表明后者必须依赖前者才能发生。恰恰相反,弗朗什-孔泰的反叛引起了东部的恐慌,而博卡日、埃诺和阿尔萨斯的反叛却没有引发任何反应。此外,阴谋论要成立,还必须证明:资产阶级革命派急于挑起农民反叛。但一切证明恰恰相反。

对盗匪和贵族的恐惧、农民反叛、民众武装和大恐慌,属于四种不同现象,尽管它们之间存在明显联系。如果要研究这四种现象中的大恐慌,我们就必须在确定研究方法的时候,牢牢记住这一基本观念。

第二章　最初的恐慌

我们认为，恐慌的传播一共有五个潮流。其中一个，也就是起自克莱蒙的那股恐慌潮，应该进一步分为两个不同潮流。我们已经非常清楚其中三个恐慌潮的起点。对于另外两个，我们还缺乏足够清晰的资料，但是，我们可以大体说明它们的起因。至于曼恩，因资料所限，只能找到大致的起点。

最初的两起恐慌事件同民众对贵族阴谋的反应密切相关，因而与法国的政治局势有关。在东部，恐慌源于弗朗什-孔泰的农民反叛，这一点毫无疑问，因此，我们这里着重追溯恐慌的传播机制。莱莫日和普瓦图的情况要复杂一些。正如我们看到的，南特因罢黜内克尔的消息而爆发了骚乱。7 月 20 日中午，谣传一支龙骑兵正在向蒙泰居（Montaigu）进发，旨在恢复南特的秩序。谣言起于何处，我们一无所知。但是，考虑到 7 月 13 日和 14 日在巴黎也传出了类似的警报，这并不奇怪。当地民众立即拿起武器，迫使军火商交出店里的存货。皮尔米尔（Pirmil）桥上也设置了守卫。资产阶级骑兵冲出城市，引发的震动一直波及格朗德里约湖（lac de Grandlieu）。

正是这些举动反过来又引发了恐慌，《南特通讯》在 7 月 25 日证实："据悉，心怀不轨之徒有意歪曲了南特民众进行武装的目的，在邻近村庄散布可怕的恐慌。只有那些以国家的不幸取乐的人才会想要抹黑这样一个富庶都市的英勇民众，这些民众才是邻近乡村地区的灾害的最直接受害者。"遗憾的是，《南特通讯》将农民的错误归咎于贵族，却没有解释为什么农民把南特人当成了盗匪。很可能，当农民远远望见行进的队伍，就感到惊慌失措：许多地方性的恐慌正是这样爆发的，我们还会举出更多例证。但是，农民也可能害怕南特人下乡征收余粮。早在19日，一支队伍就前往潘伯夫（Paimboeuf）拘收了运粮船，还有镇上剩余的火药。这些战利品在20日被运到南特。因此，粮食短缺和城乡对立，与政治危机结合，在法国西部引发了恐慌。

在其他地区，引发恐慌的原因是经济形势和对流浪汉的恐惧。克莱蒙的大恐慌，起因于农民保护庄稼的忧虑，以及偷猎者和猎苑守卫之间的冲突——远远望见一大帮吵吵嚷嚷的人，埃斯特雷-圣但尼（Estrées-Saint-Denis）的居民吓坏了。7月26日，总督写信给骑警队长："上个星期日晚，一些偷猎者与在埃斯特雷埃圣但尼的猎苑守卫发生了激烈争执，事发地距此4里。本教区的居民，一如所有的乡村小民，总是疑心有人要来偷割庄稼，他们远远望见偷猎者和看守发生冲突，便以为是一群歹徒要来偷割庄稼。于是，他们鸣钟示警，召集全体居民。邻近的教区也是一样。"

这一恐慌潮穿过瓦兹河（l'Oise）谷地时，可能还被另一起事件加剧——28日，有人向巴黎的选举人会议报告，在博蒙（Beaumont）有两艘运粮船被抢，引发了巨大的不安：饥荒在这里也扮演了某种角色。警报一直传递到蒙莫朗西（Montmorency），此地新发生的事件让恐慌进一步加剧。根据《市镇日报》，这一事件源于庄稼收获前进行的"勘察，就是用标杆将田地分割为不同条块，好让雇工进行收割"。远远望去，做标记的人被当成了偷割庄稼的贼。塞恩德斯马松（Scène-Desmaisons）的《时政报》也报道了一起类似事件："一群工人提议帮助农场主收割成熟的庄稼，但农场主拒绝支付他们索取的报酬，于是，在无政府精神的引诱下，他们出言威胁，扬言要割掉田里的麦子，破坏收获。农场主吓得四处求援。这个消息不胫而走，而且越传越夸张。结果，附近的所有教区都鸣钟示警。"

最初在韦尔布里（Verberie）和克雷皮昂瓦卢瓦（Crépy-en-Valois）之间的贝蒂西（Béthisy）平原爆发的苏瓦松恐慌，也可以通过类似的方式加以解释。事实上，它可能是克莱蒙恐慌的一个分支。在贝蒂西爆发的恐慌，可能只是"接力赛"中的一环，不过，28日晚，热斯夫雷（Gesvres）公爵写信给国民议会主席拉罗什福科-利安库尔（La Rochefoucauld-Liancourt）公爵，认为这起恐慌是独立爆发的。

不论真相如何，引发恐慌的原因是类似的："据我们调查，这些谣言不过始于五六个微醺的陌生人之间的几句闲聊。有人看到他们躺在田边休憩，听到他们出言威胁割掉庄稼，因为农场主拒绝按他们的要求支付报酬。"克雷皮昂瓦卢瓦市政当局也报告，10来个农民在田里吵得不可开交，结果引发了恐慌。莫城的报告称，一些收割者"不顾农场主的反对，割掉了地里的黑麦，因为后者拒绝支付报酬"。

在鲁瓦（Roye），"贡比涅（Compiègne）森林"发生的偷猎者与王家猎苑守卫的争执，同收割庄稼产生的纠纷，纠缠到了一起，不过，后一事件被归罪于某个农场主：因为有竞争对手乐意接受更苛刻的租赁条件，他被地主强制"退佃"，失去了租佃权。为了报复对手，他割掉了两亩青苗。这些解释与我们熟悉的农场主和收割者之间的纠纷的解释也很协调。这类冲突在当地十分常见，因为当地流行一种"田契权"，特别是在皮卡第，这种权利禁止地主在未经退租人同意的情形下将农场出租给第三方，尽管王国的法令不认可这种权利。

7月24日，在香槟南部，恐慌出现在罗米伊以南，以及迈济耶尔大教区（Maizières-la-Grande-Paroisse）、奥里尼（Origny）和"邻近数地"，这是根据28日《特鲁瓦日报》的消息，总督代理的一封信也确认了这一点。谣言说,本州出现了盗匪,有人目睹他们正在潜入森林。"于是,当地鸣钟示警,召集了3000人去追捕所谓的盗匪……后来发现这群盗匪其实是一群奶牛。"这个故事是可信的,有许多其他的旁证,例如,某人发出警报,只是因为听到了沙沙的神秘响动,其实只是牲畜群穿过树林边缘,或者有人望见远处尘土飞扬,其实也是畜群在走动。由此可见,引发香槟恐慌的原因,可能是最微不足道的。但是,也有人怀疑,这起恐慌与南特事件非常相似,也是因为农民害怕城里人下乡征粮造成的。18日在诺让爆发了骚乱,20日在蓬市也爆发了骚乱,罗米伊应该也难逃一劫。

吕弗克的恐慌后来传播到了普瓦图、中部高原和整个阿基坦(Aquitaine),它与对流浪汉的恐慌有关,并引发了前面提到过的斯索的骚乱。利摩日总督府的秘书勒菲弗尔(Lefebvre)根据总督代理的一封信,为我们揭示了恐慌爆发的原因:当地出现了四五个陌生男子,他们穿着慈悲兄弟会的服饰,扬言来替基督徒俘虏募捐赎金。他们挨户乞讨,并不是所有人都同样欢迎他们。由于只讨到菲薄的钱物,他们离开了城市,威胁要带大队人马转回,却一去不返;只是听说他们躲进了附近的森林。这个小插曲在传播过程中不断添油加醋,最终引起了恐慌。

另一方面,我们知道,在28日,一名男子被捕,因为他宣称"附近森林有盗匪和轻骑兵出没"。关于乞丐的谣言吓坏了他,他以为真的看到了他们。他的恐惧充当了最初一轮警报的接力站,到处传述的恰恰是他讲述的故事版本。例如,在昂古莱姆,谣言没有提到假冒乞丐的事,而是说有盗匪聚集在林子里。

万塞(Vançais)的本堂神甫提到,恐慌还有一个接力站,在吕弗克以西,"走私犯和盗贼团伙,躲到了欧奈(Aulnay)、谢夫布托讷(Chef-Boutonne)和希泽(Chizé)的森林里,他们被饥饿驱使,袭击了附近的村落，搜寻面包"。除了对流浪汉的恐惧，所有这些事件的基本要素，是森林引驱的恐惧。不过，还有一个细节即提到轻骑兵，这也反映了民众相信有贵族的阴谋。

至于曼恩的恐慌，很难指明究竟是何种事件引发的。但是，多半是在贝尔纳堡发生的，此地紧临蒙米赖，这里的森林里分散着许多玻璃作坊，在1789年至1792年间，面包价格一旦上涨，该地就成了骚乱的温床。恐慌很可能源自作坊雇工的侵袭，或者，更可能与吕弗克的情形完全相同。

因此，引起大恐慌的那些最早或最初的恐慌事件，与更早一些的警报有着共同的原因。其中最主要的原因来自经济秩序和社会秩序方面，这些原因最容易在乡村引起恐慌，1789年的危机只是让它们更加恶劣。但是，为什么这一次恐慌没有局限于当地，而是四处蔓延？为什么接到警报的教区如此急切地寻求支援？7月末似乎比其他任何时候都容易产生不安情绪，另外，在收获季节临近之际，民众的心理也最为脆弱。这也解释了，为什么只要流浪汉一出现，贵族的阴谋，加上巴黎和各大城市驱逐盗匪的消息，就会引发远近震动。最后，既然盗匪已被第三等级的敌人利用，民众自然要呼吁加强全民族的团结，加强城市和郊区之间已经初具雏形的联盟。出于同样的原因，那些请求援助的人不但丝毫不曾怀疑消息有假，而且还继续传播它。

背负着主教和贵族蹒跚而行的法国农民。（法国大革命讽刺画）

M.rs les Noirs lancent leur venin anti-constitutionel contre les Decrets de l'auguste Assemblée Nationale sur l'abolition des pouvoirs temporels du Clergé.

身穿黑衣的教士正在恶言诋毁国民议会8月通过的废除教会世俗特权的法令。（法国大革命讽刺画）

M.rs les Évêques du côté gauche prononcent le serment civique décrété le 27 9.bre
jure de maintenir la Constitution décrétée et acceptée, et d'être fidèle à la nation, à la loi et au Roi.

因为害怕盗匪和国王军队的袭击，民众进行了武装。

爱国者的盛宴：据说贤明的立法者已经废除了入市税，贪婪的保税人及其爪牙无计可施。（法国大革命版画）

大革命前夕的法国农民。

巴黎总督贝尔捷和他的岳父富隆在巴黎被反叛的民众斩首示众，据说在饥荒时期，富隆说过："人民最好去啃草皮"。

骚乱民众洗劫教堂。

第三章　恐慌的传播

不言而喻，恐慌的传播者常常是没有得到授权的个人。有些人认为，他们急切请求增援，是在履行公民应尽的义务，还有人希望警告自己的亲友。旅客讲述自己的所见所闻，还有许多人是逃亡者，他们特别喜欢夸大其词，以便为自己的怯懦开脱。他们当时讲述的故事充满了绘声绘色的细节。

在孔福朗（Confolens），某磨坊主经过圣米歇尔（Saint-Michel），来到圣巴托洛缪（Saint-Barthélemy）近郊，路上遇到了一个叫索瓦热的人，后者正急忙往家赶，因为他听说骑警已经到了圣乔治（Saint-Georges），距离此地只有一公里之遥，所以他要去求援。他大声敦促磨坊主快马加鞭，把警报传到城镇里去。磨坊主回答说："别怕！帮手马上就到。"索瓦热回到家中，端起步枪，跑去迎击盗匪，磨坊主则一路狂奔，大声呼吁民众拿起武器。这些善良爱国者的热情并没有得到回报。一旦秩序恢复，委员会就将他们投入监狱。

29日上午，在罗什舒瓦尔（Rochechouart），隆戈·德·布吕耶尔（Longeau des Bruyères），韦勒河畔奥拉杜（Oradour-sur-Vayres）的一个士绅，骑马沿着沙巴奈（Chabanais）的大道一路飞驰而来，"他一边奔逃，一边高喊：说他来自香槟穆通（Champagne-Mouton），刚刚逃过一命，在那里，他看到老人、妇女和孩子遭到屠杀，太可怕了,太恐怖了,遍地都是火和血。他要赶紧回家去保护家人。你们要挺住!我们也要挺住!再见,再见!也许是永别了!"接着,他扬尘而去。

在利摩日,下列事件引发了恐慌:来自莱斯特普(Lesterp)的修道院(位于孔福朗附近)的一名日内维耶会修士在罗什舒瓦尔过夜,凌晨两点,他被几声"恐怖的尖叫"惊醒,拍马就逃。一位前私人守卫,在打猎的时候听说有盗匪出没,于是连忙跑去警告总督。一名建筑师刚刚从外面回来,前一天晚上,他在路上听到一些谣言。凯尔西的卡斯泰尔诺-蒙特拉蒂耶(Castelnau-Montratier),卡奥尔(Cahors)的邮政局长突然现身,骑着一匹从卡普桑会修士处借来的骡子,"被敲响的警钟和城市的可怕骚乱吓得惊慌失措"。在布洛涅地区的萨梅尔(Samer),"几名旅客"引发了恐慌。在奥克瓦的索略(Saulieu),引发恐慌的是从蒙特索克(Montsauche)返乡的某乡村医生。在塞纳河左岸,从新城勒鲁瓦一直到枫丹白露,来自加蒂讷的布瓦涅(Boignes)的酒商戈东(Gaudon)兄弟引起了恐慌。我们还找到一位贵族代表写给克雷基(Créquy)侯爵夫人的书信,信中认为,蒙莫朗西的庄稼被抢确有其事,因为"一位乘着驿车到来的人士亲眼见证了这群暴徒犯下的罪行"。

但是,恐慌的传播者还包括有身份的人士,甚至是当局自身,他们传播恐慌,即便不是冷静刻意为之,却也相当有章法。本堂神甫觉得自己有义务警告同僚和贵族友人。在曼恩,接到勒芒市长书信的本堂神甫在恐慌的爆发中起到了重要作用。在旺多姆(Vendôme),马藏热(Mazangé)的本堂神甫将警报传递给了市政当局,在佩里戈尔的吕贝尔萨克(Lubersac),圣西尔-莱尚帕盖(Saint-Cyr-les-Champagne)的副本堂神甫赶来报告,他的村庄正在遭受盗匪的肆虐。在萨拉(Sarlat),一名本堂神甫火速前来报告,利默伊(Limeuil)

一夜之间被烧成平地。在波旁内，屈朗（Culan）的本堂神甫写信给凡尔登的同僚，后者又向马耶（Maillet）的本堂神甫报信。

士绅阶层及其管家也参与了恐慌的传播。在多菲内，奥斯特（Aoste）的警报是由莱森（Leyssens）的修道院长、奥斯特夫人，米里奈（Murinais）骑士以及跑到拉图迪潘（La Tour-du-Pin）的华菱（Valin）伯爵夫人管家率先传出的。在普瓦图，莫莱夫里耶（Maulévrier）城堡的总管向四方发出急使，呼吁各村神甫武装各自教区的民众，并驰援绍莱。在佩里戈尔的讷维克附近，传播消息的是教士和贵族。普莱尼（Plaigne）夫人写信给贝里奈（Bellinay）男爵，请求他通知德鲁埃（Drouhet）男爵，后者也从贵族和教士那里接到了许多其他通知，包括来自圣昂热的隐修院院长。男爵自己也写了一封信给贝里奈男爵和希拉克的本堂神甫。类似的情况不计其数。士绅还派遣仆役骑马穿过村庄，传播警报。有时候，农民并不认识这些仆役。结果，又导致了关于陌生或者神秘信使的谣言。

最奇怪的肯定是当局在其中扮演的角色。如果是今天，当局在向民众发出警报之前，肯定会通过电话调查各方信息。事实上，当局确实尝试搜集了信息，通常会派出密探，或者指派骑兵和警察前往乡村地区打探。但是，他们也明白，要弄清楚事实需要花费很长时间，因此，明智之举似乎是断然采取防范措施，通知教区并向他们求援。为此，市政当局和委员会派出小分队，甚至会制作通告。例如，孔福朗、于泽尔克和隆勒索涅等地的委员会就这样做了。7月22日和23日，埃夫勒向市郊发送了警报，随后，在24日又向110个乡村教区发送了一份印刷的通告。民兵领袖也主动承担起了这个任务。贝莱姆就向蒙塔涅发出了警报。7月28日，在科尔马，民兵队上校，高等参议会的一名主席，号召各村拿起武器。

旧制度的当局也没有迟疑不决，特别是王家法官和总督代理。吕贝尔萨克的法官写信向于泽尔克传出了警报。恐慌从凯尔西传到佩里戈尔，贝尔韦自由城（Villefranche-de-Belvez）检察官的书信在其中起了很大作用。拉沙泰格赖厄（La Châtaigneraie）的总督代理在本辖区中传播了恐慌，特别是在瑟孔迪尼（Secondigny）。穆瓦萨克（Moissac）的总督代理更加积极：他敦促本堂神甫鸣钟示警。省级大会下属的调解委员会很少参与此事，但是，苏瓦松财政区的委员会，或者至少他们下属的国王代表非常活跃，他们的看法在吉斯（Guise）镇引起了恐慌。讷沙托（Neufchâteau）区的委员会也呼吁下属各村拿起武器，准备"迎接第一声警钟"。7月31日，普罗旺斯的各市镇委员会再次向各教区强调，希望他们组建民兵击退盗匪。8月1日，图卢兹传出第一声警报时，高等法院就通过了一项决议，授权各市镇进行武装并鸣钟示警。

但是，最为特别的是某些军事当局的举动。塞纳河畔巴尔的骑警将恐慌传播到了兰德维尔，而丹城（Dun）的骑警也向盖雷（Gueret）证实了这个谣言。骑警监察班（Bains）侯爵也在皮卡第的鲁瓦做了同样的事。洛伯爵是贝尔福的卫戍司令，他一上任就通知邻近各教区有盗匪来袭，号召他们保卫家园。最后，没有哪个人比朗热隆侯爵更有力地推动了恐慌在弗朗什-孔泰的传播，侯爵正是当地的卫戍司令。根据一份7月16日已在莫雷兹（Morez）和圣-克洛德流传的通告（因而该通告的发布不晚于14日），侯爵宣称有200多名孚日地区的人入侵了本省。关于这起事件，我们所知有限，但当地的恐慌或许证明确实发生过入侵。当农民着手捣毁城堡时，侯爵在23日的通告中急忙将之归罪于盗匪。第三份通告在24日宣布：一支来自勃艮第的队伍也正在向本省进发。

此外，萨兰（Salins）的骑警副队长，韦尼耶·德·比昂（Vernier de Bians）起草了一份关于弗朗什-孔泰骚乱的报告，他毫不犹豫地指责朗热隆侯爵，明显怀疑后者故意为之。克拉姆西（Clamecy）的编年史家对德拉吕（Delarue），即当地的总督代理兼领地法官和后来的省主席，也提出类似的指控。事实上，德拉吕关于盗匪的消息来源只是一封私人信件，这封信是库兰热（Coulanges）的法官交给一名舞蹈教员带回的，这名教员正前往当地授课，顺道返回家乡。但是，德拉吕居然在市集上当众宣读了这封信，一名骑警还到处传播这个消息。

在邮政系统工作的邮差和马车夫在恐慌传播中扮演的角色，常常被认为可能相当重要。这一点虽然有所夸大，却可以得到文献的证实。来自孔希-莱波特（Conchy-les-Pots）的一名邮差就引起了鲁瓦的恐慌。关于恐慌的第一个消息，是由圣瑞尼安（Saint-Junien）的邮政局长传到利摩日。苏瓦松的司法官在克莱蒙拦截了圣瑞斯特（Saint-Just）邮政局长派出的邮差，这名邮差宣称，当地已经淹没在血与火之中。在昂古莱姆，舒莱（Churet）的一名马车夫传来了吕弗克的恐慌：两名法官证实，马车夫宣称"一个农民告诉他，有一支盗贼队伍在森林里出没"。邮差传播的恐慌，在瓦朗斯和阿维尼翁（Avignon）之间尤为显著。它从一个驿站传到另一个驿站，速度极快。但是，所有这些都是顺理成章的。既然许多旅客都可以传播盗匪来袭的消息，难道负责运送他们的人会置身事外？如果当局想要发布正式的通告，还有什么渠道比邮政系统更加便捷？29日下午5点，受波尔多当局的指派，一名邮差来到昂古莱姆的市政当局打探吕弗克恐慌的确切消息，他们对吕弗克的局势已经有所耳闻。这名邮差携带着一封未密封的信件，奉命来证实吕弗克的警报是误传的同时沿途通知民众。很可能他在回去的路上没有执行这一使命，因为沿途的人们都没有看到和听说波尔多当局交给他的那封信，而国民议会在8月8日的会议上谈到的那个邮差也可能就是他。

尽管如此，我们无法断定所有显要人士都轻信了谣言，对此表示怀疑的也大有人在。在日蒙（Gimont）的洛马涅（Lomagne），孟德斯鸠（Montesquieu）男爵就拒绝相信有什么盗匪。博拉斯通（Polastron）伯爵拒绝鸣钟示警，尽管未能成功。一名在圣克莱尔休假的军官听说有 4000 名强盗在洛泽特（Lauzerte）出没，讽刺地写道："我觉得他们数错了。"如果泰尔萨克（Terssac）伯爵在回忆录中对圣日龙（Saint-Girons）周边的恐慌的叙述可信，他本人也对此表示怀疑。还有一些不那么显赫的人物也曾经勇敢地阻止恐慌蔓延：在里贝拉克（Ribérac）附近的圣普里瓦-代普雷（Saint-Privat-des-Prés），某个叫作古南（Gouand）的管家制止了鸣钟示警，尽管当地委员会执意这么做。当他受到侮辱和威胁时，他果断拘捕了三名本地人。卡斯泰尔诺-蒙特拉蒂耶的本堂神甫阻止了鸣钟示警，他质问本教区的居民："敌人难道是乘坐气球着陆的吗？"在阿让奈（Agenais），勒维尔（Le Vers）的本堂神甫坚决反对鸣钟示警。在弗赖西内-莱热拉（Frayssinet-le-Gélat），某个叫作德洛尔（Delord）的律师仔细研究了公报后得出结论：没必要担惊受怕，"因为，如果英国人或西班牙人渗透到了法国内地，绝无可能在我们毫不知情的情况下深入吉耶讷。或者可以说，这是那些相信内地有敌人出没的各城举行的实战演习"。穆瓦萨克的总督代理也表达了同样的看法，可惜，这并未妨碍他采取一切必要的防范措施抵御所谓的盗匪，从而也使民众相信盗匪真的存在。

首先，对盗匪的恐惧心理是如此普遍［博纳尔德（Bonald），后来反革命派的预言家，当时还是米约（Millau）的市长，也没有对消息的来源提出任何异议］，当局如果有明确的责任心，又没有便捷的消息渠道，哪怕有种种审慎的考虑，也只好选择相信。圣昂热的隐修院院长堂·莫迪（Dom Mauduit）在给德鲁埃男爵的信中表达了这种心态:"总而言之,盗匪的谣言毫无根据……但是,常言说得好,无风不起浪,鉴于巴黎发生的事情,类似的勾结未必就没有。因此,我们召集了民众,设置了守卫昼夜轮班。总之,你们也这么做,肯定没坏处。"

如此一来,敢于公开表示怀疑,是一件冒险之举。民众会觉得,那些轻蔑谣言并拒绝采取防范措施的人,是不是想要麻痹他们的警惕心?如果是这样,那这些人就是盗匪的同谋,也是贵族的帮凶。这可能会让他们付出惨重的代价。

普瓦图的努埃苏莱索比耶(Nueil-sous-les-Aubiers)隐修院院长,试图安抚教区内的农民,指出25000名盗匪突袭南特的消息不太可信,况且,一个拥有8万居民的城市不难保卫自己。但是,在此期间,有四五千人赶到莱索比耶(Les Aubiers),众口一词指责隐修院院长没有好好关心自己教区的民众。他不得不跑去为自己辩护。如果那些传递消息的人觉得自尊心受到伤害,或者别人拒绝认真对待,就更容易出现危险。

在这方面,关于利摩日恐慌的记载尤其典型,这个记载是前面提到过的总督府秘书留下的。在关于恐慌的第一个消息传到当地时,总督阿布罗瓦(Ablois)送出了消息,但没有太在意。接着,来自罗什舒瓦尔的一名日内维耶会修士赶来,宣布有11000名盗匪来袭。阿布罗瓦笑着回应:"院长先生,这些强盗的队伍扩大得很快嘛,早上才有500人。"对方颇为生气:"先生,我的消息来自亲眼所见,亲耳所闻,其他悉听尊便,告辞!"不料,正午时分,私人守卫马尔杜(Malduit)提着步枪跑来,阿布罗瓦正在吃午饭,他对马尔杜说:"我没想到守卫这么容易受惊。相信我,宽宽心,先坐下来吃点肉,盗匪会给你时间的。"对方勃然大怒:"先生,我并不害怕,我肩负着重要的使命。如果你不相信我,自有人会加倍关心我带来的警报。"很快,谣言就传遍了整座城市，说阿布罗瓦企图将城市出卖给贵族的爪牙。阿布罗瓦的秘书提醒他要小心，最好有所行动。但是，第二天，阿布罗瓦接待建筑师雅凯（Jacquet）的态度丝毫未变，雅凯赶来提醒他有4万西班牙人来袭，他回答说："雅凯先生，我一直认为你是个理智的人，今天恐怕你是疯了，你怎么会相信这样的谣言？什么4万西班牙人！回去歇着吧，别同任何人提起，否则是自取其辱！"雅凯非常不悦，出去后大事宣扬，而人人都相信他。如果不是传来一些正面的消息减缓了恐慌，局势无疑会变得更加恶劣。

不过，也有事实证明，有些市政当局敢于承担风险，拒绝散播恐慌，最终成功制止了恐慌传播，使其没有爆发大恐慌。位置偏远，交通困难，方言差异，人口稀少，可能都有利于保护这些地方免受侵袭。然而，在某些未能幸免恐慌的地区，这些因素同样起作用，所以，关键原因很可能是某些当局足够镇静，对民众的影响也足够大。布列塔尼就是一个典型。自1788年以来，该地市政当局就深受民众信任，并且率先采取措施，同时打压贵族和平民。8月7日《莱顿公报》的通讯员就是这么认为的："最让人忧虑的是布列塔尼，平安无事的恰恰也是布列塔尼，这多亏资产阶级及时武装了一支作风优良的警察。"市政革命和武装民众确保了第三等级的地位，有利于维持稳定。革命派乐见其成。但是，当恐慌突然袭来，而市镇革命和武装民众的工作都还在进行的时候，大多数情况下都没人敢螳臂当车。

尽管如此，恐慌并没有人们想象的那样迅速蔓延。从博韦西的克莱蒙到塞纳河，中间距离有50多公里，恐慌的传播大约花费了白昼的12个小时。从吕弗克到卢尔德，500公里的路它整整走了9天：在该地，它的速度减半，但必须注意在夜间传播的速度大大加快。不妨认为，恐慌在白昼每小时传播大约4公里远。从利夫龙到阿尔勒（Arles），中间距离是150公里，恐慌花了40个小时，也就是每小时

4公里，不分昼夜。不过，这种情况要算上携带恐慌消息的邮差的速度，尽管这个速度远远低于我们提到过的特急信使。就像我们指出的，如果恐慌是自发形成的，它的传播就会非常迅速。相反，如果有人相信恐慌源于阴谋家有目的派出的信使，就会觉得传播得很慢。

第四章　警报引起的恐慌

目击盗匪的消息通常会引起恐慌，但并非总是如此。在这方面，比起口信或私人书信，当局的通告似乎不那么容易引发骚动。例如，大多数接触到埃夫勒委员会通告的教区，似乎并没有太在意这一消息。朗热隆的那些通告似乎也没有引发多大的震动：人们只是做好了防范。这类情形尤其说明，对盗匪的恐惧与大恐慌不能混为一谈。然而，这种冷静态度其实是罕见的例外。每一个原初的恐慌——数量极少——都会引发其他恐慌，而且数量惊人，我们不妨称之为：警报引起的恐慌。

这些现象被多次描述过，就大恐慌而言，它是最显著的特征，甚至可以说是唯一的特征。首先，是鸣钟示警，其后连续数个小时，钟声持续在整个教区上空回响。妇女们就像看到自己已经被强奸、然后又跟孩子们一起在着了火的村子里被屠杀了似的，号啕大哭，钻进树林或沿路奔逃，只带出了很少一些食物和慌乱中抓起的衣物。有时候，男子先埋藏好珍贵细软，然后跟着村妇一起出逃，并打开牲口棚，把牲畜放到野地里。不过，一般来说，或是出于人的尊严，或是出于真正的勇气，或是畏惧余威，民众会在村镇代表、本堂神甫或领主的号召下聚集起来。随后，在领主本人或退伍军人的指挥下，着手准备抵抗。人人都尽可能地全副武装，在交通要道设置岗哨，村庄或桥梁的入口也拦起了路障,小股队伍被派出侦察四周。

入夜以后,还有巡逻队轮班巡查,人人枕戈待旦。在城市中,会进行民众的总动员,仿佛城市正在遭到围攻。粮食实施配给,征收火药和子弹,修补雉堞,大炮也推入炮位。

在一片令人恐惧的喧嚣之中,发生了形形色色令人啼笑皆非的事情。在韦尔万(Vervins),一桶火药突然爆炸,炸死了好几个人。在马尼亚克拉瓦勒(Magnac-Laval),当地学校的学生四散逃走,校长则发疯似地四处找寻他们。有时候,农民会先向老天爷祈祷:普瓦图的努埃苏莱索比耶隐修院院长,还有佛兰德的卡潘盖姆(Capinghem)和恩内蒂耶尔(Ennetières)两地的本堂神甫,为他们举行了普遍的赦免。在汝拉地区的罗什让(Rochejean),多半出自本堂神甫之手的证词非常强调这些虔诚的举动。半夜惊醒的民众"首先祈求上帝的怜悯,祈求圣母和施洗者约翰施以援手,后者是本教区的守护圣徒。为此,自凌晨4点开始,他们聚集在一起举行了庄严的弥撒,然后是忏悔,领受了祝圣,还举行了灾难降临之际的公共祈祷。民众纷纷向上帝宣誓,今后一定洗心革面,停止纷争,修复所有损害,虔心向善"。

不过,必须承认,在大多数情况下,场面没有这么感人。让-路易·巴尔热(Jean-Louis Barge)是圣埃蒂安附近的拉瓦拉教区(Lavalla)的书记员,他还是一名退伍军人,临危受命指挥当地民众抗敌。他留下了好几条特别生动的记载:"我麾下的人马还不如吓昏了头逃掉了的多……";尚帕利耶(Champallier)奉命开拔,行前向妻儿告别:"我怕是再也见不到你们了!"入夜之后,逃走的懦夫们偷偷跑回来了,但第二天,为防止再度发生溃逃,巴尔热在本堂神甫对村民武装行了赦免礼之后,当即下令全队开拔,"违者就地处决!"接下来上演了一幕幕悲情告别。"我向我的妻子道别,她双眼红肿,我还辞别了家中的老母,她已近风烛残年,含泪不语。她抓了一把

12个苏和24个苏的硬币塞到我手里，向我道了永别，接着就开始默默祈祷。"那些准备动身的人"行囊里塞满了酒食"，笛手和鼓手走在队伍前列，一名男子从邻近村子跑来，大喊：有敌情！一切又得重新开始。"惊慌和绝望压垮了每一个人。老弱和妇孺尖叫着，哀号着，景象令人心碎。玛丽·帕舍（Marie Pacher），马丁·马特里库（Martin Matricou）的老婆，吓得浑身颤抖，洒光了手里端着的一碗汤，声嘶力竭地喊道：哎，有人要杀我苦命的孩儿！她的丈夫虽然长得魁梧，却天生胆怯，他安慰老婆说：'你咋成了丰特里夫（Fonterive）村的那个怂包蛋了呢，小玛丽，别怕！'但是，他说得结结巴巴，身子还在瑟瑟发抖……他压根儿就不打算和我们一起开拔。"全营人马逃走了大半，人们不得不四处搜寻那些逃兵，他们和其他逃犯混在一起。"拉克莱芒丝（La Clémence）是个年轻漂亮的女仆，在本堂区干活，还有塔迪（Tardy）的老婆，名叫乔雷尔（Chorel），这两个娘们儿把头埋在草垛里，身子还半露在外面，几乎窒息。"最后，巴尔热勉强将他的队伍领到了圣沙蒙（Saint-Chamond），那时，恐慌已经结束了。当地居民热情地款待了他们，然后把他们送回原处。"等我们回到拉瓦拉，悲伤一扫而空，小酒馆再度人满为患。"

　　上述叙述洋溢着法国农夫朴直而狡黠的气息，如果可信，足见拉瓦拉的民众克服自身的恐惧有些勉强，然而，最后他们不但成功了，而且赶去救援附近的城镇。我们看到，对恐慌的这种反应几乎无处不在，而且常常非常迅速。从根本上说，把这些事件归纳起来，并将其看作大恐慌本身，是很不恰当的。这样一种战斗激情，曾多次帮助法国人敏捷应对据称即将来临的危险。这种如火的热情，也敦促他们从一开始就互相帮助，这是一种复杂的感情，其中阶级认同感占据了很大分量，正是这种团结精神推动了第三等级反对贵族阶级；但这里也可以看到民族统一有了很大的进展，因为本堂神甫和领主常常走在队伍的前列。庞大的队伍开进各大城市,旋即又都被打发了回去,虽然不太容易,因为实在无法为他们提供给养。在多尔多涅河和洛特河(le Lot)岸边,这些队伍表现得如同战场上的军队。30日,利默伊、吕内勒(Lunel)和拉兰德(Lalinde)等地的港口向蒙帕齐耶(Montpazier)请求援助,当地的警钟全天24小时长鸣,有6000多人开拔。14位本堂神甫亲自率领教民前往。入夜时分,他们抵达河畔。蒙泰居的公证人说:"这群人吃惊地望见河对岸燃起了1000多堆营火。"这是同样赶来支援的佩里戈尔农民,他们在多尔多涅河的北岸扎营。队伍最初就地等待支援。天亮后,双方一接触,才知道对岸有4万人马。同时,由当地领主指挥的3万人也在利博(Libos)和菲梅勒(Fumel)的洛特河岸边集结。这些数字的确令人怀疑,让我们想起中世纪编年史常见的夸张作风。

然而,大恐慌极大冲击了民众的想象,关于恐慌的记忆可以追溯到19世纪初。对于阿基坦的农民而言,1789年这一年一直以来都是恐惧之年。不过,将大恐慌概括为一般现象的却是历史学家。在许多地区,尤其是在香槟,人们只提到恐惧、恐慌、警报和惊吓。

在这些事件的发生过程中,出现了许多反映民众心理的谣言,这些谣言解释了为什么恐慌以迅雷不及掩耳之势蔓延。虽然最初的一些恐慌事件,主要与那些引起普遍焦虑的经济和社会环境有关,但是,这些谣言却几乎总是与当时的政治局势有关,与所谓盗匪逃出骚乱城市以及贵族的阴谋有关。在旺多姆、莱莫日和普瓦图,谣言提到了布列塔尼的盗匪,这可能源于布列塔尼骚乱造成的震撼,以及布列塔尼代表在三级会议上的表现出的深刻印象。

在圣通日的拜涅,在奥热(Auge)的多聚莱(Dozulé),罪过被归到失业的农场雇工身上。但是,在其他地方,民众谴责的是盗匪、小偷和苦役船囚犯,据说他们来自巴黎或各大城市。他们的队伍每一分钟都在壮大：在佩里戈尔的尚涅，他们的人数最初是 2000 人，然后是 6000、14000、18000，最后一下子涨到了 10 万。在巴黎北部，骚乱分子只破坏庄稼，割掉田里的青苗。在阿基坦南部某些地区——蒙塔斯特吕克-拉孔塞莱尔（Montastruc-la-Conseillère）和圣日龙也是如此。不过，那里还有一种新现象，据说有人给泉井投毒。在凯尔西的格拉马（Gramat），还谣传在菲雅克（Figeac）逮捕了一个人，他携带了 8 磅毒药。但是，他们通常被认为烧杀抢掠，无恶不作。在于泽尔克周边地区，还传言有携带硫黄导火索的歹徒出没。

除了盗匪，还有国王或外国的军队。在巴黎南部和皮卡第，据说有轻骑兵活动。有人在利马涅看到了德国军队，这个谣言肯定源于王家德意志禁军，因为他们归兰贝斯克亲王指挥。神圣罗马帝国皇帝据说出现在科地区的福尔日（Forges）。在图勒，谣传皇帝出现在了里昂，或者在凯尔西的凯吕斯（Caylus）：他出手干涉，据说是因为他和王后是亲戚，因为在福尔热，拉图尔迪潘-古韦尔内（La Tour du Pin-Gouvernet）夫人被误认为是为玛丽·安托瓦内特（Marie Antoinette）。在阿基坦全境、普瓦图以及布卢瓦（Blois）附近的舍维尼（Cheverny），都谣传有英国军队出没。在阿基坦和利穆赞，谣传有西班牙军队。在多菲内，谣传有皮埃蒙特军队，谣言随着恐慌一道传播至菲雅克、芒德和米约。在马尔齐厄（Malzieu）的洛泽尔（Lozère），据说他们已经在朗格多克海岸登陆，这大概是 5 月蒙彼利埃恐慌的残余影响。在莱莫日和普瓦图也有关于波兰人登陆的谣言。

很明显，地理方位制约了民众的想象，特别是在卢瓦尔河北部和巴黎周边，从未传说有什么外国军队。此外，阅读产生的记忆、老兵的记忆和口头传说也产生了影响。在阿基坦，人们偶尔提到潘都尔兵和摩尔人。如果波兰人插手了，无疑是因为路易十五是波兰国王斯坦尼斯拉斯（Stanislas）的女婿。也不难理解，为什么土伦北部报告有热那亚的盗匪出没。然而，这些解释只是表面上的：从本质上说，外国军队的干涉，主要源于贵族和流亡者的所谓阴谋。

事实上，亲王据说常常是盗匪和外国侵略者的领袖。在阿图瓦，据说孔代亲王麾下有 4 万人马，不过，更常见的观点是这些军队归阿图瓦伯爵统帅。在于泽尔克，他带着 16000 人从波尔多赶来，"打算解散或驱逐国民议会，逮捕其全体成员，复辟他兄弟的一切权利和特权。"

塞拉里耶（Célarié）是卡奥尔港口附近的贝古（Bégoux）的一名农夫，他是个雄辩家，绝妙地将经典记忆、民间传说杂糅到了一起："阿图瓦伯爵来了！他带着 4 万士兵，加上所有从瑞典和其他北欧王国招募来的盗匪，还释放了法国各港口苦役船上的全体苦役犯和监狱里的罪犯，以便壮大军队的声势。据说，这个伯爵，也就是国王的兄弟，不惜一切代价纠集法兰西王国的一切逃犯和流浪汉，一如公元 406 年汪达尔人的行径。而且，他打算凭借这支大军蹂躏法国和征服第三等级，还打算让教士和贵族掏钱为王室的开支买单。"

除了亲王，全体贵族也卷入其中。勒马斯-达济勒（Le Mas-d'Azil）委员会报告，有人提到"几千名盗匪，首都臭名昭著的杀人犯余孽，可恶的暴政帮凶，卑鄙的阴谋"。在普伊塞耶（Puisaye），据说"一些居心叵测的人宣称，这些盗匪是贵族派来的，意图消灭第三等级"。在圣日龙，有人说这支军队是教士和贵族收买的，他们眼看巴黎和凡尔赛的阴谋破产，决心用饥饿摧毁各省。皮伊塞居（Puységur）伯爵写信给朗格多克的卫戍司令："教士和贵族消灭各村居民的图谋，从各方面看，即使明显缺乏证据，也是极其危险的"，显然是后者告诉伯爵，这种看法在自己的辖区非常流行。阿马尼亚克（Armagnac）的图热（Touget）的本堂神甫也相信"这个卑鄙的图谋"，当他看到当地隐修院院长面对普遍的恐慌还能保持镇定时，便得出了结论:"要么这个教士生来就心如止水,要么他参与了贵族(nobilium)的阴谋。"领主在采取防范措施方面常常非常积极,但这也改变不了民众的成见,觉得他们这么做无非在掩人耳目。于是民众把领主视为人质。那些对恐慌的谣言无动于衷的人也被迫参与进来。当事实证明并没有什么盗匪,人们转而认为,这是贵族为了报复而耍的花招,好让农民错失收获季节。这又引发了新的骚乱,通常还非常严重,详情见后。因此,大恐慌的主要后果是加深了民众对贵族的仇恨,巩固了革命运动。

第五章　恐慌的接力

尽管局势十分有利于大恐慌的传播，但是，大恐慌之所以能传播到如此遥远的地方——从吕弗克直至比利牛斯山脉，从弗朗什-孔泰直至地中海沿岸——恐怕要归功于沿途不断爆发的恐慌一再加强了它的扩张势力，这些恐慌成了大恐慌的接力站。为了将这类恐慌与原始恐慌区别开来，最好将它们称为次生恐慌或者接力恐慌。

这些恐慌中很大一部分，直接或间接源于警告引发的恐慌。通常是有一名信使最先传出盗匪来袭的消息，紧接着，从四面八方赶来的其他信使带来了同样的消息。拉沙特尔的事件就是如此：最初是艾居朗德（Aigurande）的某公证人带来了警报，他的消息来自卢尔杜埃-圣米舍（Lourdoueix-Saint-Michel）的本堂神甫。然而，就在第二天也就是 30 日，凌晨 2 点，又来了一名沙托鲁的信使，他尚不知拉沙特尔已经接到了警报，一边穿过市郊，一边大声呼吁民众拿起武器，于是造成了第二次恐慌。另一方面，当局采取的防范措施，与其说让人安心，实则常常引起许多人的恐惧。

此外，外出迎敌的农民队伍，自己也常常被误认为盗匪。博韦西地区的克莱蒙的第二次恐慌就是这样发生的，瓦朗斯南部的洛里奥尔（Loriol）大概也是如此。锡斯特龙（Sisteron）以北的塔拉尔（Tallard）发生恐慌的原因似乎也相同。托利尼昂和瓦尔雷阿的民众朝着迪约勒菲（Dieu-le-Fit）前进，远远望去，吓坏了蒙特茹瓦埃（Montjoyer）和拉图克（La Touche）的居民：艾格贝拉特（Aiguebelette）苦修会的园丁惊慌失措地赶到蒂莱特。消息从罗讷河（le Rhône）畔的皮埃尔拉特（Pierrelatte）传到博莱讷（Bollène），尤其是圣波特鲁瓦沙托（Saint-Paul-Trois-Châteaux），30日晚上6点，当地爆发了可怕的骚乱。奥兰治（Orange）也爆发了类似的恐慌，一直蔓延到阿尔勒，因为从塔拉斯孔（Tarascon）传来消息，说奥兰治遭到了纵火。在塞文山区（les Cévennes）的圣让-德加登恩克（Saint-Jean-de-Gardonnenque），8月1日拂晓，一队当地民兵赶来保卫市镇，也被误认为是盗匪。结果，可怕的恐慌爆发了，波及整个山区，3000民众从山里外出求援，将恐慌一直传播到米约。

当然，这些误解多是因为夜色朦胧。在克拉姆西，第一轮警报在29日从北边传来，时间是午后2点。第二轮警报则是源于一个误报，说是南边的维利耶着火了。第三轮警报在午夜传来。尼韦奈（Nivernais）运河的工人从塔奈（Tannay）赶来向哨兵报警，哨兵则赶紧呼吁民众拿起武器。这些工人返程之际，又在阿马齐（Amazy）引发了恐慌，因为在寂静的夜色中，有人听到了他们列队行进的脚步声；消息传到克拉姆西，当地居民在凌晨2点被惊醒。

城市民兵比农民拥有更多步枪，时不时会毫无理由地开火，也引发了不少骚动。23日拂晓，隆勒索涅的民兵，从维萨让（Visargent）城堡返回，觉得有必要在回营之前射光枪里的子弹。"当时，有些农民在森林附近收割麦子，他们听到异常的爆炸声，抬起头，望见红色的制服和闪亮的武器，吓坏了，四散而逃，一边还大喊：'救命，盗匪来了！'"这足以在整个葡萄种植区引发动荡。更常见的是哨兵枪支走火，在这方面，许多警报同军队发生的恐慌非常相似。据说，在阿让奈和凯尔西西部，恐慌的导火索是从菲梅勒城堡传出的一阵枪声，吉耶讷的卫戍司令此前派出 50 人前往该城堡保护自己的产业。在维维耶（Viviers）和莫尔（Maurs），哨兵或守卫朝偷农作物的人开枪，引发了骚乱。在圣阿夫里屈（Saint-Affrique）附近的圣费利（Saint-Félix），几名青年在婚礼期间开了几枪以示庆祝，结果在瓦布莱（Vabrais）引起了恐慌。

与大恐慌相伴而生的骚乱，自然成为传播恐慌最有效的接力站。正是由于马孔内的骚乱，弗朗什-孔泰骚乱产生的恐慌潮才蔓延到了卢瓦尔河谷地。随后在多菲内爆发的骚乱，也为同一恐慌潮推波助澜，直至恐慌蔓延到福雷和维瓦赖，然后进入普罗旺斯和尼姆地区。在圣通日，拜涅的骚动在蒙唐德尔（Montendre）引发了第二轮警报，而吕弗克产生的恐慌潮似乎一直蔓延了下去，直至多尔多涅的边境，至于具体原因，我们尚不清楚。

罗讷河畔的拉罗什沙莱（La Roche-Chalais）城堡，位于德库特拉（Coutras）北部，在从多尔多涅到图卢兹的许多地方都被提到，似乎说明它是恐慌的起点：据说，有 600 名贵族聚在该处，以免被强制佩戴革命派的徽记。第三等级派来了一个代表，结果被贵族杀死，民众放火焚烧城堡，贵族也一起被烧死。这个谣言显然产生了巨大的震动，但是起源不太清楚，只有两封书信提到过：一封来自大圣富瓦（Sainte-Foy-la-Grande）的市政当局："除了贵族和第三等级某些人之间的争执，别无他故。"另外一封来自卡于扎克（Cahuzac）的市政当局，报告"前一天（29 日）晚上，在圣富瓦（Sainte-Foy）和拉罗什沙莱爆发过一场关于庄稼的骚乱"。如果在圣富瓦发生过骚乱，当地市政当局应该会在信件中提到。但是，拉罗什沙莱的骚乱可能确实发生过。

在东镇（Domme），骚乱是由利默伊地区 4 个相邻教区引起的，据说他们"捣毁了瓦萨尔（Vassal）先生位于利默伊和勒布（Le

Bug)之间的城堡"。这个消息一直传入卡奥尔,但没有任何证据证明其真实性,也不清楚其来源。类似情形还有传到洛泽特的关于攻占比隆(Biron)城堡和蒙塞居城堡的消息,这两个城堡都位于阿让奈。另外一个谣言来自迪朗(Durand),他是卡斯泰尔莫龙(Castelmoron)的管家秘书:"我们刚刚获悉,500 名昂古莱姆的青年悄悄来到圣西蒙(Saint-Simon)城堡,纵火烧毁了该堡,事后他们悄悄离去:这是本地传来警报的原因。"

当地警报的起源还包括一些抢劫事件。在尼韦奈的塔奈,30 日晚 9 点,在起因不明的第二次警报后,阿斯努瓦(Asnois)民众赶来,结果引发了第三轮警报,据说"900 多人逃出沙蒂永运河的工地,挨家挨户抢劫,因为他们饿坏了"。

另一类事件可以追溯到前面讨论原初恐慌时提到过的因素。例如,在洛什(Loches),在 27 日从图尔传来盗匪自曼恩来袭的消息之后,而在来自吕弗克的恐慌潮从南边抵达之前,也就是 29 日午后,就爆发了一场地方性的恐慌。该恐慌蔓延至安德尔(Indre),从种种迹象看,应该源自阿宰勒里多(Azay-le-Rideau)和蒙巴宗(Montbazon),当地发生了抢劫粮食的骚动。在同一时间,在利勒布沙尔也发生了骚乱,因为当地民兵向农民征收粮食。同样,在克拉姆西,8 月初发生了一次时间滞后的警报,正如在苏瓦松和蒙莫朗西的情形一样,源于农场主和他的雇工之间关于工资的争执。这导致了邻近多个村庄鸣钟示警。对流浪汉的恐惧更加普遍,特别是在森林附近。拉沙特尔第三次鸣钟示警,只是因为巡逻队逮捕了一名失业的仆役,他在附近徘徊,既没有钱,也没有通行证,更可疑的是还留着长长的胡须。

在利摩日,众多警报中的一起,源自艾克斯森林的伐木工。某个清晨,据说他们看到一群面目可憎的陌生人在"查探小路",所以逃走了。还有一起恐慌,发生在东镇山脚下的奎伊勒(Queuille),因为有人发现有6个乞丐藏在一片林子里。在福卡尔基耶,有人报告在沃(Volx)的树林中藏着三户人家。8月6日晚上,在卢尔德,山民成群下山来援助城市,几个牧羊人赶紧托他们传递消息:盗匪正要袭击他们的谷地,其实这些牧羊人只是望见了几个走私者。牧羊人信誓旦旦地保证,他们的村庄已经淹没在火和血之中。山民匆匆赶回,而传递消息的牧羊人则赶往卢尔德继续报信:这是8月6日当天的第四次警报。于泽尔克委员会散发的通告,日期是8月16日,向农民通报官方调查恐慌起因的结果,提醒他们避免毫无根据的恐惧。通告还列举了许多例子。在沙瓦尼亚克(Chavagnac),一个16岁的男孩正在地里劳作,"远远望见了圣马尔索(Saint-Marsault)伯爵的渔夫和猎苑守卫,手中都拎着枪",误以为他们就是盗匪。

8月12日,委员会在同一个村庄进行调查时,一个村妇远远望见他们,转身就逃。被抓住以后,她承认自己正要跑去报警。同一天,在塞涅(Saignes),几个孩子看到尚伯雷(Chamberet)的本堂神甫的侄子和女仆躲到一个谷仓里休息,因为大喊大叫,引发了极大的恐慌。13日,一个圣伊巴尔(Saint-Ybard)的居民,因为被傍晚下雨惊着了,在圣尤拉丽(Sainte-Eulalie)敲响了某农民家的门要求进去躲雨,吓得这家人大声呼救。

最后,还有一些事件源于自我心理暗示。在林中穿行,或者在道路和荒地上扬起尘土的畜群,引发了好几次恐慌。在塞纳河畔的沙蒂永,圣让(Saint-Jean)教区的一个议事司铎的担忧引起了恐慌。在罗什舒瓦尔,某个马车夫引起了恐慌。在利摩日,罪魁祸首是一个司库,当时他自告奋勇骑马去艾克斯搜寻强盗。

窑炉的火光、田间焚烧杂草冒出的浓烟、城堡窗户反射的阳光,都能够让民众相信,盗匪开始四处纵火,在圣奥梅尔(Saint-Omer)

就是这种情形。30 日，在博凯尔，民众以为看到罗讷河对岸的勒内（René）国王城堡被火焰吞没。在瓦布莱的圣费利也发生了类似情形。一步一步，最后，连最微不足道的原因都可以引发恐慌事件。

在鲁埃格自由城（Villefranche-de-Rouergue），一个哨兵被夜里经过的马车发出的噪音吓坏了。在舒瓦瑟尔，博尼奥看到一个农夫跑来，声称自己"在摇曳的月光下"看到林子里有盗匪出没。8 月 2 日，在圣日龙附近，泰尔萨克在晚归途中，看到一个人赶着骡子飞驰而来，大喊："有敌情！有敌情！""据说他听到有人擂鼓和吹号，但我什么都没听到。"泰尔萨克翻身下马，打算问清楚到底是什么事情让他如此恐惧。"最后发现，是有些收割庄稼的农人在大道旁一边唱歌一边干活……我没有看到或者听到别的动静。当时，夜晚很宁静，天气也很祥和。"

再补充一点，7 月 27 日，一个搬运工告诉贝桑松的委员会，前一天夜里，当他从维祖耳返回时，盗匪将他拽入一片树林，"他们在那里已经杀掉了守卫，还焚烧了一根木头，烤熟了两块猪肉"，他们正在聊如何袭击一座修道院和几座城堡。他毛遂自荐充当向导，结果什么也没有找到。最后，他承认这个故事是编造的，被罚戴枷。在所有虚假消息的传播者——常常是故意如此——引起的骚乱中，这是唯一有明确记载的事件。

第六章　恐慌诸潮流

一旦我们认为大恐慌的传播是以巴黎为中心，向外渐次波及各省，那么自然就要假设，在整个法国，恐慌都会沿着地理条件自然形成的各主要干道传播。例如，恐慌从巴黎传到波尔多，应该要通过卢瓦尔河谷地或者普瓦图山口，或者从巴黎到马赛，要沿着索恩河谷地和罗讷河谷地。

真实情况完全不是这样！影响到巴黎的只有大恐慌的两股潮流，而且根本不是从巴黎出发，恰恰相反，是朝着巴黎推进。卢瓦尔河谷地并未构成恐慌的通道，而是常常被恐慌包围，这些恐慌潮或是来自奥尔良上游的加蒂讷，或者来自曼恩，经由布卢瓦和图尔。这些恐慌潮从普瓦图山口经过，不过是从西南方向往东北方向，从吕弗克到都兰。恐慌也不是沿着索恩河向南传到弗朗什-孔泰，而是沿着汝拉山脉传过来的。至于加龙河（la Garonne）谷地，并没有在恐慌传播中起到任何作用。

山脉并未像人们想象的那样，阻碍恐慌的传播。例如，恐慌从吕弗克，穿过中央高原（Massif central），直到奥弗涅（Auvergne），或者从马孔内和里昂直抵利马涅（Limagne），一路跨越山峰和峡谷，也从罗讷河岸边蔓延至洛泽尔和喀斯地区。恐慌还顺着多菲内的河流进入普罗旺斯，但是，一进入普罗旺斯，就改道穿越阿尔卑斯山。人们原来估计，在人口稀疏的地区和人烟稠密的村落之间，恐慌的传播会存在某些差异，然而并非如此。恐慌在下曼恩和莱莫日的传播，同在皮卡第和贫瘠的香槟地区如出一辙。

这类异常现象，可以由恐慌的起源和传播方式得到解释。恐慌是由偶然的局部性事件引发的，所以常常不会按我们的预计，在传播时取道那些自然形成的路线。受惊的民众向最近的城市求援，或者认为自己有责任警告周边地区：这样一来，他们便不会被自然障碍轻易阻挡，而且，无论如何，一条没有架设桥梁的小河都比一座山更容易让这些好心人望而却步。此外，恐慌的蔓延是不连续的。它从一个市政当局传给另一个市政当局，从一个本堂神甫传给另一个本堂神甫，从一个领主传给另一个领主，但是，却不是挨家挨户地紧密传递。在莱莫日的某教区，市政当局阻止鸣钟示警，紧接着召集了教区居民，其速度绝不亚于皮卡第的某个村庄。

但是，必须注意，这种地理上的无差别现象不能过分夸大。只要条件允许，恐慌的传播就会取道一些河谷，如香槟，以及瓦朗斯到阿尔勒的罗讷河谷，或其他传统路线，例如那条绕过中央高原把普瓦图和贝里（Berry）连在一起的干道，还有利摩日和图卢兹之间的那条穿过佩里戈尔和凯西的干道，或是从库特拉穿过阿让奈和阿马尼亚克直达贝阿恩（Béarn）的那条干道。另一方面，如果说山地不曾阻碍恐慌的蔓延，主要是因为地形还不够险峻或者突兀。米勒瓦什（Millevaches）的高原、阿尔卑斯的丘陵，还有迪城（Diois）的高原地区，都被恐慌绕过。恐慌也绕过了上维瓦赖（Haut Vivarais）和塞文山脉，而不是直接穿过。有些时候，恐惧在沿山岭而上时，似乎变得有气无力。例如，在香槟，恐慌只能缓缓向科多尔（Côte-d'Or）攀爬。最后，荒无人烟的地区能一直免于恐慌的袭扰，也在情理之中，因为当地无法得到任何外来支援。如索洛涅（Sologne）、莱斯朗代、多姆贝（Dombes）就是如此。发挥关键作用的似乎是一个双重机制（La Double）：恐慌从昂古莱姆滑向佩里戈尔，而没有向吉伦特地区挺进，它从多尔多涅河与利勒河（l'Isle）交汇处的上游穿过，来到阿让奈。

此处我们无法一步一步追溯大恐慌的各股潮流，这种列举会让读者感到疲惫和厌烦。此外，反映在地图上的行进路线，也显示出我们在文献方面存在的许多空白点。不过，重要的是要讲清楚这些潮流的大致轨迹，并指出某些问题，以供各地学者进一步思考和研究。

莱莫日和普瓦图博卡日（Bocage poitevin）的恐慌，最早发生，它也是我们所知最少的恐慌，因为相关档案在旺代反叛中几乎全毁，恐怕今后也不会获得更多的信息。这起恐慌事件，可以说是 20 日在南特爆发的恐慌的回响。在卢瓦尔河以北，并未发生任何恐慌。20 日晚上或 21 日清晨，恐慌可能在卢瓦尔河南边的塞夫尔和格朗德里约湖之间爆发。

我们知道的最早记载，提到恐慌经过克利松（Clisson）。从这里，恐慌直上塞夫尔和穆瓦讷河（la Moine）谷地。21 日午后，恐慌抵达绍莱。晚上，来自拜塞（Baissay）的私人消息和绍莱的代表，将恐慌的消息传入蒙塔涅。从这个城市，恐慌穿过莱莫日。22 日，它从舍米耶（Chemillé）传入圣朗贝尔-迪拉泰（Saint-Lambert-du-Lattay）。21 日晚，恐慌抵达莫莱夫里耶，第二天，整个地区都陷入了骚乱，波及图阿尔（Thouars）、艾尔沃（Airvault）、布雷叙尔（Bressuire）和帕尔特奈（Parthenay）。我们还看到恐慌在塞夫尔南部继续蔓延：拉沙泰格赖厄也在 22 日受到震动。此时，恐慌达到了顶峰，这一天，适逢圣玛大肋纳节，在民众的记忆中，此后很长时间这个节日都难以摆脱恐慌的阴影。23 日，恐慌继续向东南方向蔓延。破晓时分，它抵达了瑟孔迪尼，引发了当地的骚乱，泰纳有过著名的相关研究。这起事件引起的余波，在同一天从帕尔特奈一直推进到普瓦捷和圣麦克桑（Saint-Maixent）。似乎博卡日的中心区域也受到了波及，而在莱塞尔比耶尔（Les Herbiers），谣传盗匪已经烧毁了勒热（Legé）和蒙泰居。这个消息也传入丰特奈-勒孔特（Fontenay-le-Comte）。但是，撒布勒的布尔盖于（Bourgneuf aux Sables）和丰特奈等沿海地区只出现了对盗匪的恐惧，没有发生恐慌。在东边，恐慌的传播止步于莱永河（le Layon）和图埃河（le Thouet）。普瓦图平原一直波澜不惊，在南边也是如此。如果博卡日的骚动在平原地区造成了恐慌，这也在情理之中——事实上，各种迹象似乎都表明，这两个地区之间的对立阻止了恐慌继续向"健康"地区蔓延。

曼恩河地区的恐慌大体发生在同一时间，应该是 21 日上午，因为首次提到这次恐慌，是在当日午后 3 点，它穿过了博内塔布勒（Bonnétable）。恐慌来自贝尔纳堡（La Ferté-Bernard）和诺让，这显然是指博内塔布勒东北部的诺让勒贝尔纳（Nogent-le-Bernard）。我们不知道这波恐慌究竟起于何处，但是厄尔和阿夫尔河的消息一定对其传播的路线有影响——沙特尔、德勒、诺南库尔（Nonancourt）和韦尔讷伊，还包括莱格尔，这几个地方的市集持续发生骚乱。前面提到过沙特尔市长的书信。24 日，在马梅尔，他的另一封书信宣称有 2000 名盗匪穿过了德勒和韦尔讷伊，一路肆虐，"4000 多民众命丧黄泉。"从博内塔布勒出发，恐慌向北蔓延，在贝莱姆、蒙塔涅、穆兰拉马什（Moulins-la-Marche）和莱格尔等地穿过佩尔什山。早在 23 日，恐慌就出现在埃夫勒，但它主要向西蔓延。22 日，恐慌开始向萨尔特推进：晚上 9 点左右，它出现在马梅尔和巴隆（Ballon），并在当天晚些时候抵达勒芒。22 日到 23 日夜里，该城的一名信使，将消息带到拉弗莱什。在 23 日星期四，亦称"疯狂星期四"，从阿朗松直到勒芒的整个地区都陷入了动荡。在同一时间，恐慌潮经过萨尔特（Sarthe）的下曼恩，抵达马耶讷河，四处蔓延：拉塞、马耶讷、拉瓦勒，黄昏时分抵达沙托贡蒂耶。布吕隆的本堂神甫尤其准确地记载了恐慌的经过。曼恩河上游似乎未受到太大影响。但是，23 日在巴隆发生了一起非常严重的事件：一群农民杀死了屈罗（Cureau），当时勒芒的副市长，还有他的女婿德蒙特松。这一杀人事件似乎引起了第二波恐慌，结果，在"疯狂星期四"之后又出现了"疯狂星期五"。24 日在蒙塔涅爆发的恐慌特别严重。这一次，曼恩河上游全部地区都陷入了动荡，并经由圣加莱和旺多姆的卢瓦尔城堡（Château-du-Loir）波及卢瓦尔河流域，时间是 23 日至 24 日夜间。

在马耶讷河以西，曼恩的恐慌穿过克朗一直蔓延到沙托贡蒂耶。24 日，从拉瓦勒和马耶讷出发，恐慌通过多条路径抵达布里耶港（Port-Brillet）的炼铁厂，又朝拉格拉韦尔（La Gravelle）推进，当地农场雇工连忙向维特雷委员会传出警报。在南边，恐慌跨过了卢瓦尔河，在 24 日抵达图尔，经由讷维莱鲁瓦（Neuvy-le-Roi）。然后在 27 日再次传来，从旺多姆向雷诺堡（Château-Renault）推进，又从旺多姆传至布卢瓦。图尔似乎是沿卢瓦尔河左岸进入谷地的一股恐慌分流的起点：这支恐慌在 25 日进入昂布瓦斯（Amboise），同一天抵达布卢瓦南部（le Blésois méridional）——谢韦尔尼在他的回忆录中描述了它的影响。另一方面，这支恐慌又传至圣艾尼昂（Saint Aignan）附近的谢尔（Cher）谷地。从图尔到昂热，恐慌的消息也可能通过萨布勒（Sablé）和拉弗莱什（La Flèche），传到卢瓦尔河谷地的居民当中，但是，目前我们尚未掌握任何描述其影响的文献。

没有任何迹象表明，有一股恐慌潮是像人们所预料的那样，从图尔顺流往下传到卢瓦尔河地区：25 日，朗热（Langeais）要求获得消息，但没有提到恐慌。但是，恐慌从图尔一路推进至安德尔河谷地，并于 27 日在洛什止步。在东北方向，恐慌穿过佩尔什，经由布勒特伊（Breteuil）和当维尔（Damville），在伊通河（Iton）谷地获得了新的动力。圣安德烈（Saint-André）平原和乌什（Ouche）地区只发生了零星的骚乱。7月12日至14日，埃夫勒的委员会认为，来自巴黎的盗匪挑起了鲁昂的反叛，引发了大恐慌。22日在卢维耶（Louviers）也发生了类似事件，该市镇向埃夫勒请求支援军火，以保护当地的工厂。沿着塞纳河，运输粮食的船队也受到威胁。数日后，即26日到28日，一艘船在波塞（Poses）的闸口处遭到抢劫，几乎在卢维耶和埃尔伯夫（Elbeuf）两地引发内战，后一城市试图制止抢劫。18日到23日，只有莱格尔、韦尔讷伊、诺南库尔和德勒持续爆发骚乱。

7月24日，在埃夫勒及周边地区爆发了激烈的骚乱。恐慌经由勒纳布尔传入蓬托德梅尔（Pont-Audemer），由于埃夫勒的委员会发出的通告（我们之前提到过），恐慌持续的时间大大延长了。从里尔开始，警报也传至略万（Lieuvin），并经由奥尔贝克（Orbec），在24日抵达利瑟厄（Lisieux）和蓬莱韦克（Pont-l'Eveque）。之后恐慌继续顺流进入阿夫尔河谷地：27日，诺南库尔宣称，当地自23日以来就爆发了大规模恐慌。谣传这座城市将被烧毁，600到700名男子将赶来劫狱，并将民众淹没在火与血之中。恐慌还穿过蒂梅尔莱（Thimerais），并于24日午后从新堡（Châteauneuf）传入德勒。

但是，据我们所知，恐慌不曾越过厄尔河，也没有进入曼托瓦。也很难相信，恐慌居然放过了佩尔什古埃（Perche Gouët）。不过，有人说，贝尔纳堡、诺让勒罗特鲁（Nogent-le-Rotrou）和沙托丹（Châteaudun）等地的档案没有留下任何有用的记载。奥尔良和索洛涅没有受到波及，而在南部，洛什是恐慌扩张的终点。在西边，它没有超越奥热河谷地，没有进入诺曼底博卡日或布列塔尼博卡日，而是止步于维特雷。在拉盖尔什（La Guerche）和夏多布里昂似乎听说过恐慌,但仅此而已。

因此,我们界定的大恐慌,在布列塔尼和下诺曼底都不见踪迹。当然,这些地方同其他地方一样,也存在对盗匪的恐惧。在布列塔尼,维特雷传来的警报引发了极大的震动。这一点,有维特雷的副市长7月29日在莱斯讷旺(Lesneven)居民大会上的演说为证:"罗网已经织好,阴谋正在酝酿,趁着骚乱,几股歹徒企图在一些小城镇里兴风作浪。根据私人信件,拉格拉韦尔和维特雷尤其深受其害。"8月3日波德(Baud)教区会议上的言论很可能来自同一消息来源,该地位于蓬蒂维和洛里昂之间。这些言论提到"关于盗匪大军正在周边肆虐的警报,这群盗匪人数众多,所以近日有200多名男子集结并出发追捕他们。这些不法之徒如果被城市赶出,恐怕会分散到乡间继续为害"。

8月6日,在潘波勒(Paimpol),集会上也有人提到,从巴黎逃出的一帮歹徒正分散到各省。但是,传到波德的警报此前似乎也在瓦纳引起过骚动,据说在萨尔佐(Sarzeau)和泰镇(Theix)附近出现了新的军队,因此,当地民众向洛里昂发出求援,希望获得2000支步枪,他们确实得到了。但是,这次恐慌发生在7月底,与西边的恐慌没有直接关系,可能源于与布雷斯特阴谋有关的谣言。

在博卡日反叛期间,在马塞堡和拉塞,只发生了一些本地的骚乱。下诺曼底,农民反叛引起了巨大的震动。在卡昂附近的凯荣(Cairon),民众组建了巡逻队,提防"博卡日的盗匪下到平原地区"。7月22日,萨普组建了民兵。24日,维尔的贵族以"警报"为借口,拒绝前往卡昂参加本等级的会议。在煤矿主的监督下,利特里的居民密切注视着瑟里西(Cerisy)的森林,据说其中有盗匪出没。24日和26日,巴耶的一些市民分别在卡昂和卡朗唐发布通告,说巴耶周边有盗匪出没,结果引起了恐慌。他们的担忧,或是缘于由利特里传来的消息,或是因为本城发生的骚动——那是由夸尼(Coigny)公爵的被捕引发的,而且是经区助理法官批准的。但是,大恐慌不曾爆发,而且骚动也不曾蔓延开来。

最后,在27日,瑟堡发出了一起当地的警报,据说有人看到盗匪正向瓦洛涅(Valognes)进军。民众非常恐惧,但未出现严重后果。布列塔尼的局势也相对平静,正如我们看到的,这是由于当地资产阶级的组织比其他地方历史更为悠久,也更为团结,这可以追溯到1788年的骚动。但是,较难理解的是,博卡日的反叛为何会导致一股恐慌潮穿越下诺曼底(Basse-Normandie)地区。

在东部和东南部,恐慌总是与弗朗什-孔泰的反叛有关,但是,这种衍生关系的程度不等,而且,恐慌的传播未曾在各个方向取得同样的进展,实际上差别还相当大。

在杜河以北的反叛中心地区,并没有爆发恐慌。在西边,越过格莱到朗格勒的大道,我们只发现了一个例子,即在蒂尔河畔伊(Is-sur-Tille)以东的沙泽伊(Chazeuil)。但是,详情不明,没有准确的记载日期,也没有迹象表明这起恐慌事件曾经扩散开来。有证据表明存在对盗匪的恐惧:这种恐惧显然已经传到第戎,这也许可以解释,为什么在7月26日会出现特权阶级将遭到屠杀的谣传。在科多尔朝向塞纳河一侧的塞库安阶山坡和朗格勒高原地区,可以发现民众的不安:7月25日,在蒙巴尔发生了几起抢劫案件,抢劫犯自首了,但"以在支持第三等级为犯案的借口"。再往南,在阿尔奈勒迪克(Arnay-le-Duc),从弗朗什-孔泰传来的消息与从马孔内传来的消息汇合在一起,促使当地在26日组建了民兵,因为听说盗匪正在各省"袭击城堡,纵火和逼迫富人缴纳赎金"。25日,在塞纳河畔沙蒂永,恐慌在午后3点爆发,它可能来自弗朗什-孔泰,但没有扩散。因此,在这一侧,并没有严格意义上的大恐慌。巴西尼(Bassigny)

的情况大概也是如此。朗格勒的骚动应该相当严重，但是相关档案已经遗失，对这个城市和肖蒙（Chaumont）之间发生的事情，我们几乎一无所知，只知道后者有过盗匪的谣言。

在北部，只有一起警报的记录，记录人是博尼奥。那是在舒瓦瑟尔，位于默兹河上游谷地。引发警报的是一个科隆比的本地人，在朦胧的月光下他自认为看到了盗匪，所以急忙赶来警告有盗匪来袭。博尼奥认为，这一事件发生在8月的头几天：8月2日，在塞雷库尔（Serécourt）和莫里泽库尔已经传出过警报：当地修道院遭受威胁，拉马什的民兵赶来救援。这很可能就是科隆比谣言的根源。事实上，博尼奥已经指出，这名报警者的消息来源，可能是蒙蒂尼的某居民。这可能是个误会，或是印刷错误，多半是指拉马什附近的马蒂尼（Martigny）。但是，如果确实是指蒙蒂尼勒鲁瓦（Montigny-le-Roi），谣言很可能源自阿芒斯河（l'Amance）谷地的骚动。无论如何，博尼奥没有提到舒瓦瑟尔的恐慌曾经向讷沙托或肖蒙继续扩散，我们大可认为，恐慌止于当地。

由于勒米尔蒙市政当局的果断行动——至少假设如此——孚日的居民涌入该城并没有加剧恐慌的传播。洛林的骚乱肯定很严重，各地时不时爆发了农民反叛，谣言说勒米尔蒙和普隆比埃两地遭到了洗劫，布莱诺莱图（Blénod-lès-Toul）的市政当局从一封作者不明的书信中获悉这一谣言的。但是，并不存在严格意义上的大恐慌。巴鲁瓦的骚乱也很严重，因为在巴勒迪克、雷维尼和利尼（Ligny），都爆发了粮食骚乱，在特里奥库尔（Triaucourt）以北的瓦利（Waly），以及奥尔南（Ornain）河上游的特雷韦赖（Tréveray），还爆发了农民反叛。但是，在这些地方，正如在洛林一样，事件似乎都局限于对盗匪的恐惧和一般性的防范措施。

卡雷·德·马尔贝格（Carré de Malberg）是瓦雷讷拜伊司法区的

法官助理，他在回忆录中提到，8月初在阿尔贡和凡尔登两地，民众十分不安。这与弗朗什-孔泰无关。相反，据说"外来的盗匪团伙正顺着默兹河下游散布到整个法国"。事实上，在伊伏瓦-卡里尼安（Ivoy-Carignan），市政当局后来报告："一些心怀不轨的人传播谣言说，成群的盗匪正威胁穿过边界进入城市，人数超过400……接着又谣传，那些被解雇的农场雇工威胁说要烧毁庄稼。"这些事件可以看作阿登骚乱的余波。由于是在阿尔贡发生的，不免让人怀疑可能爆发了恐慌。不过，根据我们目前掌握的资料，难以得到确凿证明，而且，如果真有恐慌发生，却不曾对凡尔登和梅斯产生某种影响，不免令人惊讶。但是，这两个城市并没有留下任何相关的线索。

由此可以得出结论：由弗朗什-孔泰传出的那一波恐慌，碰到了索恩平原上方由洛林和巴黎盆地构成的"防波堤"后就销声匿迹了，而它在穿越勃艮第山口时，尤其是向南传播时，就显得自由一些。事实上，在东边，贝尔福、蒙贝利亚尔和桑德高都出现了大恐慌。7月24日从贝尔福直到阿尔特基克都鸣钟示警，26日上午，当新的报警传来后，大批农民驰援贝尔福。在蒙贝利亚尔也有几次警报。桑德高的恐慌很可能为28日的反叛做了铺垫，却不曾蔓延至上阿尔萨斯。24日在科尔马，31日在米卢斯（Mulhouse），农民反叛都只是引发了当地的警报。在下阿尔萨斯（Basse-Alsace），似乎没有任何动静。在巴勒（Bâle）主教区，桑德高传来了警报。在波朗特吕，采取了防范措施，关闭了边界。在巴塞尔也出现了较为严重的不安，因为蒙贝利亚尔的摄政向巴塞尔求援，特别是在8月1日，根据皮尔·奥克斯（Pierre Ochs）的一封信，布赖斯高的农民联合起来，宣布拒绝再提供新兵或缴纳赋税。

但是，在南边，弗朗什-孔泰的反叛展现出了巨大的影响力。不过，大恐慌似乎并不是由直接的冲动引发的。7月26日，在奥尼翁

（l'Ognon）河畔的马尔奈（Marnay）发生了恐慌。根据编年史作家拉维龙（Laviron）的说法，在贝桑松还有一起事件，日期不明。但是，在马尔奈以北的村庄中不曾发生任何骚乱。26日，庞镇（Pin）只派出了信使前去查探消息，他们得到的回复如下：日村（Gy）和弗雷蒂涅（Fretigney）两地民众进行了武装，但没有提到任何警报。在瓦瑟莱（Oiselay），一切平静如常。此外，在日村和弗拉斯内（Frasne），据说所谓的盗匪就是该地的农民，他们只是打算反抗自己的领主。另一方面，在马尔奈以南，没有任何恐慌发生的迹象。在贝桑松的东南边，情况完全不同，在那里，恐慌导致蒙台涅（Montagne）的居民涌出，结果引发了奥尔南高原的农民反叛。

引发大恐慌的主要因素，是当局发出的警报，加上当地发生的骚乱（这些事件似乎证明了警报的正当性）。首当其冲的是维祖尔市政当局。在昆塞城堡事件后，人们认为，梅迈正在他岳母家，也就是卢昂以北的维萨让城堡中避难。他们将此事通知了隆勒索涅市政当局，后者在22日赶紧派出了一支庞大的队伍，前往该城堡。不过，这次搜查一无所获，队伍只好在23日拂晓时分返回。正如前面讲过的，当他们接近南斯（Nance）的时候，士兵一时兴起，在树林外放了几轮枪，结果出人意料地引起了恐慌。这一次的恐慌非常严重：5000人赶到了布莱特朗（Bletterans），3000人赶到了科默纳耶（Commenailles）。恐慌穿过塞耶河（la Seille）谷地，来到隆勒索涅，据说当地有1万名男子在夜间聚集，然后分散到整个葡萄种植区。

恐慌向东北方向的传播路线非常容易追踪：经过曼特伊（Mantry）、波利尼（Poligny），在23日抵达阿尔布瓦（Arbois），时间是午后1点，然后是萨兰。恐慌向多勒推进，勒德绍（Le Deschaux）的领主给该地传来了消息。由于消息来自拉布雷斯（La Bresse），有人判断，盗匪肯定已经离开勃艮第。朗热隆后来获悉的就是这一消息。贝桑松派遣了150人赶往多尔,很可能引发了拉维龙记载的恐慌事件。也可能奥尔南高原爆发的恐慌,只是维萨让恐慌的一个延续,它或者经由萨兰,慢慢地但是笔直地推进到了山区,或者在贝桑松中转。

前面提到的朗热隆的通告,极大地影响了恐慌的传播。在杜河谷地上游,通告中的消息得到了农民骚动的证实。因此,当地如罗什让和莫雷兹爆发的恐慌,可以由此得到解释,因为它们与朗热隆的通告密不可分。瑞士地区也深受震动,特别是因为伯尔尼(Berne)也接到了蒙贝利亚尔摄政的求助,圣克洛德则请求日内瓦(Genève)支援军火。他们还向国境线上的森林地带派出了巡逻队。

布尔格市政当局也认为,朗热隆的通告是25日上午本地爆发的恐慌的罪魁祸首:"从布雷斯东面的边界开始",特别是在安河谷地,"各教区因为这一通告而鸣钟示警,恐慌越来越近"。布雷斯的谣言显示,蓬丹(Pont-d'Ain)教区是恐慌传播的中心。该地是一个地理枢纽,位于昂布里厄(Ambérieu)峡谷口,通往萨瓦的大道穿过此处。这个月初,当地就谣传萨瓦人要入侵。但是,布尔格当局报告的恐慌来源,也可能来自北方。事实上,葡萄种植区的恐慌完全不曾对南方产生影响,这不太可能。据说遭到洗劫的城镇中,就有图瓦莱特(Toirette)的名字,该地位置更偏北,靠近比尔河的交汇处:恐惧肯定也推进到了隆勒索涅,沿着勒韦蒙(Revermont),经过奥热莱和阿兰托(Arinthod),这并不排除或许有一起当地事件,使蓬丹或昂布里厄成为传播恐慌的中心。

从蓬丹出发,恐慌呈扇形向西蔓延:它抵达东北边的锡芒德尔(Simandre),时间是25日凌晨3点。从该处,它传入特雷福尔(Treffort),时间是26日清晨,然后在白天传入科利尼(Coligny)。自布尔格出发,恐慌在25日传入蓬德沃(Pont-de-Vaux)和马贡,然后从该地传入马孔内，最后，它沿着安河下行，进入梅克西米约（Meximieux），然后是蒙吕埃勒（Montluel）和米里贝（Miribel）。梅克西米厄向里昂求援，后者派出了龙骑兵。恐慌继续东行，进入圣朗贝尔（Saint-Rambert）教区，并由此传入比热：7月28日，恐慌抵达贝莱（Belley）。从贝莱，它经过塞瑟尔（Seyssel），沿着罗讷河上行，直至米夏伊尔河（la Michaille）与瓦尔瑟里恩河（la Valserine）的交汇处，然后似乎穿过了瓦尔罗梅，抵达热克斯（Gex），随着恐慌继续北上，其势头似乎也有所减弱，最后转变为单纯的对盗匪的恐惧。之后，恐慌绕过了汝拉山南部的丘陵地带，在这里，楠蒂阿（Nantua）没有出现恐慌的记载，其余波最终转化成了一系列反对领主的骚乱。

从昂布里厄和圣朗贝尔出发，在25日，恐慌向南数公里，传入拉尼约（Lagnieu）。从这里，恐慌越过罗讷河，多菲内将为它提供关键的动力。

起初，这一地区尚未出现恐慌。25日和26日，有关盗匪即将抵近的消息在罗讷河和布尔布尔河（la Bourbre）之间传播。在25日后，它传入了萨瓦边境的居埃河（le Guier）谷地，这是一个高度敏感的地区。正是这里，27日清晨发生了一起事件，为大恐慌提供了新的出路。根据格勒诺布尔高等法院的总检察长的说法，"8到10个走私者和农场雇工展开了几次交火，走私者被击退"。在里昂市政当局的信件中也可见到同一版本。但是，我们不清楚事件具体的发生地点。几名盐税税吏来到莫雷斯泰勒（Morestel），宣称拉尼约遭到洗劫，恐慌从该地继续传入奥斯特，然后是蓬德博瓦桑，这显示其源头大概位于北部。但是，从蓬德博瓦桑，恐慌继续向西蔓延，又返回了莫雷斯泰，此时却改头换面：据说萨瓦人——很快就变成了皮埃蒙特的军队——已经侵入了法国。拉图迪潘在27日凌晨3点接到警报，布尔昆（Bourgoin）是在5点，维里厄（Virieu）、比耶夫尔（Bièvre）和拉科特圣安德烈（La Côte-Saint-André）等地的平原，几乎也在同一时间接到警报。穿过下多菲内（Bas-Dauphiné）的谷地，恐惧降临罗讷河谷地，又从里昂传入圣瓦利耶（Saint-Vallier）。在南边，恐惧穿过瓦龙（Voiron），传入穆瓦朗（Moirans）的伊泽尔（Isère）。随后，一方面，恐慌在夜里11点抵达格勒诺布尔；另一方面，它在午夜穿过圣马塞兰（Saint-Marcellin）进入谷地，28日凌晨3点抵达罗曼（Romans）。从该地，恐惧继续传到坦（Tain）和瓦朗斯；恐慌的命运已经确定，因为就在这一天，下多菲内的各个城堡开始燃起熊熊烈火。

正如我们所言，马孔内的反叛发生在大恐慌之前，但却极大地加剧了恐慌。多菲内的反叛，作为马孔内反叛最严重的后果，为恐慌提供了无与伦比的共振器。前者如果不曾推动大恐慌的扩散，至少在马恩河畔沙隆，以及勃艮第葡萄种植区引发了极大的不安〔努伊（Nuits）提到了"恐惧"〕。因此，第戎一定也受到了南边来的影响。沙洛莱（Charolais）地区也是如此。在沙罗勒，帕赖和迪关等低地，没有爆发恐慌，但是格罗讷河谷地边缘有恐慌的记载，例如在圣普安和特拉马耶。31日，谣传盗匪即将来袭，要么是从热尔马尼（Germagny），此地偏隅北方，要么是从艾格佩尔斯（Aigueperse），该地位于东南方，在通往拉可莱耶特的半道上。再往南，在博若莱山脉，恐惧来自马孔内南部的博热（Beaujeu）和埃夏尔莫（Écharmaux）山口，也可能来自维勒弗朗什，当地的蒙格雷城堡在27日遭到洗劫。28日，恐慌四处扩散。29日，它在绍法耶勒（Chauffailles）达到高潮。从该地出发，它在清晨7点传入拉可莱耶特，然后是沙尔略。在沙尔略，有谣言说，蒂镇和库布里兹（Cublize）两地的庄稼被烧毁，1300名盗匪驻扎在"博热的各个高地"，博热和自由城都已经全面武装，索恩河与卢瓦尔河之间的四万多农民进入警戒状态。

在这一侧，恐慌似乎不曾越过卢瓦尔河，因为它没有波及罗昂。但是，福雷的局势却不一样。肇端于多菲内的恐慌，经由里昂和日沃尔（Givors），在 28 日蔓延到了里昂的丘陵地带，即塔拉尔（Tarare）和圣桑福里安（Saint-Symphorien）。29 日，恐慌在弗尔（Feurs）引发动荡，同一天，博安（Boën）、圣日耳曼拉瓦勒和蒙布里松（Montbrison）的平原地区也陷入了动荡。从博安出发，恐慌翻越努瓦雷塔布尔（Noirétable）山口，在 30 日和 31 日进入利马涅，然后抵达蒂耶尔、里永（Riom）和克莱蒙。在另一侧，28 日，恐慌在坦和图尔农（Tournon）之间越过罗讷河，当天就进入阿诺奈（Annonay），然后穿过皮拉山（le Pilat），经过阿让塔勒堡（Bourg-Argental），在傍晚 4 点半抵达拉瓦拉。

圣艾蒂安的恐慌，同样从南北两个方向逼近，同时，另一股恐慌潮，也就是来自维埃纳（Vienne）和孔德里约（Condrieu）的恐慌，经由里沃德日耶（Rive-de-Gier）和圣沙蒙，在 28 日下午进入拉瓦勒。从 5 点半开始，圣艾蒂安爆发了激烈的骚乱。29 日上午 10 点，恐慌已在卢瓦尔河另一侧的圣博内（Saint-Bonnet）爆发，继而翻越群山，在 30 日抵达阿尔朗（Arlanc）。31 日，恐慌从该地继续往北，进入昂贝尔（Ambert）。就在同一天，恐慌一直推进到拉谢斯德约（La Chaise-Dieu），当地的修道院院长紧急派人向布里尤德（Brioude）求援，布里尤德却没有因而陷入恐慌。

然而，大恐慌沿着罗讷河左岸逐站推进：28 日，它从瓦朗斯出发，傍晚四五点之间，就抵达了利夫龙和洛里奥尔，6 点抵达蒙特利马尔。29 日，它在凌晨 1 点袭击了皮埃尔拉特，在 4 点进入圣波特鲁瓦沙托。8 点半，恐慌来到奥兰治，接着抵达阿维尼翁。30 日清晨，恐慌抵达塔拉斯孔和阿尔勒，晚上就已经穿过克劳（Crau）平原并席卷了圣沙马。从这股恐慌大潮中还衍生出许许多多的伴流，它们纷纷向西部和东部蔓延。在阿尔卑斯地区，这些伴流显然绕过了群山。最重要的一条伴流肯定是在28日开始溯德龙河而上。在克雷斯特（Crest），一条伴流穿过迪约勒菲向南推进。29日清晨5点，它抵达托利尼昂（Taulignan），当天就进入了瓦尔雷阿斯（Valréas）和尼永（Nyons）。在克雷斯特上方。恐慌经由萨扬斯（Saillans）、迪、沙蒂永和吕克（Luc），从韦科尔（Vercors）传来的谣言，已经在当地引发了骚动。29日，通往韦讷（Veynes）的卡布尔（Cabre）山口成为恐慌向四方散播的中心。在东边，加普爆发了恐慌，这场恐慌在29日和30日达到了高潮。加普也是恐慌传播的十字路口，往北，贝亚尔（Bayard）山口可通往尚索尔（Champsaur）。30日，警报从圣博内和科尔普（Corps）降临到德拉克河（le Drac），31日，轮到了拉米尔（La Mure），然后，警报调头返回格勒诺布尔，未波及瓦桑（Oisans）。往东，警报传到迪朗斯河（la Durance），抵达昂布兰（Embrun）是30日，抵达布里昂松（Briançon）是30日或31日。警报也传到乌巴耶河（l'Ubaye），至少一直推进到巴斯洛内特（Barcelonnette）。但是，据我们所知，这几个城市没有爆发恐慌。相反，恐慌向南方延伸了过去，经由塞尔（Serre）传到韦讷，经由塔拉尔从加普一直传到迪朗斯河，穿过该河后，一分为二，与迪约勒菲的恐慌潮齐头并进，一侧穿过罗什库尔博（Roche-Courbe）、沙布雷（Chabre）、吕尔的山地，另一侧穿过舍瓦勒布朗（Cheval-Blanc），而在中央，则穿过分割迪朗斯河和布莱奥讷河（la Bléone）的群山。越过迪朗斯河后，恐慌在30日晚抵达锡斯特龙，在31日抵达福卡尔基耶。在同一天，经由蒂里耶（Turriers），恐慌从塔拉尔传入塞恩。

8月1日，塔拉尔又爆发了一轮恐慌。31日凌晨4点，恐慌从该地穿过莫尔山口，抵达迪涅（Digne）。31日晚，西南边的里耶和慕斯捷（Moustiers）、韦尔东河（le Verdon）畔的卡斯泰朗，都通过巴尔雷姆（Barrême）和瑟内接到警报。恐慌从卡斯泰朗穿过高地，在 8 月 1 日传入罗屈埃斯特龙（Roquesteron）、布伊翁（Bouyon）和旺斯（Vence），这里就是王国边缘的瓦尔河（le Var）谷地。韦尔东的恐慌似乎没有继续向南推进。从萨瓦到瓦尔河，撒丁国王警戒着本国的边境，并且于 31 日在蓬德博瓦桑正式否认任何关于他的意图的谣言。恐慌大潮的另一伴流从蒙特利马尔推进到格里尼昂（Grignan）和托利尼昂。从皮埃尔拉特出发的另一支伴流更加强大，它传入圣波特鲁瓦沙托和埃格河（l'Aygues）谷地，与迪约勒菲的那支伴流汇合，于 29 日抵达韦松（Vaison），30 日抵达贝端（Bédoin）和索村（Sault），从而绕过了旺图山（Mont Ventoux）。另一支伴流从奥兰治向卡庞特拉（Carpentras）、阿普特（Apt）和迪朗斯河畔的卡德内（Cadenet）推进。后者也受到了来自阿维尼翁的恐慌的影响。在吕尔和吕贝隆（Luberon）之间的山地，这一波波恐慌潮在马诺斯克（Manosque）和巴农（Banon）之间，与从福卡尔基耶流下来的恐慌潮冲突激荡，产生了一些混乱的旋涡。30 日晚，恐慌在卡德内和佩尔图伊越过迪朗斯河，抵达了艾克斯，这似乎早于抵达沙隆和圣沙马。此后，恐慌慢慢地蔓延到东边，穿过将迪朗斯河同布里尼奥勒和德拉吉尼昂（Draguignan）分割开来的高原，8 月 2 日出现在特雷（Trets）和圣马克西曼，8 月 4 日抵达巴尔若勒和萨莱讷。在阿尔让河（l'Argens）以南，特别是在普罗旺斯海岸，还有克洛南部和卡马尔格（Camargue），都没有发现恐慌的踪迹。

在东边，恐慌诸潮流在右岸的切入点是勒普赞（Le Pouzin）、罗什莫尔（Rochemaure）和勒泰（Le Teil）、圣昂代奥堡（Bourg-Saint-Andeol）和博凯尔。恐慌从上述地方传入洛里奥尔、蒙特利马尔、皮埃尔拉特和塔拉斯孔，又立即继续向外传播。还应该提到阿尔勒。洛里奥尔发出了两次警报，勒普赞也发出了两次警报，分别在28日午后和29日正午。恐慌也传入了赶来救援的普里瓦（Privas）。29日下午，勒普赞发生了剧烈骚动，阿尔巴勒斯蒂埃（Arbalestrier）就是在此时被杀。恐惧从普里瓦出发，继续向西北推进，经过上维瓦赖，一直传到谢拉尔（Cheylard），时间是傍晚5点30分。然后轮到了圣阿格雷夫（Saint-Agrève）——伊桑若（Yssingeaux）和勒皮对恐慌也有所察觉，但恐慌确实不曾翻过山脊——恐慌继续向南，抵达夸龙山区（les Coirons），29日晚，奥伯纳（Aubenas）也接到了警报。

恐慌也从南边绕过中央高地，经由勒泰和贝尔新城。30日，昂特赖盖（Antraigues）和瓦（Vais）的恐慌向下传入奥伯纳。阿尔代什河（l'Ardèche）西边的塔纳格山（le Tanargue）也受到了奥伯纳和贝尔新城的影响，后者的恐慌在29日下午传入拉让蒂耶尔（Largentière）。

此外，还要算上一天前也就是29日从圣昂代奥堡传来的恐慌。这一恐慌潮沿着瓦农（Vallon）向上，远至茹瓦约斯（Joyeuse）和莱旺（Les Vans）。这里是维勒福尔山口的入口，恐慌经由此地，在30日抵达芒德。在同一天，它沿罗讷河推进到圣昂代奥堡以南，远至蓬圣埃斯普（Pont-Saint-Esprit）和巴尼奥。此后我们便失去了它的踪迹。它以更快的速度，沿着塞文山脉，从莱旺直达圣夫洛朗和阿莱（Alais），时间是29日至30日夜间，然后抵达圣让-德加东昂克。此地发生了第二轮警报，极大助长了恐慌，于是在8月1日，恐慌越过山岭，进入了瓦勒罗盖（Valleraugue）和圣安德烈-德瓦尔博尔尼（Saint-André-de-Valborgne）。从该地出发，就在同一天，恐慌波及了芒德，甚至经由梅吕埃（Meyrueis）传到米约。芒德遭受了两波恐慌的夹击，又将恐慌继续北传，8月1日抵达马尔齐厄（Malzieu），谣言从该地传到圣弗卢尔——以及位于鲁埃格河畔的莱萨克（Laissac）——抵达的时间是 3 日晚上，并立即波及米约。

米约、圣阿夫里屈和瓦布雷，早已接触到了西南传来的大恐慌，8 月 3 日，更因当地的警报遭受了严重的动荡。这一消息被送到了洛代沃（Lodève），从该地第二次沿着通往蒙彼利埃的大道推进。圣让－德加东昂克的恐慌也波及莱迪尼昂（Lédignan）和索沃（Sauve）的灌木丛地带。蒙彼利埃也收到了警告。最后，恐慌从阿尔勒出发，在 30 日传入圣吉尔和沃韦尔（Vauvert），在 31 日从博凯尔传入尼姆。下朗格多克的首府也接到通知。但是，该地当局没有惊慌失措，从该地直至比利牛斯山脉东部，没有证据显示爆发过大恐慌。尽管恐慌发源于弗朗什－孔泰，由于借助了许多的接力站，竟然抵达了地中海沿岸，甚至渗透到遥远的中央高原。

克莱蒙发生恐慌的始末比较简单，而且影响范围也比较小。据报道，这一波恐慌的最初爆发，是在 7 月 26 日那个星期日晚上，地点在埃斯特雷－圣但尼。然后它连夜向外流播，27 日早晨 7 点它已抵达克莱蒙，并同时出现在了大萨西（Sacy-le-Grand）、努瓦特尔（Nointel）和圣瑞斯特大道边的利耶于莱维尔（Lieuvillers）。这股恐慌潮很快就变得非常活跃，并以同样的冲劲传向四面八方。它直接冲入贡比涅下面的瓦兹河谷地，破晓时分传入韦尔布里，随后传入蓬圣马克桑克、克里尔，并且经由尚布利（Chambly）传入博蒙，到 11 点时成为那里的主宰。从博蒙，恐慌进一步传达蓬图瓦兹，时间是 12 点半，然后又从该地传入维克桑南部，晚上 8 点抵达特列勒（Triel），10 点抵达默朗，28 日白天有农民从周边向默朗聚集，但恐慌潮并未继续向下边的芒特（Mantes）和弗农（Vernon）推进，也没有越过塞纳河，而且也没有比西部的恐慌走得更远，没有抵达曼托瓦。

不过，在另一侧，恐慌越过了瓦兹河谷地，并引起了最大的震动,因为它即将向巴黎推进,甚至惊动了国民议会。恐慌从博蒙,利勒亚当和蓬图瓦兹一路推进的情形,我们一无所知,但是无疑和在韦尔布里地区的传播情形相仿:恐慌沿着通往圣但尼的大道,当天傍晚抵达蒙莫朗西,在该地找到了我们所说的接力站。当天晚上,它就在巴黎周边全部地区引发了动荡,选举人会议派出了一支携带大炮的小规模军队,至少挺进到埃库昂(Écouen)一线。

与此同时,恐慌还从韦尔布里传到贝蒂西平原,在这里找到了另一个接力站,于是迅速推进至瓦卢瓦和苏瓦松。清晨8点半,恐慌出现在了克雷皮昂瓦卢瓦。1点半,它出现在苏瓦松,当地市政当局向国民议会写信报告,这封信后来在28日被当众宣读。从苏瓦松出发,恐慌来到拉昂。但没有迹象显示,恐慌上行至埃纳河(l'Aisne),也没有波及锡索讷(Sissonne)的荒凉地带。兰斯肯定听到了相关传闻,但是,恐慌对该城造成的影响,我们也一无所知。

恐慌继续南行,路线我们已经非常清楚。恐慌从克雷皮和维莱科特雷(Villers-Cotterêts)出发,在27日抵达达马尔坦(Dammartin)和莫城,在28日抵达拉费泰苏茹瓦尔(La Ferté-sous-Jouarre)和蒂耶里堡。28日,恐慌还经由埃佩尔奈和沙隆传入马恩省,详情不明。

恐慌是否到过维特里,值得怀疑,因为巴鲁瓦没有传出恐慌的消息。圣迪济耶和茹安维尔(Joinville)传出了警报,但似乎发生在28日,纯粹局限在当地,而且同该地以及巴罗瓦的骚乱有关。恐慌是否可能穿过马恩省,一直推进到两莫兰(les deux Morins)?有可能。但是,不论在库隆米埃(Coulommiers)抑或在戈谢堡(La Ferté-Gaucher)都没有发生有关恐慌的报告。贫瘠的香槟地区十分不利于恐慌的继续传播。不过,布里传播恐慌的条件也一样不好,我们在此未发现任何恐慌的痕迹。

西北方向,这股恐慌潮沿着泰兰河(le Thérain)谷地上行:博韦派出本地民兵支援克莱蒙。从圣瑞斯特，恐慌也传入格朗维莱尔（Grandvilliers）地区，并使该地陷入动荡。沿着泰兰河，恐慌在28日抵达福尔热，并从该地传入布赖（Bray）地区，不过，我们不清楚它是否继续朝迪耶普（Dieppe）推进。从格朗维莱尔达出发，恐慌传入欧马勒，然后经由布朗日（Blangy）和欧城（Eu），进入布雷勒河（la Bresle）谷地。我们大致可以推断，从北边的蓬蒂厄（Ponthieu），往西，直至诺曼底的维克桑、科地区和塞纳河谷地下游，都丝毫未曾受到恐慌的波及。

在北方，恐惧席卷皮卡第平原。27日上午9点，它出现在了蒙迪迪耶，从该地穿过阿夫尔河谷地向亚眠推进。10点，抵达鲁瓦，使整个地方陷入骚乱。同一天之内，它就穿过科尔比（Corbie）、布赖、哈姆（Ham）和佩罗讷。恐慌还经由里贝库尔（Ribécourt）和努瓦永进入瓦兹谷地，甚至在这一侧势头更为迅猛，因为就弗雷图瓦（Frétoy）城堡入侵事件进行的调查显示，恐慌在27日清晨6点就出现在米伊朗库尔（Muirancourt），该地位于努瓦永以北。

恐慌还经由绍尼（Chauny）、拉费尔、里布蒙（Ribemont）和吉斯，侵入蒂耶拉什。在蒂耶拉什，恐慌出现在玛丽（Marie）和罗祖瓦，塞尔河谷地和韦尔万等地。拉卡佩勒（La Capelle）和勒努维永的森林，以及阿登山地的边缘，阻碍了恐慌继续扩张。相反，索姆河却阻止不了恐慌，结果恐慌越过了阿图瓦。

从佩罗讷出发，恐慌在27日抵达巴波姆（Bapaume），接着在27日到28日夜间抵达阿拉斯（Arras）。恐慌必定在28日清晨就抵达贝蒂讷（Béthune），因为白天在利斯河畔的梅尔维尔（Merville）就出现了恐慌。当天或28日至29日夜，恐慌也波及艾尔和圣奥梅尔。30日，瓦唐（Watten）市政当局向滨海佛兰德的当局发出通告。从阿拉斯出发，恐慌继续朝西北蔓延：有证据表明它在29日出现在萨梅尔，29 日或 30 日出现在布洛涅。从圣奥梅尔出发，恐慌向加莱方向推进。从贝蒂讷出发，它穿过瓦隆佛兰德，在里尔以西的村落引起了骚动，最终，在 29 日，恐慌抵达了利斯河畔的弗雷兰吉安（Frelinghien），此地位于阿尔芒蒂耶尔下方。但是，恐慌并没有渗透到法兰德斯其他地方，也没有波及康布雷齐和埃诺，尽管两地都发生了剧烈骚乱。我们由此应该得出结论：在阿图瓦，恐慌并非十分活跃，或者至少不曾一直蔓延到该省东端。

在香槟南部，据说恐慌首次发生在 7 月 24 日，罗米伊以南。25 日一天时间，恐慌就从东北到西南，穿越了整个塞诺内（Sénonais）：它在晚上 6 点抵达托里尼（Thorigny），紧接着就传入桑斯和阿什维克新城（Villeneuve-l'Archevêque）。从罗米伊和诺让出发，恐慌沿着法兰西岛（Ile-de-France）的一侧，顺塞纳河向北推进。26 日，维勒格鲁伊（Villegruis）和维勒诺的民众进行了武装，因为谣传有盗匪在附近出没。

可能在同一天，普罗万爆发了恐慌，因为谣传盗匪藏身于附近的密林之中。26 日，东讷玛丽（Donnemarie）组建了自己的民兵，因为谣传有一群流浪汉逃出巴黎。我们不妨认为，这是受了罗米伊发生的恐慌的影响。26 日，在塞扎讷（Sézanne）的拜伊司法区，到处都爆发了恐慌，并且根据巴朗坦（Barentin）的证言，恐慌沿着塞扎讷到沙隆的大道推进。28 日，恐慌出现在苏德（la Soude）河畔的瓦特里（Vatry），还有马恩河畔的迈里（Mairy）和戈尼（Gogny），都位于沙隆上方。上述村庄发生的恐慌，实际上可能只是苏瓦松恐慌的余波。但是，塞扎讷地区的情况不是这样，因为日期对不上。另一方面，恐慌沿着奥布河（l'Aube）谷地上行，起初速度缓慢，直到 26 日或 27 日才抵达阿尔西（Arcis）。但是，从此处开始，情势大变。在 27 日早晨，恐慌就抵达了奥布河畔巴尔。在特鲁瓦，25 日之后，民众陆续听到罗米伊爆发恐慌的消息，但并没有受到震动。这一局势一直维持到 28 日，恐慌从西边传来，因为它首先出现在圣萨万（Sainte-Savine）的郊区，该地位于塞纳河左岸。然后，恐慌进入塞纳河谷地，并沿着该河右侧的一些伴流继续上行。当晚 7 点，恐慌抵达乌尔斯河（l'Ource）谷地入口处的朗德勒维尔（Landreville），9 点到 10 点前后，抵达塞纳河畔的穆西（Mussy），并从该地于当晚 11 点传入了沙蒂永。29 日，该恐慌潮穿过巴尔斯河（la Barse）谷地，第二次震动了奥布河畔巴尔，并再次袭击了乌尔斯河谷地。28 日，塞纳河畔巴尔和沙蒂永，又遭到一些附加恐慌潮流的冲击，这些恐慌潮，与特鲁瓦的情形一样，也来自阿尔芒松河（l'Armançon）谷地，这使该地构成了大恐慌向四方散布的中心。

这些恐慌潮的源头一直难以确定。25 日爆发的恐慌并不曾从桑斯上行至约讷河，没有理由认为，它越过了奥特（Othe）的森林。然而，恐慌的温床应该位于其南部边缘，例如 26 日圣夫洛朗坦的恐慌，27 日或 28 日的奥克松的恐慌。这些恐慌事件的位置和日期，都显示塞诺内的恐慌潮和阿尔芒松的恐慌潮之间存在依赖关系。

但是，地方性的事件也可以成为恐慌的接力站。一个编年史家提到了奥克松的一起事件：一名受到森林里散放的畜群惊吓的副本堂神甫须对此负责，他引起的恐慌传到了邻近的一些教区，如尚瓦（Chamoy）、圣法（Saint-Phal），并朝欧蒙和沙乌斯的森林方向推进，并于当天下午抵达阿尔芒斯河谷地、埃尔维（Ervy）和沙乌斯。毫无疑问，在同一天抵达塞纳河谷地一些不同地点的恐慌也是这一股。它可能来自圣夫洛朗坦和布里耶农（Brienon）。事实上，28 日晚，布里耶农以及更南边的地方，都证实爆发了恐慌。

在同一天清晨，托内尔也出现了恐慌，这是由一些旅客带来的。他们曾行至圣夫洛朗坦附近的热尔米尼（Germigny），在那里听说有盗匪活动，吓得跑了回来。因此，奥克松的恐慌应该是沿着奥特森林，一直传到圣夫洛朗坦，要么，就是有别的事件在当天影响了这个城市或其周边，只是我们没有注意到。

恐慌很可能从托内尔出发，上行至阿尔芒松，但是，这一点无法确定，因为它不是从瑟米尔而是从莫尔旺山传到索略的索纳。相反，我们知道，在29日，塞纳河畔塞蒂利翁曾向第戎求援，于是，在30日，一支分队一直前进到圣桑，在当地才获悉真相。在第戎，香槟南部的恐慌和东部的恐慌产生了交汇，类似情形此后还会更加频繁地出现。我们已经提到过，在福卡尔基耶和佩尔图伊之间出现过一例。这种交汇的结果，就是持续不断的警报，或是形成复杂的涡流，又或是形成一个干扰区，因为所有的恐慌潮最后都会气衰力竭的。第戎的情形就是如此，当地并未爆发恐慌，而来自格雷地区的余波在此衰竭，从马孔内来的余波，最后是香槟来的余波，也相继在此消亡。

香槟的警报不只是给塞纳河谷地带来了动乱，它还为自己开辟出了向西和向南扩张的坦途。尽管我们尚未掌握明确的地标，却仍有理由认为，恐慌是在24日沿着塞纳河的左岸，从诺让和普罗万传入蒙特罗（Montereau）、莫雷（Moret）和枫丹白露的。并且，内穆尔（Nemours）和朗东堡（Château-Landon）的恐慌，应该来自桑斯。从桑斯，恐慌继续北上，这就解释了它为什么会在28日出现在科尔贝（Corbeil），又会在同一天晚上6点至7点之间出现在舒瓦西（Choisy）和勒鲁瓦新城（Villeneuve-le-Roi）。

此外，这一恐慌是由加蒂讷的两个当地人传入上述村庄的，他们刚从阿蒂斯蒙斯（Athis-Mons）返回，应该是顺流而下。两人宣称，轻骑兵一路烧杀，已经到了瑞维西，还袭击了蒙莱里、隆格瑞莫（Longjumeau）和里斯（Ris）。马蒙泰尔（Marmontel）当时住在格里尼翁（Grignon）的乡间别墅，该地位于奥利（Orly）和蒂艾（Thiais）

之间,他在回忆录中描述了接着发生的逃亡事件,也提到关于轻骑兵的谣言。于是,来自南边的恐慌进入首都,而且就在前一天,从北边来的恐惧刚袭击首都。阿迪在日记中写道:"谣传隆格瑞莫遭到了洗劫,各地都赶赴该地支援。"此时,隆格瑞莫才得知恐慌的消息,因为当地一直平静如常。

恐慌从鲁应河(le Loing)谷地出发,进入了博斯。有报道说,29日清晨,布瓦讷(Boynes)和布瓦斯科曼(Boiscommun)出现了恐慌。当天晚些时候,恐慌就远远地到达了图里(Toury)一带。午后3点,它抵达卢瓦尔河畔新堡、雅尔若(Jargeau)和圣但尼德约泰。奥尔良也听到了谣言,并将其归罪于奥尔良森林中的盗匪。但是要注意,希勒尔(Chilleurs)和讷维尔欧布瓦(Neuville-aux-Bois)在27日发出了警报,因而在这一侧,并非不可能存在一个独立的传播中心。博斯和于里普瓦(Hurepoix)的其余地区没有受恐慌波及。因此,在这些区域和西边的恐慌区域之间,存在一个广阔的平静区域——从奥尔良下方的卢瓦尔河开始,直至巴黎下方的塞纳河。

28日,恐慌连夜沿约讷河两岸推进,向东抵达塞涅莱(Seignelay)周边,时间是28日午后3点。向西抵达尚普瓦隆(Champvallon)。从尚普瓦隆出发,我们发现恐慌传入加蒂讷南部,沙托勒纳尔(Châteaurenard)和鲁应河畔沙蒂永,时间是29日。接着,恐慌经由埃兰和维利耶尔圣邦瓦(Villiers-saint-Benoît),传入圣法尔若(Saint-Fargeau)。我们还发现,它在29日出现在蒂里和昂特兰(Entrains),并继续向普伊塞耶推进。随后,它沿着卢瓦尔河谷地下行:29日出现在布里亚尔(Briare)、桑塞尔(Sancerre)。30日,从桑塞尔出发,恐慌在桑塞鲁瓦(Sancerrois)继续扩张。29日晚5点,恐慌抵达拉沙利特。从拉沙利特,恐慌可能在夜里抵达讷韦尔。但是,要抵达拉沙利特和讷韦尔,它必须取道约讷河谷地。

事实上，恐慌的确穿过了约讷河谷地，经由欧塞尔和尚普（Champs）。它分出一支进入屈尔河（la Cure）谷地，一边向阿瓦隆（Avallon）推进，另一边向韦泽莱（Vézelay）推进。与此同时，恐慌继续向克拉姆西推进，在当地引起了巨大的骚乱，留下了不少详细记载。恐慌经过塔奈抵达洛尔姆（Lormes）和科尔比尼（Corbigny），从该地向西蔓延，直至蒙特索克，然后从该地传入索略，时间是30日。

恐慌继续沿约讷河前进。30日上午9点，它出现在希农堡，当天就被传到欧坦，随后抵达穆兰-昂吉尔贝尔（Moulins-Engilbert）和德西兹（Decize）。在卢瓦尔河和阿鲁河之间，其势头逐渐衰落。波旁朗西和迪关抗住了恐慌的侵袭。沙洛莱和勒克佐（Le Creusot）构成了这股恐慌潮与从东边传来的那股恐慌潮的新交汇区。

最后，在30日和31日，这股恐慌潮从讷韦尔沿着阿列河上行，然后扎入波旁内地区。我们无法精确勾画出它的扩张区域，只知道它同从西南边传来的那股恐慌潮汇到了一起。但是，它必定与桑宽（Sancoins）、波旁拉尔尚博（Bourbon-l'Archambault）、圣皮埃尔-勒穆捷、穆兰和阿列河畔瓦雷讷（Varennes-sur-Allier）等地的骚乱有关。它引起的旋涡，一直向加纳（Gannat）和维希推进，然后与从西部经由贝里（Berry）南边传来的恐慌潮相汇。

从西南方向传来的恐慌潮虽然发源最晚，却蔓延最远，但是，它的传播路线不难考证清楚。这支恐慌非常强劲，其势头自始至终不曾衰减。我们已知它在28日从吕弗克出发。在西边它似乎抵达了希泽和欧奈的森林地带，或者这两处也可能是地方性恐慌的中心。它似乎不曾经过叙尔热雷。拉罗谢尔（La Rochelle）、罗什福尔和圣尚-当热利等地对它无疑只是有所传闻。在北边，28日，它出现在锡夫赖和万城（Vans）。29日，它出现在吕西尼昂（Lusignan）和维沃讷

(Vivonne)。接着,它沿着克兰河(le Clain)下行,最终消散在普瓦捷。普瓦图平原的其他地方不曾发生恐慌,因而在这一恐慌区域和从旺代传来的恐慌之间插入了一个楔子,旺代的恐慌在四五天前已经结束。

恐慌从吕弗克和锡夫赖出发,在沙巴奈和孔福朗抵达维埃纳河,时间是晚上 10 点左右。从这里,它经过圣瑞尼安进入谷地,当晚就抵达罗什舒瓦尔,29 日凌晨 4 点又抵达利摩日。如果我们信赖乔治桑在《娜侬》中的描述,恐慌继续向圣莱奥纳尔(Saint-Léonard)推进。但是昂巴扎克(Ambazac)山脉、让蒂乌(Gentioux)和米勒瓦什的高原似乎限制了恐慌的扩张。从维埃纳河上游出发,它只是向南蔓延,同来自芒勒(Mansle)和昂古莱姆的支流汇合。从孔福朗向加尔唐普河(la Gartempe)推进的伴流扮演了主要的角色。恐慌经由蒙莫里永(Montmorillon)和圣萨万抵达该河,很可能继续前进至维埃纳河谷地,绍维尼(Chauvigny)对此有所记载,而沙泰勒罗(Châtellerault)也未能幸免。29 日清晨 6 点,它从贝拉克(Bellac)抵达了加尔唐普河,经由沙托蓬萨克(Châteauponsac)和格朗堡(Grand-Bourg),在晚上 5 点抵达盖雷。最后,它从多拉(Dorat)和马尼亚克拉瓦勒出发,呈扇形展开,通过下马尔什(Basse-Marche)一直推进到克勒兹河(la Creuse)谷地,并在晚间向四方散播,抵达勒布朗(Le Blanc)、阿让通(Argenton)、丹勒帕勒托(Dun-le-Palleteau),经由拉苏德兰(La Souterraine)抵达拉塞勒丹瓦斯(La Celle-Dunoise)。从那里,恐慌冲向安德尔河。阿让通的民众反应最为迅速,紧急向沙托鲁传去消息,后者在 29 日晚上 7 点收到消息。从丹城,消息也被迅速传递到拉沙特尔,在 9 点半抵达。相反,恐慌穿过布雷讷河和圣莫尔高原的速度相当缓慢。图尔、洛什和沙蒂永等地,只是在 30 日才受到海牙-笛卡尔(La Haye-Descartes)、普勒伊利（Preuilly）和勒勃朗等地恐慌的影响。沙蒂永和洛什早在29日晚就受到沙托鲁恐慌的强烈冲击。因此，洛什是来自曼恩和吕弗克的两支恐慌潮的汇合点。

从沙托鲁和拉沙特尔，恐慌席卷了贝里东部。30日凌晨1点，恐慌袭击了伊苏丹（Issoudun）。在白天，它在沙托纳穿过谢尔河，来到布尔日（Bourges）。恐慌继续北上：布卢瓦和桑塞鲁瓦两个地区之间，似乎没有形成连接点。在南边，恐慌也经由圣阿芒蒙龙（Saint-Amand-Montrond）抵达谢尔河，并经由沙托梅扬（Châteaumeillant）抵达瓦农。波旁内地区也在30日遭到恐慌入侵。这股恐慌潮前进，进入圣博内特龙赛（Saint-Bonnet-Tronçais）、塞里伊（Cérilly）、马耶和埃里松（Hérisson），直至科讷（Cosne）和比西耶尔（Bussiere）：这就到了波旁拉尔尚博的大门口，在此处，来自香槟的恐慌即将来袭。

盖雷的恐慌将传向康布雷勒（Combrailles）、奥弗涅乃至上利穆赞。事实上，29日上午11点，警报经由欧比松（Aubusson）沿着克勒兹河谷地推进，30日凌晨3点抵达费勒坦，从该地，恐慌绕过让蒂乌的高原，继续传向梅马克。

在东北，恐慌愈加肆无忌惮。它从盖雷出发，进入了谢尔河上方的谷地，经由布萨克（Boussac）抵达蒙吕松（Montluçon），再传入埃沃（Évaux），经由谢内拉耶（Chénérailles）传入欧藏斯（Auzances）。它向蒙吕松推进的速度尤其迅猛，在29日至30日夜突袭该地。凌晨2点，恐慌抵达讷里斯（Néris）。直到10点才抵达欧藏斯。通过蒙泰居、皮翁萨（Pionsat）和圣热尔韦（Saint-Gervais），恐慌绕过皮伊山脉（la chaîne des Puys），直奔利马涅，在晚上5点抵达里永和克莱蒙。31日白天，恐慌从四面八方包围了蒙多尔（Mont Dore）。其中有一股潮流从克莱蒙取道通往多尔多涅的山路，抵达博尔（Bort），然后从那里出发在晚上11点抵达里翁埃蒙塔盖（Riom-ès-Montagnes），接着抵达塞尔河畔维克（Vic-sur-Cère），最后抵达米尔-德巴雷兹（Mur-de-Barrez），时间是8月1日。

另一股恐慌潮从圣阿芒塔朗德（Saint-Amant-Tallende）、伊苏瓦尔（Issoire）和圣日尔曼朗布龙（Saint-Germain-Lembron）沿着阿列河推进，直至布里乌德，该地在31日晚7点遭到恐慌袭击。在伊苏瓦尔和布里乌德之间，通往康塔尔（Cantal）的阿拉尼翁河（l'Alagnon）谷地，畅通无阻。于是，恐慌取道布莱斯尔（Blesle）和马西亚克，一直推进到圣弗卢尔，时间不过是当天晚上。在里永、克莱蒙布里乌德和圣弗卢尔，西边传来的恐慌与东边传来的恐慌发生了直接接触。8月1日，恐慌推进到米拉（Murat），越过里奥兰河（le Lioran），经由吕盖（Luguet）的群山，一直渗透到孔达（Condat）和阿朗克（Allanche）。这样，它最终与从北部来的恐慌潮在塞尔河畔维克发生了交汇。

吕弗克的恐慌潮在南边传播得最为成功，几乎淹没了阿基坦全境。它首先经由芒勒抵达夏朗德河（la Charente），在28日凌晨3点抵达昂古莱姆。然后，恐慌继续沿这条河，经由雅尔纳克和科尼亚克（Cognac），一直传入桑特（Saintes）。在桑特，我们失去了它的踪迹，不过，滨海和南部的圣通日似乎保持了平静。

恐慌从昂古莱姆出发，继续向巴伯济约（Barbezieux）、拜涅和蒙唐德尔推进。但是，多布勒河（la Double）拦住了恐慌通往布莱（Blaye）的道路。于是，恐慌取道西南边的大道，从芒勒传到拉罗什福科，29日清晨6点至7点之间在尚涅出现。11点前后，恐慌抵达皮埃居（Piégut），午后不久，抵达内克松（Nexon）。从该地它继续传往圣伊里耶（Saint-Yrieix）。罗什舒瓦尔和利摩日的消息为之推波助澜。德罗讷河（la Dronne）和利勒河的谷地也向恐慌敞开了怀抱，于是，恐慌可以通往下利穆赞。

与此同时，恐慌经由农特龙（Nontron）涌入昂古莱姆、拉瓦莱特（La Valette）和蒙莫罗（Montmoreau）的森林地区，进入德罗讷河谷地，让该地陷入彻底的动荡。在拉罗什沙莱，恐慌大概获得了一个接力站，于是在午后4点抵达库特拉，从该地沿着多尔多涅河传入弗龙萨克（Fronsac）、利布尔讷（Libourne）、圣埃米永（Saint-Émilion），一直到贝尔热拉克，时间是29日至30日夜。清晨5点，恐慌出现在多尔多涅河左岸的圣富瓦。同时，它穿过多尔多涅河，从多处向利勒河推进。佩里格自然首当其冲，9日凌晨1点，经由布朗托姆（Brantôme）、布尔代莱（Bourdeilles）和里贝拉克传来的恐慌袭击了该地，30日，整个谷地，从蒂维耶直到米西当（Mussidan）都陷入动荡。但是，恐慌余波继续向韦泽尔河（la Vézère）传播：30日午后4点，从佩里格穿过巴拉德森林，恐慌出现在巴代福尔当（Badefols-d'Ans）。一小时后，吕贝尔萨克证实也爆发了恐慌，它来自圣蒂耶拉、蒂维耶、艾克斯西德伊（Excideuil）等地，并迅速抵达于泽尔克。30日上午，在泰尔拉松（Terrasson）、蒙蒂尼亚克和勒布等地，恐慌波及下韦泽尔。

从韦泽尔河，恐慌又转向多尔多涅河，只是分为两股支流：一支从于泽尔克出发，涌入多尔多涅河上游，并进入中央高原；另一支向多尔多涅河中游推进，传入拉兰德（Lalinde）、利默伊，抵达韦泽尔河河口，然后抵达东镇。东镇在30日夜里两三点前后已经受到了来自萨拉的恐慌的影响。因此，在30日一天时间内，恐慌就全线穿过多尔多涅河，清晨出现在贝尔热拉克西部，午后又出现在该地东部。说得更清楚一点，我们在多尔多涅河以南可以分辨出三股恐慌潮，当然，它们之间存在无数交汇点。它们分别是：来自圣富瓦或阿让奈的恐慌潮，来自利博或阿让奈东部和凯尔西的恐慌潮，和来自东镇或凯尔西东部的恐慌潮。最后这股恐慌潮转向了菲雅克和中央高原，其他两股则径直向南推进。

阿让奈的那一股恐慌潮 30 日拂晓从圣富瓦和让萨克（Gensac）出发，进入德罗河（le Dropt）谷地，从埃梅（Eymet）传入杜拉斯（Duras）和蒙塞居。然后，它经由蒙夫朗屈安（Monflanquin）和通伯博厄（Tombeboeuf）进入洛特河谷地，抵达新城和卡斯泰尔莫龙，时间是晚上。恐慌最后抵达阿让奈时已是午夜时分。这股恐慌潮还波及拉雷奥尔（LaRéole），可能还波及马尔芒德（Marmande）和托南（Tonneins）两地。但是，没有证据证明它进入了两海之间（l'Entre-Deux-Mers），或者越过加龙河侵入了巴扎代（Bazadais）。它在阿让奈抵达左岸，沿着热尔河（le Gers）和巴伊斯河（le Baïse）穿过阿马尼亚克。我们对传播路线的这一段知之甚少。巴伊斯河西边的梅赞（Mezin）留下了爆发恐慌的记载：因此，它一定穿过了内拉克（Nérac）和孔多姆，而不曾穿过莱斯朗代。但是，它出现在了阿杜尔河（l'Adour），直至艾尔（Aire）以南，莫布尔盖（Maubourguet）和维康比戈尔（Vic-en-Bigorre）。而维康比戈尔的恐慌一定是从米朗德（Mirande）传来的。在热尔河沿岸，恐慌在 8 月 3 日出现在欧什（Auch），可能是从莱克图尔（Lectoure）传来的。

利默伊的恐慌潮震动了德罗河源头的贝尔韦斯（Belvès）平原、蒙帕济耶和佩里戈尔自由城。由此，该恐慌潮一分为二，其中一支继续沿着洛特河推进，抵达菲梅勒和利博。另一支向卡奥尔进发，头一条支流越过谷地，成功抵达阿让奈图尔农（Tournon-d'Agenais），时间是 30 日晚 8 点，很快它就来到蒙泰居，连夜传入洛泽特。31 日，这条支流抵达拉夫朗赛斯（Lafrançaise），塔恩河（le Tarn）和阿韦龙河（l'Aveyron）在此交汇，还传到穆瓦萨克和加龙河沿岸。传到瓦朗斯后，在那里，它似乎越过了该河。从拉夫朗赛斯和穆瓦萨克，该支流在一天之内就抵达蒙托邦，8月1日在图卢兹引发了首轮警报。从瓦朗斯，它穿过洛马涅地区，据报出现在欧维拉尔（Auvillars）和圣克莱尔，8月2日又从这两个地方传入图热、日蒙、圣安德烈、萨马唐（Samatan）和隆贝（Lombez）。它经由利勒昂多东（L'Isle-en-Dodon）和布拉让（Blajan）重新北上，抵达萨瓦河（la Save），又经布洛涅抵达日莫讷河（la Gimone），之后，在卡斯泰尔诺一侧与从圣富瓦来的恐慌潮汇合，并在拉讷姆藏（Lannemezan）高原的斜坡上止步不前，8月5日，在蒂扎盖（Tuzaguet）的确爆发了恐慌。但是，恐慌此时已经转向西边，4日传入塔布（Tarbes）。从该地，恐慌继续前进，抵达巴涅尔-德比戈尔（Bagnères-de-Bigorre）。恐慌从塔布、莫布尔盖和比戈尔地区维克等地出发，抵达奥桑（Ossun）和蓬塔克（Pontacq），接着向波城（Pau）、纳伊（Nay）、科阿尔拉兹（Coarraze）推进，最后，8月6日抵达卢尔德。在莫布尔盖以下的阿杜尔河沿岸，在沙洛斯（la Chalosse）、贝阿恩和巴斯克，都没有发现恐慌的迹象。除了卢尔德和阿热莱斯（Argelès）周围的谷地，比利牛斯山区西部也没有任何恐慌的踪迹。

利莫伊恐慌潮的第二条支流31日抵达卡奥尔，凌晨4点，迅速传入卡斯泰尔诺-德蒙特拉蒂耶、蒙珀扎（Montpezat），9点又传入科萨德（Caussade），最后，在圣昂托南（Saint-Antonin）、布吕尼屈厄（Bruniquel）、蒙特里库（Montricoux）和内格勒珀利斯（Négrepelisse）等地抵达阿韦龙河。这一支流也分出了一些旁支，但这些旁支消失在了喀斯地区。它斜穿过阿韦龙河，在8月1日抵达加亚克。接着，8月2日，经由格罗耶（Graulhet）穿过黑麦地（les ségalas），抵达卡斯特尔。这支恐慌很可能在加亚克、利勒达尔比（L'Isle-d'Albi）或拉巴斯唐（Rabastens）获得了新的动力。无论如何，8月2日，它抵达了塔恩河河曲，并出现在比泽（Buzet）。从那里，恐慌穿过蒙塔斯特吕克-拉孔塞莱尔，8月3日在图卢兹引发了第二轮警报。

就在同一天，清晨6点，恐慌也出现在塔恩河畔的维勒米尔（Villemur），位于比泽下游，然后继续穿过弗龙通（Fronton）和布罗克（Bouloc），抵达格勒纳德（Grenade）和凡尔登：从这里，8月3日，警报沿萨瓦河下游传入利勒茹尔丹（L'Isle-Jourdain）以北。事实上，它是从北方传来的。当然，它也可能是洛马涅恐慌的余波。无论来源如何，它很可能在同一天穿过西部来到图卢兹。

8月3日的恐慌从图卢兹出发，在同一天穿过米拉（Muret），4日穿过卡庞（Capens）和卡尔博讷（Carbonne），沿加龙河上行，至少推进到马特尔（Martres）。但是，8月1日的恐慌显然发生在此之前。尽管上述诸地都未留下相关记载。并且，这一支恐慌一定继续南进，经由孟德斯鸠-沃尔韦斯特（Montesquieu-Volvestre），因为它在2日晚或2日至3日夜出现在圣日龙、里蒙和卡斯蒂隆。3日，恐慌抵达勒马斯-达济勒，是从北边的多玛赞（Daumazan）传来的。

恐慌还抵达阿列日河（l'Ariège），因为在2日至3日夜，它出现在萨韦尔丹（Saverdun）。帕米耶（Pamiers）要到4日晚上7点才接到警报，很可能来自图卢兹的第二轮警报。8月5日或6日，它出现在维克代索（Vicdessos），肯定传入了富瓦。从帕米耶和富瓦出发，恐慌经由米尔普瓦（Mirepoix）和拉沃拉内（Lavelanet）折向东方，因为在沙拉布雷（Chalabre）、里德勒（Ridel）和勒佩拉（Le Peyrat）等地出现了恐慌。8月5日和6日，贝莱斯塔（Bélesta）也出现了恐慌。恐慌还侵入了奥德河（l'Aude）畔的基扬（Quillan）、科比耶尔（Corbières）的比加拉什（Bugarach），在8月5日抵达科迪耶（Caudiés）。恐慌的踪迹消失在群山之中，但是，在圣保罗-德弗努耶（Saint-Paul-de-Fenouillet）和北距普拉德（Prades）不远的莫塞（Mosset）也能看到余波。

渗入中央高原的恐慌潮伴流数不胜数。前两支衍生自于泽尔克的恐慌，使得韦泽尔河和科雷兹河之间的莫尼迪埃（Monédière）高地陷入完全的动荡。其中，第一支穿过梅马克、于塞勒（Ussel）、埃格勒通（Égletons）、讷维克和博尔，抵达博尔的时间是30日晚。31日，费勒坦和克莱蒙接到警报，前面已经提到过克莱蒙传出的消息。于是，就连这个僻远的角落也在接下来数天内遭到一连串警报袭扰，正是这些警报在8月1日引发了圣昂热的事件，这个事件我们稍后再谈。恐慌从博尔和讷维克出发，向里翁埃蒙塔盖和莫里亚克（Mauriac）推进。从莫里亚克，恐慌继续传往欧里亚克（Aurillac）。第二支在30日凌晨抵达图勒和布里夫。当晚，它又来到阿让塔（Argentat）和多尔多涅河畔的博略。31日，恐慌经由拉罗屈埃布鲁（Laroquebrou）沿赛尔河上行，一直传入欧里亚克。

在另一方面，东镇的那道恐慌潮流穿过格拉马的喀斯地区，缓慢朝圣塞雷推进，迟至31日才抵达。它穿过菲雅克的速度要快得多，当地在30日就得到了消息。接着它传入莫尔，然后是欧里亚克和米尔-德巴雷兹。它也传到了昂特赖格（Entraygues），并从这里沿着特吕伊河一直传入绍德艾格（Chaudes-Aigues），然后在7月31日至8月1日夜抵达圣弗卢尔。因此，在康塔尔西侧和南侧，以及熔岩高原（la Planèze），来自吉耶讷的各股恐慌潮和来自奥弗涅的各股恐慌潮到处都在发生冲撞。

从昂特赖格出发后，恐慌也沿洛特河一路溯流而上，直至芒德。在这里，它与来自维瓦赖、正向鲁埃格河推进的恐慌潮发生了交汇，后者已经在凯尔西南部引发了警报。从卡奥尔出发后，恐慌兵分两路，一路沿洛特河，一直上溯到卡雅克（Cajarc），一路径直越过利莫涅高原，在31日晚10点抵达维勒弗朗什。来自卡尤斯的一名信使也进入了该城，之前他已经接到科萨德的警报。随后，罗德兹（Rodez）、莱萨克和塞韦拉克（Sévérac）也遭到波及，8月2日和3日，来自阿韦龙河上游谷地的恐慌消息传入米约。在这里，这些恐慌与来自塞文山脉的消息汇合到一处，从加亚克沿塔恩河上行的谣言也汇入其中。8月3日，这一谣言突然在昂比亚莱（Ambialet）出现。于是，从克莱蒙到米约，再经过欧里亚克、圣弗卢尔和芒德，这一带构成了东部恐慌和西南部恐慌的缝合线，而米约无疑是恐慌潮汇聚得最多的法国城市。

以上对大恐慌的传播路线尽可能做了一番描述。无须再次强调，在许多方面，以上路线显然都有待将来的研究加以完善。

第七章 恐慌的余威

对盗匪的恐惧，综合了一切不稳定的因素，从而引发了大恐慌，即便民众发现盗匪并未来袭，也不会祛除对盗匪的恐惧。事实上，那些诱发恐惧的因素依然存在：庄稼收获的关键期至少延续到8月底。饥荒、失业、苦难和随之而来的乞讨，仍然肆虐了很长一段时间。要等秋季打谷完成后，饥荒才逐渐减轻。

1789年8月，巴黎市政厅关闭了济贫工场，并试图将蒙马特的工人遣送回乡，因为他们已将这里弄得乌烟瘴气。更重要的是，贵族的阴谋仍然是空前热门的话题：人们否认阴谋论，并且严厉谴责革命派继续相信它。如今我们知道，他们的恐惧越来越得到各种证据的支持：1789年7月，只有宫廷敢于冒天下之大不韪，准备推翻国民议会，而到了1789年的最后几个月，地下反革命联盟蔓延至各省，流亡国外的贵族贼心不死，路易十六自身也在竭力请求外国君主武装干涉。无论如何，只要了解当时民众的心理，我们就不会惊讶：为什么在大恐慌之后的几星期里，又爆发了大量的地方性恐慌。

8月14日，桑利的委员会否认了巴黎流传的消息：2000名盗匪在森林中出没。15日，蒙迪迪耶爆发了恐慌。22日，在朗布依埃，谣传"盗匪在乡间出没"。5日，靠近克拉姆西的阿斯南（Asnan）也传出了警报，16日，奥尔良传出了另一次警报，收割庄稼的工人绑架了库尔米耶（Coulmiers）附近的巴孔（Bacon）的一位商人的儿子，索取赎金。7 日在卡昂，紧接着在托里尼县（canton），都引发了警报。8 月初，在圣夫洛朗坦南部，蓬蒂尼周边的森林地区，爆发了猛烈的恐慌，伊西莱维克（Issy-l'Évêque）和阿鲁河畔土伦也发生了几起类似事件。3 日至 4 日夜间，一轮新的恐慌在布雷斯爆发，无疑源自图尔尼。它在布莱特朗止步不前，多亏勒古布（Lecourbe）冷静地制止了鸣钟示警。8 月 7 日，在比热以东的米沙伊沙蒂永（Châtillon-de-Michaille）周边也发生了类似事件。8 月 9 日至 10 日夜，在尚帕尼亚克（Champagnac）附近的奥弗涅又发生了一起大规模的恐慌，6 日在拉奎耶也发生了一次同类事件。5 日，在锡夫赖，收割庄稼的工人以为看到从一辆马车中伸出了一个步枪的枪托和枪管，结果在民众中造成了恐慌。8 月 10 日至 11 日夜，佩里戈尔的博略再次鸣钟示警。10 日以后，在蒙米赖卡斯泰尔诺（Castelnau-de-Montmirail），又爆发了一次大规模的恐慌，该地位于加亚克西北方。22 日，佩克凯斯（Pecquais）的盐仓工人将恐慌传到了沃韦尔（Vauvert）。15 日，圣日龙的市政当局决定派出人马搜集信息，"据说有 10000 名战斗人员在巴塞罗那（Barcelone）登陆，兵锋直指西班牙的加泰罗尼亚（la Catalogne espagnole），该地正与法国一侧的加泰罗尼亚（la Catalogne française）接壤，这个消息并非无根之谈"。21 日，在艾克斯，谣传有一帮盗匪自马赛来袭，引发了新的恐慌。这些恐慌仍然局限于某一地，大概是因为 7 月的惨痛教训让民众变得不那么轻信，也因为收获季节已经结束。

　　从现有的文献看，警报似乎已经停止传播。但是，当 1790 年的收获季节临近时，它们再次出现，这说明了这一因素在大恐慌的酝酿中起到的重要作用。据报道，7 月 16 日，一群农民前往吉斯附近的一座修道院，此地涉嫌藏有武器和弹药。很快，盗匪正在破坏庄稼的谣言就在当地传开了。恐慌推进到里布蒙，晚上 8 点抵达拉昂。恐慌还穿过蒂耶拉什向西北方向推进，抵达勒泰勒（Rethel），散播到整个波尔西恩（Porcien），直至阿登边界的里莫涅（Rimogne）和罗克鲁瓦（Rocroy）。早在 12 日，一起原因不明的事件就在韦兹利斯（Vézelise）引发了类似的恐慌，从该地，恐慌传入南锡和吕内维尔（Lunéville）。17 日，恐慌出现在阿蒙拜伊司法区的阿邦库尔（Aboncourt）。没有任何线索表明，它与韦泽利斯的恐慌有关，但是，它们之间并非完全不可能存在联系。

三个星期后，一起剧烈的恐慌再次激活了大恐慌的另一个要素：对贵族阴谋的恐惧心理。7 月底，民众获悉奥地利军队正向反叛的荷兰挺进。根据 1769 年的条约，路易十六当局已经授权这支军队在必要时穿越法国领土。法国东部的民众坚信，镇压荷兰的反叛不过是一个幌子，帝国军队的真实目的是要镇压法国革命。8 月 3 日，在瓦雷讷附近的谢皮（Cheppy），据说有人目击了这支大军的一个分队：可能是布耶（Bouillé）的巡逻队被误认为是奥地利军队。

无论真相如何，谣言飞舞，有燎原之势，据说地里的庄稼被烧毁或抢夺，罪犯一说是奥地利人，一说是盗匪。整个阿尔贡都震惊不已，向四面八方求援。14 日，巴勒迪克也接到了警报，当即号召巴鲁瓦全境进行武装。于是，消息在 5 日抵达圣迪济耶。在东面，它穿过圣梅内乌尔德，抵达沙隆和兰斯。在西面，它在 4 日抵达凡尔登和圣米耶勒（Saint-Mihiel）。从凡尔登出发，恐慌在 5 日传入梅斯，然后是蒂永维尔（Thionville），整个沃夫尔地区（Woëvre）都发出了警报，远至隆维。它也沿着默兹河下行，至少抵达斯特奈（Stenay），甚至远至埃纳河。于是，从武济耶（Vouziers），它再次波及波尔西恩，直至里莫涅。在蒂耶拉什地区，恐慌一直传到罗祖瓦和蒙科尔内（Montcornet）。这些警报引起了与 1789 年相似的骚动。斯特奈的卫成司令引起了民众的怀疑，并受到了威胁。在大梅利尼（Méligny-le-Grand），骚乱者闯入了当地领主的宅邸，抢走了武器。阿邦库尔的城堡也遭到洗劫。

对盗匪的恐惧在1791年再次出现在瓦雷讷，在王后出逃的第二天，它又出现在塞纳-瓦兹（Seine-et-Oise）的特拉普（Trappes），6月24日，它出现在德勒。第二年，在8月10日消息传出后，它再次出现在了日索尔（Gisors）。再往后，1793年4月20日，剧烈的恐慌在科地区爆发，地点在伊沃托（Yvetot）周边。谣传英国人已经登陆，贵族收买的盗匪四处肆虐，意在方便英国军队顺利挺进。最后，1793年9月末，莫城周边地区响起了警报。塞纳-马恩（Seine-et-Marne）前副主教弗农写给夏波（Chabot）的一封信，留下了相关线索。信中说的不是很清楚，却反映了恐慌的某些特征，值得在此引用一下："上个星期一（9月23日）我们接到了虚假警报。据说3万名无套裤汉一眨眼就纠集起来了：贵族休想再次趁此图谋不轨。民众一定会还以颜色。"因此，只要革命处于危急之中，恐慌就会持续不断。我们有理由希望，除了上面提到的恐慌事件，未来的研究还会揭示更多的恐慌。我们尝试对1789年大恐慌提出的解释，似乎得到了这些事件的证实。

第八章　恐慌的后果

　　大恐慌期间，在城市和农村发生了许多政治运动和骚乱，并且时常被认为是大恐慌的后果，特别是当人们已听信了阴谋论的时候。事实上，要辨别大恐慌自身的影响并不容易。首先，7月20日到8月6日之间的这段时间，不能当成单独一个时间段进行处理，因为恐慌并未在各地同时爆发。其次必须始终牢记，对盗匪的恐惧和大恐慌是两回事。最后，时间上的巧合并不表示就存在因果关系：那些在恐慌爆发之前已发生反叛的地区也是如此。这一点也适用于反叛据点周边的地区。因此，布雷斯在恐慌期间经受了巨大的动荡：26日，在沃纳，贝奥的城堡遭到了附近农民的洗劫，在图瓦塞（Thoissey），地籍簿被毁掉。27日，在蓬德韦勒（Pont-de-Veyle）也发生了类似事件。28日，在阿尔莱（Arlay），本地民众要求布兰卡（Brancas）公爵夫人交出文契档案。但是，就在几天前，骚乱已经在布尔格的大门前和罗米内引发了类似事件。

　　只要有马孔内为邻近地区做出表率，就绝不能假设，如果恐惧没有爆发，就不会有人起而效法。这一看法可得到下述事实的支持：骚乱在那些不曾出现恐慌的地区继续蔓延，势头也毫不逊色。因此，我们不能将8月3日和4日在鲁昂发生的反叛归罪于大恐慌，7月末或8月初推翻菲迈（Fumay）、马林堡（Marienbourg）和济韦（Givet）

市政当局的反叛也不能算在它头上。最后，大恐慌更不能为各地独立倾向的不断增强负责，这些独立倾向往往表现为暴力活动。例如，洛林、埃诺和康布雷齐的农民反抗什一税征收者和领主的行动。最后还须补充一点，在城市中，恐慌更多地重建了对共同防御的共识，恐慌几乎总是悬置或缓解而不是加剧城市内部原有的矛盾冲突。最后，我们再强调一次，组建委员会和武装民众，早在恐慌爆发之前就开始了。认为恐慌过后所有村庄都组建了民兵，这是个错误的印象。许多地方要等到8月10日的宣言之后才有所行动，并且直到1790年，还有个别地方未曾组建国民卫队。

除去上述限定，大恐慌的影响是不容置疑的。在大多数情况下，委员会和城市民兵仍处于萌芽状态，或者只是一纸公文。大恐慌促使委员会组织起来，给它们施展拳脚的机会。大恐慌还促使民兵聚集起来，获得武器和弹药。正是由于大恐慌，武装民众的思想才渗透到各个城市和村庄。大恐慌巩固了城市同其周边乡村之间的团结，也巩固了城市彼此之间的团结，以至于在某些省份，这类联合最早可以追溯到1789年7月底。但是，这一局面也不能过分夸大：听到盗匪来袭，很多人只想逃跑。

各地武器稀缺，绝大多数民兵分配不到步枪。乡村民众出征之际，只能将农具或棍棒当作武器。民众很快就厌倦了巡逻，并且几乎从未想过要训练这些公民士兵。然而，从民族的角度来看，对恐慌的反应绝不容忽略。简单说，恐慌为大起义做了彩排，可以说是第一次全民总动员，在此期间，民众时常展现出大革命时期的战斗精神，特别是那些令人想到1792年和共和二年的标语。在于泽尔克，民兵佩戴的徽章上写着："不凯旋，毋宁死"，在贝桑松，来自著名的巴坦（Battant）市郊的50名少年组建了一支连队，旗帜上写着这样一行标语："老兵退去，少年登场"。(Quand les vieux quitteront, Les jeunes reprendront.）

如今，这些民族自豪感和团结精神，已经和大革命的激情形影不离。如果人民发动起义，那是为了挫败阴谋（盗匪和外国军队无非是阴谋利用的工具），也是为了彻底击垮贵族。因此，大恐慌，由于它引发的激烈反应，对社会冲突产生了深远的影响：第三等级的成员之间展现出的阶级团结令人惊叹不已，他们更加意识到自身力量的强大。贵族也没有看错这一点。7月28日，布兰卡公爵夫人的管家写道："夫人，如今人民成了主人。人民已经恍然大悟，他们清楚自己是最强大的。"

此外，大恐慌常常转而反对贵族和高级教士，尽管据说他们是大恐慌的幕后推手。通常，民众无非是发发牢骚，或者危言耸听。例如，在圣日龙，泰尔萨克继续在民众中安然奔走，试图以身作则，恢复秩序。但是，民众有时也会动手：8月7日，若斯（Josses）是波城高等法院的主席，一度在巴涅尔-德比戈尔身陷险境。2日，在圣阿夫里屈，退出国民议会的贵族代表蒙卡姆（Montcalm）的居所遭到闯入。滋扰事件频发。在蒙迪迪耶，贵族被农民赶到一起，强迫他们佩戴革命徽并高喊：第三等级万岁！这不是孤例。领主的城堡比以往任何时候都备受怀疑，农民闯入城堡的事件剧增。7月31日，在莫里亚克，民众怀疑埃斯潘沙（Espinchal）窝藏了显要人物。在纳讷奈（Nanenais）的塔奈、阿让奈的阿莱芒（Allemans）、图卢兹的阿斯南，都发生了类似事件。

一般来说，到访的人群会索取食物和饮料，甚至金钱。他们威胁烧掉城堡，例如在福雷的绍法耶勒。一些宅邸被洗劫一空：7月24日，卡奥尔的主教在梅屈埃斯（Mercuès）的宅邸，以及鲁昂蒂埃（Rouandière）的骑士在圣但尼当茹（Saint-Denis-d'Anjou）的宅邸。在皮卡第的弗雷图瓦，农民洗劫当地城堡，希望找到藏起来的粮食，带领他们的是一名本地的老兵，他当过领主的仆役，前一天刚从贝里抵达，曾经路过巴黎，他在贝里时是一名猎苑守卫。各地的农民也夺回被没收的步枪，还杀光了领主养的鸽子，甚至要求领主放弃全部封建特权，例如在福雷的拉可莱耶特和圣通日的拜涅。但是，尽管这些事件同恐慌爆发前的事件之间存在明显的联系，这种联系却往往被夸大。泰纳提到在奥弗涅有9个城堡遭到烧毁，但其实一个也没有。在大多数省份，事态并不十分严峻，特别是同整个运动的势头相比。不过，作为大规模的农民反叛的余波，这些事件自然也完成了恐吓贵族的任务。

瑟孔迪尼发生的事件，因为泰纳的引证而家喻户晓，该地位于帕尔特奈南部的普瓦图郊区，但是，审判记录显示，原告德普雷-蒙珀扎（Desprès-Monpezat）更多是因为愚蠢和轻率而自作自受。7月23日一大早，他从拉沙泰格赖厄的代理总督那里收到一封来信，信中通知盗匪即将来袭。于是，他鸣钟示警，并派出一名副手去召集附近森林中干活的伐木工。然后，他回到自己家，无所事事。接到警报后，工人连忙与工头和阿图瓦伯爵的猎苑守卫一起，同当地人聚集起来。整整一个早上，没有一个人来告知他们究竟发生了什么。最后，他们找上了德普雷，他正在享用早餐。德普雷承诺立即赶往村里。其实他依然无动于衷，民情开始激愤。民众害怕遭到出卖，因为他们知道，德普雷和其他不少人已经接受任命，要在三级会议选举贵族代表期间充当官方联络员。此外，"有谣言称他们想谋杀一名工友"。简而言之，4点半前后，德普雷看到人群气势汹汹地回来了："嗨，村长先生，贵族联络员先生，我们逮着您了……您是第三等级吗？……您让我们好好等着，以为可以愚弄我们，浪费我们的时间，您要付出代价。"德普雷只好戴上革命徽，民众把他带到公证人埃斯科（Escot）那里，逼迫他签字，放弃税收特权。他设法出言辩解，说自己遭到了粗暴对待。而要民众相信这一点也并不困难。根据他的陈述，工人向他保证，猎苑守卫塔尔博（Talbot）有"一封信"，信中煽动他们"袭击本国的所有乡村士绅，无情地屠杀那些拒绝放弃特权的人，洗劫并焚毁他们的城堡，并许诺这些罪行不仅不会受到任何惩罚，还会得到奖励。"这个细节为我们揭示了催生农民反叛的心理状态：大恐慌只是为之提供了一个宣泄口。随后，德普雷谈到了某个阴谋，并指控公证人埃斯科和某个叫吉古（Gigaut）的裁缝，后者被捕之后，声称他们两人同德普雷有过争执，所以德普雷诽谤他们以求报复。

从这份材料完全可以看出，他们都发表了一些煽惑听众的言论。埃斯科刚从尼奥尔（Niort）返回，扬言当地已经杀了一个士绅，因为他拒绝签字放弃特权；吉古刚去过南特，扬言当地在国王授意下劫掠和焚烧城堡，本地也应该效法。吉古还宣称自己去南特是为了"加入共济会"。鲁在他的《维埃纳省大革命史》中认为，这足以证明，吉古为革命派领袖服务。这个裁缝处境并不困窘，肯定不属于通常允许加入共济会的人，而且他的说辞非常诡异。但是，审讯他的司法官，还有那些不赞成大革命的人，并没有注意这些矛盾之处。总之，德普雷只是受了点惊吓，而那也是他咎由自取。

布罗格利伯爵夫人也躲过了一劫。8月2日，她领地内的农民闯入她在吕弗克的城堡。见势不妙，她连忙把之前没收的枪支还给了他们。

遭遇更加悲惨的要数圣通日的拜涅的农场经理保利安（Paulian）。7月30日，当地民众在恐慌的刺激下，将他的办公室和个人物品洗劫一空。蒙塔西耶（Montausier）伯爵试图制止，却遭到指责，被迫宣布放弃自己的特权。德鲁埃（Drouhet）男爵更加不幸，他成了在利穆赞的圣昂热上演的一出悲喜剧的主角，从而闻名全法。8月1日，当地传出警报后，他率领自己的附庸赶来支援圣昂热，该城的民众误以为是盗匪来袭。于是，德鲁埃不得不在城门口停下，等待市政官员出来问询。一番解释后，市政官员邀请他入城共进午餐，他带来的人马就地露营。但是，圣昂热的居民仍然怀疑这个贵族动机不纯，很快就掀起了一场骚乱。结果，德鲁埃的人马溃逃，只有极少数人沦为俘虏。民众打算杀死他们的头头德鲁埃和加入他的贝里奈（Belinay）男爵，后来，把他们五花大绑，送到了梅马克。在那里，他们的处境也岌岌可危，只好再次被遣送到利摩日。这段旅程非常痛苦，所到之处，民众都以为他们是被抓到的盗匪头子。在利摩日，他们被关进监狱。尽管委员会很快就判定他们无罪，却不敢开释。8月12日以后，欧里亚克出现了一本小册子，欢呼"奥弗涅对贵族的胜利"。德鲁埃不得不发布一份声明证明自己的清白，直到9月7日，按照国民议会的命令，他才得到释放。

上述骚乱尽管令人遗憾，却并未像大恐慌之前的农民反叛那样在各省造成很大的破坏，也没有导致人丧生。不幸的是，情况并非总是如此。大恐慌也引发了三起谋杀案和多菲内的农民反叛。

杀人事件发生在曼恩的巴隆、维瓦赖和勒普赞。7月23日，巴隆的骚乱分子杀害了屈罗和德蒙特松，他们是在努昂（Nouans）被抓到的。屈罗是勒芒的副市长，素有囤积粮食的恶名。德蒙特松是贵族代表，离开议会回来递交辞呈，18日，他在萨维涅就差点被骚乱分子淹死。在勒普赞，海军军官阿巴莱特里耶（Arbalétrier）丧生：29日，他从洛里奥尔去拜访一位友人，扬言警报有假。不幸的是，后来又发生了第二轮警报，民众于是认为他这是给盗匪打掩护。面对威胁，他似乎拔剑示威，结果立即被制服。当局试图拘留他，好救他一命，但是骚乱分子将他拖出监狱，当众处死。在农民反叛和大恐慌期间，这是唯一一起有确凿记载的杀人事件。

在许多著作，尤其是在泰纳的书中，我们还能看到巴拉斯

（Barras）的事迹，据说他在朗格多克被暴民分尸。但是，相关记载都源自拉利给他的选民的第二封信。遗憾的是，信中不曾说明事件发生的具体位置。我们也无法找出巴拉斯究竟是何人，住在哪里，或者他是否真是某起犯罪的受害者。令人惊讶的是，在当时的文献中没有任何提及这一事件的记载，而且当时也报告了许多子虚乌有的人身伤害事件，在未发现确凿证据以前，我们最好还是认为，向拉里提供消息的人弄错了，或者有所夸张。

至于多菲内的农民反叛，在科纳尔的《多菲内的大恐慌》一书中有详细记载，这里只是略加概括。事情起因于布尔昆的民众集会。7月27日，周边地区的农民在此聚集，此前传来了蓬德博瓦桑发生恐慌的消息。农民们惴惴不安，在大街上枕戈待旦。很快，他们的怒火就转向了贵族，认为正是这些贵族散播了恐慌。28日清晨6点，他们赶到城市西面，烧毁了沃尔克斯主席的城堡。随后，他们分头行动，一步步在所有村庄中掀起了反叛。28日和29日，布尔布尔河沿岸及其西边的城堡，一个接一个被火焰吞没。里昂当局进行了制止，损害才没有进一步扩大，但是，农民一直推进到罗讷河，焚烧了罗讷河南岸的其他城堡，其中以昂通（Anthon）男爵的城堡最为富丽堂皇。30日，他们抵达布尔布尔河东岸，渐次推进，进逼拉尼约。在该地，从里昂派出的队伍再次赶来救援克雷米约，保全了拉萨莱特（La Salette）修道院，驱散了反叛者。

在此期间，从布尔昆到罗讷河和居埃河，爆发的反叛越来越多，但性质不太严重，因为没有发生纵火事件。在萨利尼农（Salignon）和圣舍（Saint-Chef）爆发小规模战斗之后，31日，里昂再次干预，镇压了反叛。反叛的烈火同时向西南蔓延：31日，奥尔纳西厄（Ornacieux）高等法院院长的城堡也遭到焚毁，反叛蔓延至勒佩阿格德鲁西隆（Le Péage-de-Roussillon）周边。在这里，8月3日，泰尔雷巴斯（Terre-Basse）的城堡得到了保全。叛军一直推进到朗莱斯唐（Lens-Lestang），7月31日至8月1日夜间，该地的索恩城堡遭到了纵火。

在东南方向，格勒诺布尔的民兵一直推进到维里厄，成功阻止了农民继续前进。但是，8月1日，民兵撤退了，反叛再次在市郊爆发。这次没有城堡遭到焚毁，但陆续发生了一系列非常严峻的事件，直至9日才有所缓解。在严重程度上，多菲内的农民反叛不逊于甚至超过了马孔内的农民反叛。检察长雷诺（Reynaud）宣称，80座城堡受损，其中9座城堡遭到焚毁。

因此，不妨由此得出结论：大恐慌在乡村地区造成的后果，远比它在城市中造成的后果严重。大恐慌加速了封建制度的毁灭，并引发了新一轮的农民反叛。在农民的历史中，它留下了浓墨重彩的一笔。

结　论

　　大恐慌产生自对"盗匪"的恐惧，而这种恐惧又可以由 1789 年法国的经济、社会和政治环境得到解释。

　　在旧制度下，乞讨是乡村地区的一大祸害。从 1788 年开始，失业和生活成本高涨加剧了这一弊端。饥荒引起的无数骚动，进一步恶化了社会秩序。政治危机也是一个重要因素，因为它使得民情激愤，让整个法国动荡不安。乞丐、流浪汉、骚乱分子，到处都被指责为"盗匪"。庄稼收获季节，不安和焦虑时时刻刻都在酝酿。收获季成了一个令人生畏的时期，地方性的警报因此激增。

　　在庄稼收获开始以后，由于第三等级同王权支持下的贵族阶级之间的冲突，在好几个省份，饥荒引发的骚乱带上了一种社会冲突性质，并突然转化为内战。巴黎的起义和试图将盗匪从首都及各大城市驱逐出去的防范措施，将对盗匪的恐惧普遍化了。另一方面，民众也在忧心忡忡地等待失败的贵族携外国军队而至，对第三等级进行报复。根本没有人怀疑，贵族已经收买了所谓的盗匪为他们效劳。于是，在经济危机，加上政治和社会危机的共同作用下，大恐慌深入人心，地方性的警报传遍整个王国。但是，对盗匪的恐慌是一种普遍的现象，而大恐慌却不是这样，把二者混为一谈是错误的。

　　在大恐慌的产生过程中，没有任何阴谋的迹象。如果说对流浪汉的恐惧并非空穴来风，那么，所谓为贵族效劳的盗匪就是一个幽灵。毫无疑问，革命派也协助了唤醒这个幽灵，但他们没有恶意。革命派传播关于贵族阴谋的谣言，因为他们相信这是真的。只是他们过分夸大了它的重要性：只有宫廷曾计划通过政变推翻第三等级，可悲的是无力将之付诸实施。但是，革命派不愿犯轻视对手的错误，一旦革命派以为他们的对手也有旗鼓相当的毅力和决心，便不无理由担心出现最糟糕的局面。而且，为了把各个城市拉入自己的阵营，革命派还用不着发动大恐慌。市政革命和武装民众，在大恐慌之前就发生了，这是最有力的证据。至于城市和乡村的那些在资产阶级背后蠢蠢欲动的穷人，他们绝望的暴动以及革命事业因此受到的损害，只能引起资产阶级的忧虑。革命派的敌人谴责革命派煽惑穷人推翻旧政权，以便建立新秩序取而代之，本在情理之中；而革命派谴责贵族涉嫌煽动无政府状态，以防止资产阶级夺权，也一样顺理成章。此外，对盗匪的恐惧为武装民众同时无须明目张胆地反对王权，提供了一个绝佳的借口，这是显而易见的。但是，国王本人在图谋反对国民议会的时候，不也打着同样的旗号？特别是就农民而言，资产阶级并无任何兴趣看到他们以反叛来推翻领主制度，而制宪议会也将很快显示它对待农民反叛的审慎态度。但是，再说一遍，即便承认国民议会的态度完全相反，它也无须诉诸大恐慌：农民反叛很早之前就已经开始。

但是，我们决不能认为，大恐慌对大革命的进程毫无影响，或者用哲学家的话来说，认为大恐慌只是一种次生现象。恐慌立即引起了激烈的反应，在其中，大革命的好战激情第一次展现出来，民族团结也获得了自我表现和巩固的良机。此外，这种反应——尤其在乡村地区——转而反对贵族。大恐慌促使农民聚集在一起，让他们意识到自身力量的强大，推翻封建制度的攻势获得了新的支援。因此，大恐慌值得我们关注的地方，不仅在于它奇特而富有戏剧性的特征：它还为8月4日之夜铺平了道路,[1]因此,它堪称我国历史最重要的一个阶段。

---

[1] 8月4日之夜是制宪议会制定反封建法令开始之日,因会议彻夜进行而得名。会上提出的废除贵族狩猎、鸽舍、兔囿、免税等特权和教会什一税的提案后来陆续形成法令,通称"八月法令"。——译者注

附 录

张贴在布雷斯地区的博勒佩尔的手写通告,署名加亚尔。
[法国国家档案馆,D^{xxix} 90,乌丹(Oudin)卷宗。]

1789年4月28日,某人在凡尔赛提出的控诉,关于领主的法官如何欺压百姓,以及他们如何被契约、债券、票据以及其他不法行为造成的错误所欺诈。

1. 一切从属民处巧取豪夺各种权利的领主,都必须合法返还上述权利,包括相关费用。
2. 一切已经提起的诉讼都将在庭外调解,或由比城市律师更熟悉事务的本地专家处理。
3. 一切非法索取超过利息所得的高利贷者都必须将之退还。
4. 一切未耕种的土地都应分配给无地耕作的穷人,或者以国王陛下和村社的名义出佃收租。
5. 国王既不能一一知悉发生的事件,只有来到民众中间,才能认清弊端并予以纠正。
6. 兹命令各地长官、本堂神甫和骑警诸人,按照国王的意愿,各司其职,共克时艰。
7. 本通告无法付梓,因在凡尔赛待印刷的出版物过多。

8. 任何人都有权抄写本通告，并尽快转发给各相关地方。此系大臣的命令。

依据1789年4月28日国王陛下在凡尔赛的敕令，由吾等批准并签发。

［签名］：拉图什（Latouche）

［手写通告周围环绕着一道包有细线的边框，在边框下方，用不同的笔迹写有下述建议：］

助理法官应揭下本通告，并送达邻近教区。

［在右侧，法官和被告确认了该文件的真实性：］

前件确认（ne varietur），由吾等，沙隆骑警队陪审员编号并签押，1789年9月6日。

［签名：］夏尔·加亚尔（Charle Gaillard）　博梅（Beaumée）

参考文献

I

1. 绝大部分未公开出版文献收藏于巴黎。法国国家档案馆收藏的 D^{xxix} 子卷宗必须首先参考。检索很方便，卷宗按照地名字母顺序归类，放入编号 16 到 84 的文件夹中，按照人名字母顺序，放入编号 86 到 91 的文件夹中。手写的编目便于检索。遗憾的是，许多文件分散归类，此处无法列出详表：clans BB^{30} 66 à 69, 79, 87, 159; C 83, 86 à 91, 134; $D^{xxixbis}$（主要在第一个文件夹中）; D^{xlt} 2; F^{la} 401, 404, 420, 446; F^7 3647, 3648, 3654, 3672, 3679, 3685, 3686, 3690; F^{11} 210; 1173-4; H 1274, 1438, 1440-2, 1444, 1446-7, 1452 à 1454, 1456, 1483-4; O^1 244-5, 354, 361, 434, 485-6, 500, 579 ; Y 18765-6, 18787, 18791, 18795-6. 还应该参考编号 AD^1 92 的小册子，*Relation d'une partie des troubles de la France pendant les années* 1789 et 1790.

战争档案馆和外交档案馆也收藏了一些文献（前者：tome V de l'Inventaire: Fonds divers B, cartons LIV, LV et LVI ; 后者：Mémoires et documents, France, 1405 et 1406）。法国国家图书馆收藏有书商阿迪的日记（*Mes loisirs*, tome VIII ; Manuscrits, Fonds français 6687），还有其他一些日记、小册子和著作，编目见 *Catalogue de l'histoire de France* Lc^2, Lb^{39}, La^{32}, Lk^7（各类小册子，还可参考斯特拉斯堡大学图书馆收藏的重要复制件，编号 D 120 513）。

最后，还有一批数量相当可观的文献、档案和原始资料，参见：*Procès-verbal des séances et délibérations de l'Assemblée générale des Électeurs de Paris* (26 avril-30 juillet 1789), rédigé par Bailly et Duveyrier; *Recueil des procès-*

verbaux de l'Assemblée des représentants de la commune de Paris du 25 juillet au 18 septembre 1789, tome 1er; *Actes de la Commune de Paris pendant la Révolution* publiés par S. Lacroix, tome 1er ; Chassin, *Les Élections et les Cahiers de Paris en 1789*, tomes 3 et 4 ; Lally-Tollendal, *Deuxième lettre à ses commettants* ; A. Young, *Voyages en France* (édition Sée, 1931) ; Buchez et Roux, *Histoire parlementaire de la Rév.*, t. 4, 166-170 ; la réimpression du *Moniteur*, t. 2, et les *Archives parlementaires*, t. 8 ; G. Bord, *La prise de la Bastille*, 1882 ; Forestié, *La grande peur*, 1911 ; Funck-Brentano, *Le Roi*, 1912 ; P. de Vaissières, *Lettres d'aristocrates*, 1906 ; Vingtrinier, *Histoire de la Contre-révolution*, t. 1er, 1924 ; Barruol, *La Contre-révolution en Provence et dans le Comtat Venaissin*, 1928 ; Santhonax, *La g. p.*, dans *La Justice*, numéro du 30 octobre 1887.

2. POURTOUTE LA PREMIÈRE PARTIE, on doit se borner à renvoyer aux études suivantes où sont données des indications bibliographiques : H.Sée, *La France économique et sociale au XVIIIe siècle*, 1925 (no 64 de la Collection A. Colin) ; *La vie économique et les classes sociales en France au XVIIIe siècle*, 1924 ; G. Lefebvre, *Les recherches relatives à la répartition de la propriété et de l'exploitation foncières à la fin de l'ancien régime (Revue d'histoire moderne*, 1928) ; *La place de la Rév. dans l'histoire agraire de la France (Annales d'histoire économique et sociale*, t. 1er, 1929) ; *Les paysans du Nord pendant la Rév. française*, 1924 ; Schmidt, *La crise industrielle de 1788 en France (Revue historique*, t. 97, 1908).

3. POUR LA PROPAGATIONDESNOUVELLES : J. Letaconnoux, *Les transports en France au XVIIIe siècle (Revue d'histoire moderne*, t. 11, 1908-9) ; Rothschild, *Histoire de la poste aux lettres*, 1873 ; Belloc, *Les postes françaises*, 1886 ; Boyé, *Les postes, messageries et voitures publiques en Lorraine au XVIIIe siècle*, 1904 ; Bernard, *Essai historique sur la poste aux lettres en Bretagne depuis le XVe siècle jusqu'à la Rév.* (Mélanges Hayem, t. 12, 1929) ; Dutens, *Itinéraire des routes les plus fréquentées ou journal de plusieurs voyages aux villes principales de l'Europe depuis 1768 jusqu'en 1791* (1791).

4. PRINCIPALES CORRESPONDANCES DES DÉPUTÉS.—Les recueils du temps intitulés *Correspondance d'Anjou, de Brest, de Rennes, de Nantes* (cette dernière manque à la Bibliothèque Nationale) sont surtout utiles par les nouvelles locales ou les lettres privées qu'ils contiennent, car des lettres des députés, ils ne retiennent guère que ce qui concerne les séances de l'Assemblée nationale. C'est aux publications récentes qu'il faut se reporter : Bord, *Correspondance inédite de Pellegrin, député de la sénéchaussée de Guérande*, 1883 ; Tempier, *La correspondance des députés des Côtes-du-Nord* (*Bulletin et mémoires de la Société d'émulation des Côtes-du-Nord*, t. 26-30, 1888-92) ; *Corresp. de Boullé, député du Tiers État de Ploërmel* (*Revue de la Révolution*, t. 15, 1889) ; Corre et Delourmel, *Corresp. de Legendre, député de la sénéchaussée de Brest* (*La Révolution française*, t. 39, 1900) ; Esquieu et Delourmel, *Brest pendant la Rév. ; corresp. de la municipalité avec les députés de la sénéchaussée* (*Bull. Soc. académique de Brest*, 2ᵉ série, t. 32-33, 1906-7) ; Quéruau-Lamerie, *Lettres de Maupetit* (*Bull. Comm. hist. de la Mayenne*, t. 17-21, 1901-5) ; *Lettres de Lofficial* (*Nouvelle revue rétrospective*, t. 7, 1897) ; Reuss, *Corresp. des députés de Strasbourg*, 1881-95 ; *Corresp. d'un député de la noblesse de la sénéchaussée de Marseille avec la marquise de Créquy* (*Revue de la Révolution*, t. 2, 1883) ; voir aussi G. Michon, *Adrien Duport*, p. 57 (lettre de Barnave), et les ouvrages de Hoffmann sur l'Alsace, Denis sur Toul, Poulet sur Thiaucourt, Forot sur Tulle, Jardin sur la Bresse, Sol sur le Quercy, Vidal sur les Pyrénées orientales, cités ci-dessous.

II

以下是关于各地区的文献简目：

5. ENVIRONS DE PARIS. — Marmontel, *Mémoires*, t. 3, p. 74 (1891) ; de Rosières, *La Rév. dans une petite ville, Meulan*, 1888 ; Le Paire, *Histoire de la ville de Corbeil*, 1902, et *Annales du pays de Lagny*, 1880 ; Domet, *Journal de Fontainebleau*, t. 2, 1890 ; Louis, *Huit années de la vie municipale de Rambouillet* (*Mémoires Soc. archéologique de Rambouillet*, t. 13, 1898) ; George, *Les débuts*

de la Rév. à Meaux (*Revue Brie et Gâtinais*, 1909) ; Bourquelot, *Histoire de Provins*, t. 2, 1840 ; M. Lecomte, *Histoire de Melun*, 1910. Bibliothèque de Provins, Collection Michelin, t. 1er (Donnemarie) ; Le Menestrel, *Dreux pendant la Révolution*, 1929.

6. PICARDIE. — *Délibérations de l'adm. munic. d'Amiens*, 1910, t. 2 et 3 ; de Beauvillé, *Histoire de Montdidier*, 1857, t. 1er ; Gonnard, *Essai historique sur la ville de Ribemont*, 1869 ; Fleury, *Famines, misère et séditions*, 1849 ; *Épisodes de l'histoire révolutionnaire à Saint-Quentin*, 1874 ; *La Thiérache en 1789* (*Revue La Thiérache*, t. 2, 1874) ; abbé Pécheur, *Histoire de Guise*, t. 2, 1851 ; Coët et Lefèvre, *Histoire de la ville de Marie*, 1897.

7. ARTOIS. — Le Bibliophile artésien, *La Rév. à Saint-Omer*, 1873. Une étude sur la Peur en Artois, par M. Jacob, professeur au lycée Janson-de-Sailly, est en préparation.

8. FLANDRE, HAINAUT ET CAMBRÉSIS. — G. Lefebvre, *Les paysans du Nord pendant la Rév. française*, 1924, p. 359-361.

9. CHAMPAGNE. — Chaudron, *La Grande Peur en Champagne méridionale*, 1923 ; de Bontin et Cornille, *Les volontaires et le recrutement de l'armée pendant la Rév. dans l'Yonne* (*Bull, de la Soc. des sciences historiques et naturelles de l'Yonne*, t. 66, 1912) ; Rouget, *Les origines de la garde nationale à Épernay* (*Annales historiques de la Révolution*, t. 6, 1930) ; abbé Poquet, *Histoire de Château-Thierry*, t. 2, 1839 ; Guillemin, *Saint-Dizier pendant la période révolutionnaire* (*Mémoires de la Soc. de Saint-Dizier*, t. 4, 1885-6) ; Bouffet, *La vie municipale à Châlons-sur-Marne sous l'Assemblée Constituante*, mémoire manuscrit, 1922, conservé à la bibliothèque de Châlons ; Porée, archiviste de l'Yonne, *Rapport annuel*, 1907 (Thorigny) ; *Inventaire de la série B*, n° 901 (Champs).

10. ARDENNES. — Picard, *Souvenirs d'un vieux Sedanais*, 1875 ; Collinet, *La g. p. h Sedan et la création de la garde nationale* (*Revue de l'Ardenne et de l'Argonne*, t. 11, 1903-4) ; Vincent, *Histoire de Vouziers*, 1902.

11. LORRAINE. — Parisot, *Histoire de Lorraine*, t. 3, 1924 ; *Mémoires de Carré de Malberg* (*La Révolution française*, t. 61, 1911) ; Poulet, *Une petite ville de Lorraine à la fin du XVIIIe siècle et pendant la Rév.* : *Thiaucourt*, 1904 ; Pierrot, *L'arrondissement de Montmédy sous la Rév.* (*Mémoires de la Soc. de Bar-le-Duc*, t. 33, 1904) ; Pionnier, *Histoire de la Rév. à Verdun*, 1905 ; Braye, *Bar-le-Duc à la veille du meurtre d'A. Pellicier* (*Bull, de la Soc. de Bar-le-Duc*, t. 42-3, 1922) ; Aimond, *Histoire de la ville de Varennes-en-Argonne*, 1928 ; Denis, *Toul pendant la Rév.*, 1890 ; Bouvier, *La Rév. dans les Vosges*, 1885 ; Bergerot, *Remiremont pendant la Rév.* (*Annales de la Soc. d'émulation des Vosges*, t. 40, 1901) ; Beugnot, *Mémoires*, t. 1er, p. 160, 1866.

12. ALSACE. — Hoffmann, *L'Alsace au XVIIIe siècle*, 1906 ; Fues, *Die Pfarrgemeinden des Cantons Hirsingen*, 1879 ; Ehret, *Culturhistorische Skizze über das obere Sankt Amarinthal*, 1889 ; *Lettre de M. A. Moll sur les événements qui se sont passés à Ferrette*, 1879 ; d'Ochsenfeld, *Colmar pendant la Rév.* (*Revue de la Révolution*, t. 3 et 4, 1884) ; Reuss, *Le sac de l'hôtel de ville de Strasbourg*, 1877 ; Schnerb, *Les débuts de la Rév. à Saverne* (*Revue d'Alsace*, t. 73, 1926) ; Saehler, *Montbéliard, Belfort et la Haute-Alsace au début de la Rév.* (*Mémoires de la Soc. d'émulation de Montbéliard*, t. 40, 1911) ; Mme Gauthier, *Voyage d'une Française en Suisse et en Franche-Comté depuis la Rév.*, Londres, 1790, 2 vol. in-8° .

13. RÉGIONDELALOIRE. — Bouvier, *J.-F. Rozier fils et les débuts de la Rév. à Orléans*, 1930 ; *Vendôme pendant la Rév.* (anonyme), t. 1er, 1892 ; Dufort de Cheverny, *Mémoires*, t. 2, p. 85 *sqq.*, 1886 ; Miss Pickford, *The panic of 1789 in Touraine* (*English historical Review*, t. 26, 1911) ; Desmé de Chavigny, *Histoire de Saumur pendant la Rév.*, 1892 ; Port, *La Vendée angevine*, t. 1er, 1888 ; Bruneau, *Les débuts de la Rév. dans les départements du Cher et de l'Indre*, 1902 ; Pierre, *Terreur panique au Blanc* (*Bull. Soc. Académique du Centre*, t. 2, 1896) ; Courot, *Annales de Clamecy*, 1901 ; Charrier, *La Rév. à Clamecy et dans ses environs*, 1923 ; de Laguérenne, *Pourquoi Montluçon n'est pas chef-lieu de*

département, 1919 ; Perot, *L'année de la g. p.* [en Bourbonnais], 1906 ; Mallat, *Histoire contemporaine de Vichy*, 1921 ; ouvrages de Denier, Grégoire et Viple sur différents cantons de l'Allier ; Extrait des notes du curé Hérault, à Saint-Bonnet-Tronçais, communiqué par M. Mauve, professeur à l'École normale de Moulins ; Arch. du Loiret, C 86 (Vendôme) ; L 767 (Saint-Denis-de-l'Hôtel) ; Bibliothèque d'Orléans, manuscrits Pataud, 565, f° 33.

14. NORMANDIE. — Borély, *Histoire de la ville du Havre*, 1880-1 ; Semichon, *Histoire de la ville d'Aumale*, t. 2, 1862 ; Marquise de la Tour-du-Pin, *Journal d'une femme de cinquante ans*, t. 1er, 1891 ; Moynier de Villepoix, *La correspondance d'un laboureur normand (Mém. Acad. Amiens*, t. 55, 1908) ; Saint-Denis, *Histoire d'Elbeuf*, 1894 ; Dubreuil, *La g. p. à Évreux et dans les environs (Revue normande*, 1921) ; *Les débuts de la Rév. à Évreux (La Révolution française*, t. 76, 1923) ; *Le comité permanent d'Évreux (Annales révolutionnaires*, t. 12, 1920) ; Monder, *Le mouvement municipal à Pont-Audemer (Bull. Comité des Travaux hist.*, 1904) ; Du Bois, *Histoire... de Lisieux*, 1845 ; Mourlot, *La fin de l'ancien régime et les débuts de la Rév. dans la généralité de Caen*, 1913 ; Duval, *Éphémérides de la moyenne Normandie et du Perche en* 1789, 1890 ; Nicolle, *Histoire de Vire pendant la Rév.*, 1923 ; Jousset, *La Rév. au Perche*, 3e partie, 1878.

15. MAINE. — Triger, *L'année 1789 au Mans et dans le Haut-Maine*, 1889 ; Duchemin et Triger, *Les premiers troubles de la Rév. dans la Mayenne (Revue hist. du Maine*, t. 22, 1887) ; Gaugain, *Hist. de la Rév. dans la Mayenne*, t. 1er, 1921 ; Gauchet, *Château-Gontier de janvier à juillet* 1789 *(Bull. Comm. hist. de la Mayenne*, t. 43, 1927) ; Fleury, *Le district de Mamers pendant la Rév.*, t. 1er, 1909 ; Joubert, *Les troubles de Craon du 12 juillet au 10 septembre* 1789 *(Bull. Comm. hist. de la Mayenne*, t. 1er, 1888-9).

16. BRETAGNE. — Levot, *Histoire de la ville et du port de Brest*, 1864 ; Bernard, *La municipalité de Brest de 1750 à 1790*, 1915 ; Haize, *Histoire de Saint-Servan*, 1907 ; Pommeret, *L'esprit public dans les Côtes-du-Nord pendant la Rév.*,

1921 ; Mellinet, *La commune et la milice de Nantes*, t. 6, 1841.

17. POITOU. — Marquis de Roux, *La Rév. à Poitiers et dans la Vienne*, 1912 ; Deniau, *Hist. de la Vendée*, t. 1er, 1878 ; Chassin, *La préparation de la guerre de Vendée*, 1912 ; Hérault, *Hist. de la ville de Châtellerault*, t. 4, 1927 ; Favraud, *La journée de la grande peur* [à Nueil-sous-les-Aubiers] (*Bull. Soc. archéologique de la Charente*, 1915) ; Fillon, *Recherches... sur Fontenay-le-Comte*, t. 1er, 1846.

18. PAYSCHARENTAIS. — George, *Notes sur la journée de la peur à Angouleme* (*Bull. Soc. arch. de la Charente*, 7e série, t. 6, 1905-6) ; Jeandel, *La peur dans les cantons de Montbron et de Lavalette* (*ibid.*) ; *Livre-journal de F. et F. J. Gilbert, juges en l'élection d'Angoulême* (*Mémoires Soc. arch. de la Charente*, 1900) ; B. C., *La grande peur* [à Ozillac] (*Revue de Saintonge*, t. 21, 1901) ; Saint-Saud, *La g. p.* [à Coutras] (*ibid.*) ; Audiat, *La journée de la g. p.* [à Montendre] (*ibid.*) ; Vigen, *La g. p.* [à Saintes] (*ibid.*) ; Pellisson, *Mouvement populaire à Angeduc* (*Bull. Soc. des archives hist. de la Saintonge et de l'Aunis*, t. 1er, 1876-9) ; Delamain, *Jarnac à travers les âges*, 1925 ; Babaud-Lacroze, *La g. p. dans le Confolentais* et *Lettre de Mme de Laperdoussie* (*Bull. et mém. de la Soc. de la Charente*, 7e série, t. 8, 1907-8 et 8e série, t. 1er, 1910).

19. LIMOUSIN. — Une grande partie des textes sont réunis dans Leclerc, *La g. p. en Limousin* (*Bull. Soc. arch. et hist. du Limousin*, t. 51, 1902) ; Sagnac, *Lettre circulaire du Comité permanent de la ville d'Uzerche* (*Revue d'histoire moderne*, t. 2, 1900-1) ; Forot, *L'année 1789 au Bas-Limousin*, 1908.

20. AUVERGNE, FOREZ, GÉVAUDAN. — Mège, *La g. p.* 1909 ; Boudet, *La g. p. en Haute-Auvergne*, 1909 ; Brossard, *Hist. du dép. de la Loire pendant la Rév.*, 1905 ; Galley, *Saint-Étienne et son district pendant la Rév.*, 1904 ; Gustave Lefebvre, *Note de quelques événements arrivés dans la commune de Lavalla (Loire) pendant la période révolutionnaire*, 1890 ; Charléty, *La g. p. à Rive-de-Gier* (*La Révolution française*, t. 42, 1902) ; Cohas, *Saint-Germain-Laval pendant la R.*, 1906 ; Delon, *La R. en Lozère*, 1922.

21. PÉRIGORD. — Bussière, *Études historiques sur la R. en P.*, t. 3, 1903 ; *Une panique à Brassac* [anonyme] (*Bull. Soc. du P.*, t. 3, 1876) ; Hermann, *La g. p. à Reillac* (*La Révolution française*, t. 29, 1895) ; Dubut, *La g. p. à Saint-Privat-des-Prés* (*ibid.*, t. 75, 1922, p. 142).

22. AGENAIS, QUERCY, ROUERGUE, TOULOUSAIN, ARMAGNAC. — Boudon de Saint-Amans, *Hist. ancienne et moderne du département de Lot-et-Garonne*, t. 2, 1836 ; Proche, *Annales de la ville d'Agen* (*R. de l'Agenais*, t. 8, 1881) ; Granat, *La Révolution municipale à Agen* (*ibid.*, t. 32, 1905) ; de Mazet, *La Rév. à Villeneuve-sur-Lot*, 1895 ; Guilhamon, *La g. p. dans le Haut-Agenais* (*R. de l'Agenais*, t. 38, 1911) ; Paumès, *La g. p. dans le Quercy et le Rouergue* (*Bull. Soc. des Etudes du Lot*, t. 37, 1912), où se trouvent réunis un grand nombre de textes ; Latouche, *Essai sur la g. p. en 1789 dans le Quercy* (*Revue des Pyrénées*, t. 26, 1914) ; Combarieu, *L'année de la peur à Castelnau* (*Bull. hist. et philologique du Com. des Travaux hist.*, 1896, p. 107) ; Sol, *La Rév. dans le Quercy*, s. d. (1929) ; Combes, *Hist. de la ville de Castres*, 1875 ; Rossignol, *Hist. de l'arrond. de Gaillac pendant la Rév.*, 1902 ; Baron de Rivières, *Trouble arrivé dans la ville de Montmiral* (*Bull. Soc. arch. du Midi de la France*, t. 13, 1893) ; Pasquier, *Notes et réflexions d'un bourgeois de Toulouse au début de la Rév.*, 1917 ; *La panique à Villemur* (*Revue des Pyrénées*, t. 10, 1898) ; *La panique à Seysses* (*ibid.*, t. 26, 1914) ; Garrigues, *La terreur panique à Montas-truc-la-Conseillère* (*Revue des Pyrénées*, t. 25, 1913) ; Décap, *La g. p. à Muret* (*Revue de Comminges*, t. 21, 1906) ; Lamarque, *La Rév. à Touget* (*Bull. Soc. arch. du Gers*, t. 23, 1922).

23. RÉGION PYRÉNÉENNE. — Arnaud, *Hist. de la Rév. dans le dép. de l'Ariege*, 1904 ; *Mémoires du comte Faydet de Terssac*, publ. p. Pasquier et Durban (*Bull. de la Soc. ariégeoise*, t. 8, 1901) ; Baudens, *Une petite ville pendant la Rév. (Castelnau-Magnac)* [*Revue des Pyrénées*, t. 3, 1891] ; Note de Rosapelly d'après Sarreméjean, *Répercussions de la Rév. française à Villelongue et dans la haute vallée d'Argelès*, 1914 (*Rev. des Hautes-Pyrénées*, 1929) ; Duvrau, *Les épisodes hist. de la Rév. française à Lourdes*, 1911.

24. FRANCHE-COMTÉ. — Estignard, *Le Parlement de Franche-Comté*, t. 2, 1892 ; Huot-Marchand, *Le mouvement populaire contre les châteaux en Franche-Comté* (*Annales franc-comtoises*, t. 16, 1904) ; Hyenne, *Documents littéraires relatifs au château de Quincey* (*R. littéraire de Franche-Comté*, 1864-5) ; Sommier, *Hist. de la Rév. dans le Jura*, 1846 ; Sauzay, *Hist. de la persécution révolut. dans le dép. du Doubs*, t. 1er, 1867 ; Gauthier, *Besançon, de 1774 à 1791*, 1891 ; *Besançon de 1789 à 1815* ; *Journal de J. E. Laviron* (*Revue rétrospective*, t. 16, 1892) ; Girardot, *La ville de Lure pendant la Rév.*, 1925 ; Duhem, *La g. p. à Morez* (*Mém. Soc. d'émulation du Jura*, 11e série, t. 5, 1927) ; Girard, *Chroniques arboisiennes*, 1906 ; Guillemaut, *Hist. de la Rév. dans le Louhannais*, t. 1er, 1899 ; Briffaut et Mulson, *Hist. de la vallée de l'Amance*, 1891 ; Gatin, Besson et Godard, *Hist. de Gray*, 1892 ; Paget, *Monographie du bourg de Marnay*, 1927 ; Mathez, *Pontarlier dans la Rév.* (*La Révolution française*, t. 9-11, 1885-6) ; H. et M. Baumont, *La Rév. à Luxeuil*, 1930 ; Archives de Vesoul (Délibérations du corps de ville), de la Haute-Saône (B 4187, 6486, 6886 ; C 134, 194, 229) ; du Doubs (B 3923 ; E 141, 322 ; Archives de Morteau et de Vuillafans) ; de Besançon (Délibérations du corps de ville) ; de Dôle (n. 1733).

25. BOURGOGNE. — Millot, *Le Comité permanent de Dijon*, 1925 ; Patoz, *Essai sur la Rév. dans le bailliage de Saulieu pendant l'année 1789* (*Bull. Soc. de Semur*, t. 35, 1906-7) ; Durandeau, *Les châteaux brûlés*, 1899 ; Dumay, *P.-v. de l'adm. munic. d'Auxerre pendant la Rév.* (*Bull. Soc. de l'Yonne*, t. 45-7, 1891-3) ; Giraud, *Analyse des délibérations municipales d'Avallon pendant la Rév.* (*Bull. Soc. d'Études d'Avallon*, 1910-11) ; Tynturié, *Notice hist. sur le village de Chazeuil*, 1851 ; Archives d'Autun, BB 78.

26. MACONNAIS. — Bernard, *Tournus en 1789* (*Annales Académie de Mâcon*, 3e série, t. 13, 1908) ; H. George, *Hist. du village de Davayé*, 1906 ; Archives de Saône-et-Loire, B 705, 1322, 1716-7-8, 2056, 2276 ; L$^{ii\text{-}iv}$ (district de Bellevue-les-Bains) ; Arch. de Mâcon, BB 230, FF 67.

27. BRESSE MÉRIDIONALE, DOMBES, BUGEY. — Jarrin, *Bourg et Bel-*

ley pendant la Rév., 1881 ; Archives de Bourg, BB 227 ; Karmin, *La g. p. dans le pays de Gex* (*Revue hist. de la Rév. et de l'Empire*, t. 7, 1915) ; E. Dubois, *Hist. de la Rév. dans l'Ain*, t. 1er, 1931 ; Documents communiqués par M. Morel, archiviste de l'Ain, sur Trévoux et Thézillieu ; Arch. de Mâcon, FF 67 ; *Lettre à Camus*, Lyon, 30 juillet 1789 (*Rev. de la Révolution*, t. 6, 1885).

28. LYONNAIS. — *P.-v. des séances du corps municipal de la ville de Lyon*, t. 1er, 1899 ; Wahl, *Les premières années de la Rév. à Lyon*, 1894 ; Besançon, *P.-v. des séances des administrations municipales de Villefranche-sur-Saône*, t. 1er, 1904 ; Missol, *Les derniers jours de la milice bourgeoise de Villefranche* (*La Révolution française*, t. 32, 1897) ; Le Mau de Talancé, *Cahiers de mémoires inédits de la baronne Carra de Vaux* (*Bull. Soc. du Beaujolais*, t. XI, 1910) ; Arch. du Rhône, C 6 et fonds de la maréchaussée ; Bibliothèque de Lyon, fonds Costes, 110, 910, 350494, 350499.

29. DAUPHINÉ. — Conard, *La g. p. en Dauphiné*, 1902 ; Riollet, *La Tour-du-Pin pendant la Rév.*, 1912 ; Caudrillier, *La baronnie de Thodure en 1789* (*La Révolution française*, t. 49, 1905).

30. VIVARAIS. — Régné, *La g. p. en Vivarais* (*Revue hist. de la Rév.*, t. 10, 1916) ; *Une relation inédite de la révolte des masques armés* (*ibid.*, t. 8, 1915).

31. BAS-DAUPHINÉ ET PROVENCE. — Miss Pickford, *The panic of 1789 in Lower Dauphiné and Provence* (*English historical Review*, t. 29, 1914) ; Destandau, *La g. p. aux Baux* (*Bull. Soc. des Amis du Vieil Arles*, 1913) ; Brun, *La g. p. à Saint-Michel* (Basses-Alpes), et Honoré, *La g. p. en Basse-Provence* (*La Révolution française*, t. 75, 1922, p. 141) ; *Aix en 1789* (*Nouvelle Revue rétrospective*, 10 octobre 1900) ; Viguier, *Les débuts de la Rév. en Provence*, 1894 ; A. Young, *Voyages en Italie*, trad. Soulès, 1796 (exemplaire de la Bibliothèque universitaire de Strasbourg, avec annotations manuscrites, D 126 400) ; *Un écho de la g. p.*, à Montélimar (*Provincia*, revue de la Société Historique de Marseille, t. 9, 1929).

32. BAS-LANGUEDOC ET ROUSSILLON. — Comte de Foulon, *Notice*

des principaux événements qui se sont passés à Beaucaire depuis l'assemblée des notables en 1788, 1836 ; Chabaut, *La foire de Beaucaire de 1789 à 1796 (Annales hist. de la Rév.*, t. 4, 1929) ; Rouvière, *Hist. de la Rév. dans le dép. du Gard*, t. 1er, 1887 ; Falgairolle, *Vauvert pendant la Rév.*, 1897 ; Granier, *Lunel pendant la Rév.* 1905 ; Duval-Jouve, *Montpellier pendant la Rév.*, t. 1er, 1879 ; Joucaille, *Béziers pendant la Rév.* (*Bull. Soc. de Béziers*, 2e série, t. 16, 1893-1894) ; Torreilles, *Hist. du clergé dans le dép. des Pyrénées-Orientales pendant la Rév.*, 1890 ; *Perpignan pendant la Rév.*, 1897 ; Vidal, *Hist. de la Rév. dans les P.-O.*, t. 1er, 1886 ; du Lac, *Le général comte de Précy*, 1908 (Collioure) ; Armagnac, *Les premières journées de la Rév. à Caudiès* (*Revue d'hist. et d'arch. du Roussillon*, t. 1er, 1900).

33. PEURS ANTÉRIEURES ET SUBSÉQUENTES.—Cabié, *Paniques survenues dans le Haut-Languedoc au XVIIIe siècle* (*Revue du Tarn*, 2e série, t. 17, 1900) ; Chaudron, ouvrage cité n° 9 ; Chiselle, *Une panique normande en 1848* (Revue : *Le Penseur*, avril 1912) ; Macaulay, Histoire d'Angleterre depuis l'avènement de Jacques II, chapitre X ; lettre de Vernon, ancien vicaire épiscopal de Seine-et-Marne, 25 sept. 1793 (*Annales hist. de la Rév.*, 1931, p. 171) ; Le Ménestrel, ouvrage cité n° 5, p. 102 ; Klipffel, *La g. p. à Metz* (*Le Pays lorrain*, 1925).

专名表

《巴黎革命报》 Révolutions de Paris
《巴黎年鉴》 Annales parisiennes
《巴黎日报》 Journal de Paris
《半月纪事报》 Quinzaine mémorable
《晨报》 Point du jour
《法兰西爱国者报》 Patriote français
《法兰西公报》 Gazette de France
《莱顿公报》 Gazette de Leyde
《南特通迅》 Correspondance de Nantes
《普瓦图通告》 Affiches du Poitou
《时政报》 Feuille politique
《市镇日报》 Journal de la Ville
《信使报》 Courrier
《真相报》 Vérités bonnes à dire

巴黎高等法院 Parlement de Paris
巴黎高等法院的总检察长 Procureur général du Parlement de Paris
巴黎市政厅 l'hôtel de ville
百年战争中的匪帮 écorcheurs

拜伊司法区 bailliage
办事局 bureau exécutif
本堂神甫 curé
财政总监 Directeur général des finances
参议 consul
长工 maîtres-valets
陈情书 cahiers de doléances
慈悲兄弟会 Frères de la Merci
村镇代表 syndic
村中首户 coqs de village
大总管 chef de la chancellerie
盗匪 brigands
调解局 bureau intermédiaire
调解委员会 Commission intermédiaire
法官助理 lieutenant au bailliage
法官总助理 lieutenant général
封建特权 droits féodaux
封山权 droit de clore

副本堂神甫 vicaire	年金总督 intendant de la liste civile
副市长 lieutenant de maire	农场办事局 bureaux des fermes
副主教 vicaire épiscopal	农场经理 directeur des fermes
高等参议会 Conseil Souverain	农场主 cultivateurs
高等法院推事 conseillers au Parlement	农民反叛 jacqueries
	潘都尔兵 Pandours
公共牧场使用权 vaine pâture	葡萄酒税和啤酒税 piquet provençal
公社委员会 commissaires des Communes	骑警队 maréchaussée
	骑警队中士长 maréchal des logis
雇佣兵连 Grandes Compagnies	骑警监察 inspecteur de la maréchaussée
国民公会 Convention	
国民卫队 milice nationale	骑警总长 prévôt général de la maréchaussée
国王代表 procureur syndic	
国王代表 procureur syndic	乞丐帮 Les Frères mendiants
济贫工场 ateliers de charité	乞丐收容所 dépôts de mendicité
检察官 le procureur du roi	全国三级会议 états généraux
教士会议 chapitre	日内维耶会修士 génovéfain
警察中士 sergents de police	入市税 octroi
警察总监 lieutenant de police	商品税 aides
卡拉波特帮 carabots	烧林权 droit d'arsin
卡米撒派 Camisards	省级大会 Assemblées provinciales
卡图什帮 Cartouche	省级三级会议 états provinciaux
抗议者 protestant	圣于尔絮勒会修女 Ursulines
领地法官 juge de la châtellenie	什一税 dîmes et terrages
马扎林 mazarins	什一税征收者 décimateurs
每周通讯 Feuille hebdomadaire	市镇参议会 Conseil
米诺 minot	首席代表 le premier syndic
摩尔人 Moors	税务官 procureur fiscal
磨坊税 piquet	税务局长 directeur des Aides de

Reims
司法官　prévôté
司法管辖区　jugerie
司法总管区　sénéchaussée
私人守卫　garde du corps
田契权　droit de marché
头人　matadors
卫戍司令　commandant militaire
文契档案　titres
文学之家　Chambre Littéraire
刑事法官助理　lieutenant criminel
刑事法庭　justice prévôtale
行政官　magistrat
行政区　capitainerie

修道院长　prieur
选举大会　Assemblée d'élection
选举人会议　électeurs
选举人委员会　Comité des électeurs
巡检　gardes champêtres
盐税　gabelle
议事司铎　chanoines
主教区　diocèse
助理法官　échevin
总包税人　Fermiers généraux
总督　intendant
总督代理　subdélégué
总管　régisseur